Business Arabic

(Advanced Level)

اللغة العربية للشؤون التجارية

(المرحلة المتقدمة)

BUSINESS ARABIC

(Advanced Level)

Authentic Texts and Audiovisual Materials

اللغة العربية للشؤون التجارية

(المرحلة المتقدّمة)

نصوص ومواد سمعية بصرية أصيلة

Raji M. Rammuny

Ann Arbor

THE UNIVERSITY OF MICHIGAN PRESS

اللغة العربية للشؤون التجارية

(المرحلة المتقدّمة)

نصوص ومواد سمعية بصرية أصيلة

راجي م. رمّوني

المحتويات

viii

INTRODUCTION

The second volume of the **Business Arabic Series** entitled, *Business Arabic: Authentic Texts and Audiovisual Materials (Advanced Level)* is intended for Intermediate High and Advanced learners. It contains seven units, covering a wide variety of authentic materials, including commercial advertisements, business correspondence, banking documents and transactions, economic reports, contracts and agreements. The cultural notes throughout the lessons give the learner an in-depth view of the value system of Arabs at work. This useful information affords learners insight in the way Arabs feel about their work and prepares them to deal effectively with the differences in values at the work place.

It is expected that the student who successfully completes this volume will be able to:

1. understand commercials, business reports and commentaries presented orally in Arabic;

2. read and comprehend original Arabic materials dealing with business and trade (correspondence, reports, banking documents, advertisements, contracts, etc.);

3. communicate effectively and appropriately during business discussions and negotiation of contracts;

4. fill out business forms, checks and documents; design advertisements of various types; write business letters, notes and short reports;

5. understand and deal effectively with social customs and behavior involved in business practices and negotiations in the Arab world.

To accomplish these goals, the book utilizes a balanced integrative methodology stressing communicative, linguistic and cultural competence. This unique methodology makes considerable use of problem-solving and guided learning strategies intended to assist the students in their effort to internalize newly learned material and to perform the various learning tasks and activities successfully.

A typical unit consists of the following sections:

1. Text. The text usually consists of a task-oriented business topic, such as a business letter, a commercial advertisement, an economic report or article, a contract, or an agreement.

2. List of useful business terminology. Each text is followed by a list of the newly introduced business terms and expressions, with English equivalents, in order to aid students in better understanding the text. This list is arranged according to the occurrence of the items in the text and rendered in its contextual meaning, thus making it easier for students to follow and remember.

3. Communicative Practice Drills. This section consists of two parts. The first part contains a series of drills starting with the use of high-frequency vocabulary and expressions in the lesson. This is done in the form of a role-playing situation where one student asks a question and another student responds, attending to both form and meaning. This section also includes multiple choices, matching, and cloze drills. These problem-solving types of drills are intended primarily to assist students in their effort to arrive at an interpretation of the meaning of the text with ease and confidence. The second part starts with a discussion of the content of the text through prompts intended to guide the students in their attempt to give responses and express their views freely and critically--for example, comparing Arab business practices and customs with those practiced in the U.S. and in the West.

4. Written Assignments. Writing activities vary according to the content of each unit. For example, units which introduce students to the Arab banking system in the Arab world contain written assignments that require students to fill out actual deposit and withdrawal slips. For those units which consist of commercial advertisements or correspondence, students are required to create similar written work along the lines of the material presented in class. Also, the written assignments can take the form of summaries and critical reviews in units where the content is based on commercial reports and business articles or contracts and agreements.

5. Oral Assignments. Each lesson concludes with an oral assignment based on realistic business material similar in content and form to that of the text. Students are required to prepare the assignment for free discussion in the classroom. To encourage free choice and discussion, the instructor requests individual students once a week to prepare oral reports based on materials of their choice, provided that the topic selected by the student be comparable to what is being studied in class. In addition, free discussion occasionally involves live business reports and commentaries based on recorded audio and video tapes or on presentations made by guest speakers.

This book presupposes control of basic vocabulary and grammatical structure which are typically covered by the end of the intermediate mid-level of Arabic instruction. Grammatical explanations are given only for remedial purposes, based on actual common errors made by the students in their written and oral assignments. Raji Rammuny's *Advanced Arabic Composition: Student Guide* is recommended to accompany this book. This guide consists of: (1) basic fundamentals for effective Arabic writing; (2) brief notes which illustrate the basic differences of grammar and idioms between Arabic and English keyed to the most common errors of American students; (3) common words and phrases that often cause trouble to students of Arabic; and (4) two lists based on the most common verb-preposition idioms.

The present volume is accompanied by a videocassette which contains a recorded cultural panel on some Arab customs and traditions in which a group of visiting professors from Arab universities and some Ph.D. candidates at the University of Michigan participated in the panel.

A feature of particular interest of advanced students and to scholars of the Arabic language are innovations characteristic of this genre of Arabic. Some are unusual constructions, like the invariable pre-posed predicate found in some advertisements مطلوب سكرتيرة and some violate all rules of grammar, such as امين عام غرفة التجارة where امين عام is treated as a compound word. The advanced student must learn to deal with such innovations.

Finally, this book is still in the experimental stage and, therefore, comments and reactions from both teachers and learners will be greatly appreciated.

ACKNOWLEDGMENTS

The author wishes to thank all those who have helped in the development of the **Business Arabic Series**. I am indebted to the U.S. Department of Education for their generous financial support; to Dr. Bradley D. Farnsworth, director of the University of Michigan Center for International Business Education, for providing seed money to start work on Volume One; to the University of Michigan Language Resource Center director and staff for their advice and production of the video and audio tapes which accompany Volume One; to the Editorial Consultant, Professor Ernest McCarus for his intelligent suggestions and valuable comments during the preparation of the final manuscripts. I owe special thanks to Mr. Ahmed Farghaly, Mr. Eric Thurston, Mr. Andrew Freeman, and Mr. Ali Salamey, for their assistance in typing and formatting the materials. I am also grateful to all the government agencies in the Arab world for their contribution of source materials to the project and for granting me the permission to adapt some of the textual and audiovisual materials for class use and distribution.

الوحدة الأولى

مُتَطَلّبات مَعيشِيَّة

١. بقالة
٢. لحُوم
٣. خُضار وفَواكة
٤. حلَوِيات

١. بقالة

3

أ. الاسعار خلال صيف عام ١٩٩٥

سمانَة	grocery
زَيْت زَيتون (جالون / ٩٩ر١٢)	olive oil
زَيْت ذُرَة (جالون / ٤٩ر٧)	corn oil
زَيْتون أخضَر (باوند / ٩٩ر٢)	green olives
زَيْتون أسوَد (باوند / ٩٩ر٢)	black olives
بُرْغُل خَشِن (باوند / ٤٩ر٠)	coarse bulgar
بُرْغُل ناعِم (باوند / ٤٩ر٠)	fine bulgar
صُنوبَر بَلَدي (باوند / ٩٥ر١٢)	Spanish pine nuts
صُنوبَر صيني (باوند / ٩٥ر٧)	Chinese pine nuts
فاصوليا ناشِفَة (باوند / ٦٩ر٠)	dry beans
عَدَس حَبّ (باوند / ٨٩ر٠)	lentils
عَدَس مَجْروش (باوند / ١٩ر١)	crushed lentils
حُمُّص ناشِف (باوند / ٨٩ر٠)	chick peas
حُمُّص مُعلَّب (باوند / علبة ١٩ أونصة / ٨٩ر٠)	canned (progresso) chick peas
فول ناشِف (باوند / ٥٩ر٠)	fava dry beans
فول مُدَمَّس غَندور (باوند / ٦٩ر٠)	Ghandour fava beans
سميد (باوند / ٥٥ر٠)	semolina
وَرَق عِنَب (باوند / ١٤ر٣)	grape leaves
بامِيَة ناشِفة (باوند / ٩٩ر٧)	dry okra
خُبز عَربي عادي (١٠ أرغفة / ٩٩ر٠)	Arabic pita bread
خُبز عربي صاج (١٠ أرغفة / ٥٩ر٢)	Arabic thin bread
لَبنة (باوند / ٩٩ر٤)	labneh (cream of yogurt)
عَجينَة بَقلاوَة (باوند / ٩٩ر١)	filo dough
عَجينَة كنافَة (باوند / ٤٩ر٢)	kataifi
جُبنَة عَربية (باوند / ٧٩ر٢)	feta cheese
أرُزّ مِصري (٢٥ باوند / ٤٩ر٨)	wonder rice
زَعْتَر (باوند / ٤٥ر٣)	zatar, oregano
ملوخِيَّة ناشِفة (باوند / ٤٩ر٧)	dry meloukhia
شعيرِيَّة (باوند / ٨٩ر٠)	fine egg noodles
جوز (باوند / ٢٩ر٣)	walnuts
تَمر (باوند / ٩٩ر٣)	dates
زَبيب أشْقَر (باوند / ٩٩ر١)	white raisins
مَفْتول / كُسْكُس (باوند / ٩٩ر٢)	couscous

sesame tahini	طحينَة (باوند / ٤٩ر٢)
eggs	بَيْض (دزينة / ٢٩ر١)
all spice	بهارات مُشكّـلَة (باوند / ٩٩ر٣)
dried apricot paste	قَمَر الدين (باوند / ٩٩ر٢)
sugar	سُكَّر (٥ باوند / ٦٩ر١)
Arabic coffee	قَهوَة عربيّة (باوند / ٤٩ر٥)
cardamom	هال (باوند / ٥٩ر١٦)
Ceylon tea	شايَ سيلاني (باوند / ٤٩ر٤)
dry mint	نَعْنَع ناشِف (باوند / ٩٩ر٧)
sage-fasemelon	ميرَمِيَّة (١ أونصة / ٧٥ر٠)
camomile flower	بابونِج (١ أونصة / ٨٩ر٠)
sumac	سُمّاق (باوند / ٩٩ر٥)
cinnamon sticks	قِرفَة عيدان (باوند / ٩٩ر٥)
anise seed	يانسون (باوند / ٩٩ر٣)
turmeric	عُصفُر (باوند / ٩٩ر٣)
pistachio	فُستُق حلَبي (باوند / ٤٩ر٣)
almonds	لوز (باوند / ٥٩ر٤)
almond candy	ملَبَّس (باوند / ٦٩ر٣)
sesame candy	سِمسِمِيَّة (باوند / ٤٩ر٢)
watermelon seeds	بِزر بَطّيخ (باوند / ٩٩ر٢)
apricot jam	مُرَبّى المِشمِش (باوند / ٢٩ر٢)
quince jam	مُرَبّى السَّفَرجَل (باوند / ٢٦ر٢)
fig jam	مُرَبّى التين (باوند / ٢٩ر٢)
rose water	ماء وَرْد (قنينة ٢٥ أونصة / ٩٥ر٢)
orange water	ماء زَهْر (قنينة (٢٥ أونصة / ٩٥ر٢)
grenadine molasses	دِبس رُمّان (قنينة ٢٥ أونصة / ٩٩ر٢)
rose drink	شَراب الوَرْد (قنينة ٢٥ أونصة / ٩٩ر٠)
mango juice	مَشروب مانجو (٤ أونصات / ٩٩ر٠)
pineapple juice	شَراب الأناناس (٣٢ أونصة / ٩٩ر٠)
grape juice	شَراب العنب (٣٢ أونصة / ١٩ر١)
orange juice	شَراب البُرتُقال (٦٤ أونصة / ٥٩ر١)
apple juice	شَراب التُّفاح (٦٤ أونصة / ٥٩ر١)
tamarine	شَراب تَمر هِندي (٦٤ أونصة / ٥٩ر١)

ب. تدريبات للقراءة والمحادثة

١. الاختيار من متعدد

أ) الاسعار المعلنة في " السوق الكبير

١) تتغير شهريا

٢) لا تتغير خلال فصل الصيف لعام ١٩٩٥

٣) اغلى من الاسعار في اسواق اخرى

ب) سعر زيت الزيتون

١) اقل من سعر زيت الذرة

٢) ضعف سعر زيت الذرة

٣) اكثر من سعر زيت الذرة بخمسة دولارات

جـ) اسعار البرغل الخشن والناعم

١) متشابهة

٢) تختلف كثيرا

٣) اغلى من سعر العدس

د) الباوند (الرطل) من الصُنوبر البلدي

١) اكثر من سعر باوند القهوة العربية

٢) يزيد ٤ دولارات عن سعر الباوند من الصنوبر الصيني

٣) نفس سعر الباوند من الصنوبر الصيني

هـ) اسعار العدس الحب والعدس المجروش

١) واحدة

٢) تختلف كثيرا

٣) تختلف قليلا

و) سعر البامية الناشفة (الجافّة)

١) اكثر بدولار تقريبا من سعر الملوخية الناشفة

٢) لا يزيد عن سعر الملوخية الناشفة

٣) اقل من سعر الفاصوليا الناشفة

ز) الفرق بين سعر الحمص الناشف والفول الناشف

١) ١٠ سنتات

٢) ٣٤ سنتا

٣) عشرون سنتا

حـ) الخبز العربي الرقيق (الصاج)

١) ارخص من الخبز العربي العادي

٢) اغلى من الخبز العربي العادي

٣) نفس سعر الخبز العربي العادي

ط) سعر الباوند (الرطل) من الجبنة

١) يساوي سعر الباوند من اللبنة

٢) يقل عن سعر الباوند من قمرالدين بدولارين

٣) يزيد عن سعر باوند الطحينة بثلاثين سنتاً

ى) سعر النعنع الناشف

١) مثل سعر البابونج

٢) اكثر من سعر البابونج

٣) أقلّ من سعر الهال

ك) اسعار اليانسون والعصفر والبهارات المشكلة

١) متساوية

٢) مختلفة

٣) اقل من سعر السمّاق

ل) سعر الباوند من مربى السفرجل

١) أقلّ من سعر الباوند من مربى التين

٢) نفس سعر الباوند من مربى المشمش

٣) نفس سعر الباوند من السكر

م) شراب الاناناس وشراب العنب

١) يختلفان في السعر عن شراب العنب

٢) ارخص من شراب التفاح

٣) اغلى من شراب البرتقال

ن) ارخص نوع من السمانة الشرقية هو

١) البرغل

٢) الارز المصري

٣) السكر

س) واغلى نوع من السمانة الشرقية في " السوق الكبير " هو

١) النعنع الناشف

٢) البابونج

٣) الهال

٢. المناقشة

أ) تحدث عن " السوق الكبير "

١) اصحابه

٢) عنوانه

٣) رقم تلفونه

ب) تكلم عن انواع واسعار السمانة التي نحصل عليها من

١) الحبوب

٢) النباتات او الاشجار

٣) الحيوانات

جـ) اذكر ثلاثة انواع من

١) المربى

٢) الحلويات

٣) البهارات

٤) المشروبات

د) اي انواع السمانة الشرقية المتوفرة في " السوق الكبير " يمكن توفرها او الاستفادة منها في وجبات الاطعمة العربية التالية :

١) الافطار

٢) الغداء

٣) العشاء

جـ. النشاطات الكتابية

المطلوب منك القيام بزيارة لسوق تجاري تتوفر فيه معظم انواع السمانة الشرقية التي وردت في هذا الدرس واعداد قائمة باسماء واسعار السمانة الموجودة في المحل . بامكانك أيضا زيارة "السوق الكبير" ومقارنة اسعار السمانة الشرقية في الوقت الحاضر بأسعارها المذكورة في هذا الدرس .

المطلوب منك الاطلاع على الإعلان التالي استعدادا للتحدث عنه شفويا في الصف.

محلات سامي اخوان

with management

بإدارة وحيد سامي

drops, discounts

تنزيلات كبيرة على جميع أنواع البضائع العربية المستوردة

imported   *items, products, kinds*

to come up from   ورق

فول (ميرا) (علبة)	$0.55
فول (غندور) (علبة)	$0.55
زيتون أسود (باوند)	$2.35
زيتون أخضر (باوند)	$1.99
حمص بالطحينة (علبة)	$0.89
بابا غنوج (متبل) (علبة)	$0.99
زيت زيتون (هرمز) (غالون)	$7.89
زيت زيتون (ديانا) (غالون)	$10.59
زيت زيتون (مازولا) (غالون)	$6.79
رز مصري (٢٥ باوند)	$7.29
رز انكل بنز (١٠ باوندات)	$8.89

way   *slaughter*   *fresh*

جميع أنواع اللحوم الطازجة المذبوحة على الطريقة الإسلامية

سعر الباوند (ذبيحة)	$1.59
سعر باوند الدجاج المذبوح على الطريقة الإسلامية	$1.09

free house service

خدمة المنازل مجانا.

٢. لحوم

ملحمة سعيد عبد الرحمن وأولاده

اختصاصنا بيع جميع أنواع اللحم الحلال المذبوح
يومياً على الطريقة الإسلامية

slaughter *selling* *our specialty*
daily

(لحم غنم وماعز – لحم بقر – سلامي – مرتديلا – هوت دوغ – سجق – مقانق – بيكن بقر – دجاج حلال)

discount *restaurants* *need* *banquets* *parties* *for the weddings* *requrement, orders* *for providing* *we prepare ourselves*

مستعدون لتأمين طلبات اللحوم للأعراس والحفلات والمآدب وجميع إحتياجات المطاعم مع حسم خاص

غنم قرقور	باوند	$2.65
فخذ غنم	باوند	$2.89
ماعز صغير	باوند	$2.65
ماعز كبير	باوند	$2.00
كتف قرقور صغير	باوند	$2.29
غنم هبرة	باوند	$2.70
عنم مفروم	باوند	$2.50
فخذ بقر	باوند	$2.19
فخذ بقر (بدون عظم)	باوند	$2.39
بقر هبرة	باوند	$2.69
بقر مفروم	باوند	$2.50
دجاج (١٠ أو أكثر)	باوند	$0.95

ب. المفردات والتعبيرات المفيدة

Salim Abdulrahman & Sons Meats	مَلْحَمَة سليم عبد الرحمن وأولاده
slaughtered the Islamic way	ذَبْح حَلال (مذبوح على الطريقة الاسلامية)
lamb (meat)	لَحْم غَنَم
mutton (meat)	لَحم ماعِز
beef (meat)	لَحم بَقَر
salami	سلامي
martadilla	مَرتَديلا
hot dog	هوت دوغ
Armenian sausage	سُجُق
beef bacon	بيكَن بَقَر
chicken slaughtered the Islamic way	دَجاج حَلال
weddings	أعْراس (جمع عرس)
banquet	مَآدِب (جمع مَأدُبة)
special discount	حَسم خاص
baby lamb	غَنَم قَرْقور
lamb leg	فَخْذ غَنَم
baby goat	ماعِز صَغير
goat	ماعِز كَبير
baby lamb shoulder	كَتف قَرقور صَغير
boneless lamb	غَنَم هَبْرَة
lamb ground round	غَنَم مَفروم
beef leg	فَخْذ بَقَر
boneless beef	بَقَر هَبرَة
beef ground round	بَقَر مَفْروم
lamb/beef shoulder	ضِلع خَروف / بَقَر
lamb/beef/chicken breast	صدْر خَروف / بَقَر/دجاج
veal/chicken leg	فَخْذ عِجْل /دَجاج
lamb/beef fillet	فَتيلَة (فيليه) خَروف/ بَقَر
shish kabob	شيش كَباب
lamb/ beef ribs	ريش غَنَم/ بَقَر (كَستليتَة)
beef steak	شَرائِح / ستيك بَقَر
lamb/ beef/ chicken kidney	كَلاوي غَنَم / بَقَر / دَجاج
lamb/ beef/ chicken liver	كِبْدة غَنَم / بَقَر / دَجاج
lamb/ veal tongue	لِسان خَروف/ عِجْل
lamb/ beef/ chicken hearts	قُلوب غَنَم / بَقَر / دَجاج

نُخاعات غَنَم / عِجْل	lamb/ veal sweet breads
حلَيّات / بيض عِجْل	veal testicles
رُؤوس غَنَم / بَقَر	lamb/ beef heads

جـ. تدريبات للقراءة والمحادثة

١. الاختيار من متعدد

أ) سعر الباوند/ الرطل من غنم القرقور في ملحمة سليم عبد الرحمن واولاده

١) ارخص من سعر الرطل من الماعز الكبير

٢) اغلى من سعر الرطل من غنم هبرة

٣) يساوي سعر الرطل من الماعز الصغير

ب) اغلى انواع اللحوم في الملحمة

١) ____________

٢) فخذ غنم

٣) بقر هبرة

جـ) بامكانك شراء الرطل من الماعز الكبير

١) بأكثر من دولار

٢) بدولار فقط

٣) بسعر الرطل من الدجاج

د) ارخص نوع من لحوم البقر في المحل

١) فخذ بقر

٢) بقر مفروم

٣) ________

هـ) يزيد سعر الرطل من غنم هبرة عن سعر الرطل من بقر هبرة

١) بدولار واحد

٢) بخمسة سنتات

٣) بسنت واحد

و) من الصفات المميزة لملحمة سليم عبد الرحمن واولاده

١) انها تعطي خصما خاصا للزبائن

٢) ان اللحوم فيها مذبوحة على الطريقة الاسلامية

٣) انها تفتح ٦ ايام في الاسبوع

ز) سليم عبد الرحمن وأولاده لهم خبرة في بيع اللحوم لمدة

١) ٣ سنوات او اكثر

٢) ١٠ سنوات تقريبا

٣) أكثر من ٢٠ سنة

حـ) محلات سليم عبد الرحمن وأولاده للحوم

١) تقدم بعض الحفلات والمآدب للزبائن

٢) تلبي احتياجات الاعراس والمطاعم من اللحوم

٣) مختصة ببيع السجق والمقانق

٢. مناقشة

أ) تحدث عن انواع الغنم المتوفرة في ملحمة سليم عبد الرحمن واولاده

١) لحم القرقور

٢) لحم الماعز

ب) اذكر ما تعرفه عن انواع لحم البقر الاتية

١) لحم فـخذ

٢) لحم هبرة

٣) لحم مفروم

جـ) تكلم باختصار عن انواع اللحوم الاخرى في الملحمة .

د. النشاطات الكتابية

المطلوب منك القيام بزيارة الى احدى اقسام اللحوم في بعض الاسواق التجارية التي تعرفها واعداد قائمة بأنواع اللحوم المتوفرة عندهم واسعارها .

هـ. النشاطات الشفوية

المطلوب منك دراسة الاعلانين التاليين لمناقشتهما شفويا في الصف .

محلات سعد اخوان

عجينة بقلاوة ....

عجينة مرشوشة ....

تمر ....

جوز .... $ 2.50 .. LB.

لوز .... $ 2.50 .. LB.

صنوبر بلدي .... $ 7.50 .. LB.

فستق حلبي .... Bag

5 LB. .... $ 16.95

فستق حلبي .... Bag

3 LB. $9.99

فستق حلبي.............. $ 3.99 .. LB.

كاسترد .... $ 1.79 ..14 Oz.

لقمة القاضي ...... (عوامي) .. $ 1.79

زبيب اشقر بدون بزر (من سوريا) ..

LB. .... $ 1.69

صنوبر صيني .... $ 3.95 .. LB.

برغل كاليفورنيا .... California

(Bag) .. 40 LB. .... $ 19.00

زيت Solon .... $ 8.95 .. Gal.

زيت Hermes .... $ 7.95 .. Gal.

زيت الوزير .... $ 9.49 .. Gal.

أرز الطاووس .... $ 7.49 .. 25 LB.

أرز مصري (Wonder) $ 6.25 . 25 LB.

سكر (Domino) ...... $ 10.00 .. 25 LB.

شاي .... (ماركة الزهرة)

48 Bags .... $ 1.29

قهوة أميركاني ...... Maxwell House

Can. .... $ 7.77 .. 3 LB.

(Coffee Cream) .... Coffee Mate .

(Jar) .... $ 1.69 .. 16 Oz.

جبنة مرشوشة .... $ 1.39 .. LB.

Ricota Cheese ....

لحم غنم ذبح حلال ...... (ذبيحة)

LB. .... $ 0.69

لحم بقر .... ذبح حلال

فخذ دجاج .. ذبح حلال . $ 0.49 LB.

جناح دجاج .... ذبح حلال

LB. .... $ 0.49

دجاجة .: ذبح حلال .... $ 2.00

سودة غنم طازجة .... $ 1.00

سودة بقر يوميا طازجة ....

نخاعات عجل ....

كلاوي بقر وغنم ....

حليات عجل ....

قلوب بقر وغنم ....

رؤوس بقر وغنم ....

مقانق طازجة يوميا ....

سجق و بسترما ....

ماء ورد (قرطاس) .... $ 2.99

ماء زهر (قرطاس) .... $ 2.99

جلاب .... قنينة $ 3.50

تمر هندي .... قنينة $ 3.50

سميدة .... $ 0.49 .. LB.

زبدة ماركة الهندية .... $ 1.99 .. LB.

زبدة ماركة الهندية ....

بدون ملح .... $ 2.29

بسكويت .... $ 0.99 .. 160 gr.

راحة الحلقوم .... $ 2.50 .. LB.

جـوز هـنـد ....

بيض (Extra Large) ....

Doz. .... $ 0.65

خبز أميركاني بدون خنزير ....

طازج يوميا .... 2/$ 1.00

أجبان ـ ألبان ....

المبيع بالجملة والمفرق	We accept food stamps	We accept WIC coupons

تلبية جميع طلباتكم الى جميع الولايات الاميركية وبأسعار متهاودة

Saad Wholesale Meats

محلات عارف سعد

HALAL MEATS

fresh

جميع انواع اللحوم الطازجة

lamb

 غنم بقر ♦ دجاج

slaughter

ذبح حلال

Special - Special - Special - Special - Special

فخذ بقر بدون عظم .... $ 1.²⁹ 1 lb

فخذ دجاج .... $ 18 40 lb. (Box)

كتف خروف (باب اول) .... $ 1.¹⁰ 1 lb

المبيع بالجملة والمفرّق

retail *wholesale*

اسعار خاصة على بقية الاصناف

items   ↑   *special*   *price*
        rest of

16

۳. خُضـار و فواکهِ

central

السوق المركزي

noun -al, -an

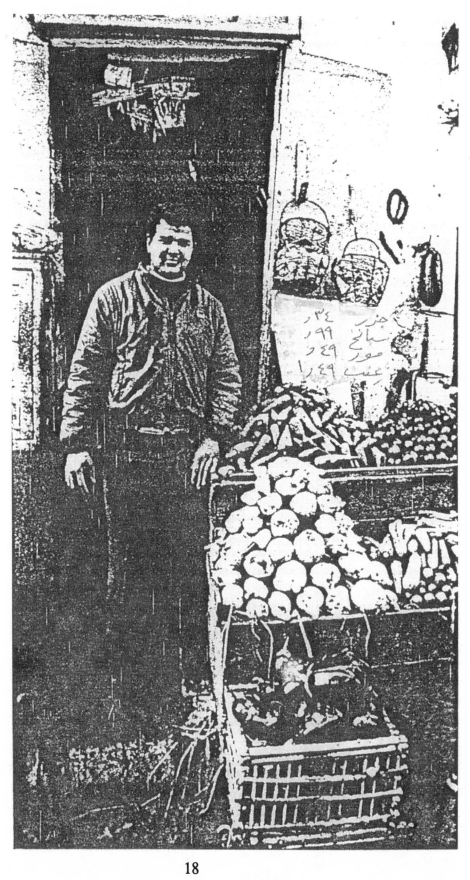

أ. اسعار الخضار خلال صيف عام ١٩٩٦

النوع	سعر الباوند (الرطل) بالدولار	
فاصوليا خَضراء	٠ر٩٩	green beans
مَلْفوف/ لَهانَة	٠ر٢٥	cabbage
جَزَر	٠ر٣٤	carrots
زَهْرَة/ قَرنَبيط	٠ر٩٩	cauliflower
باذِنْجان	٠ر٦٩	eggplant
خَرْدَل	٠ر٣٤	mustard
وَرَق لِفْت	٠ر٣٤	turnip
خَسّ	١/٠ر٧٩	lettuce
فُطْر/ فُقُع	١ر٢٥	mushrooms
بامِيَة	١ر٢٩	okra
بَصَل أَخضَر	حِزْمَة/٠ر٣٤	green onions
بَصَل (يابس)	٠ر٤٣	onions
فِلْفِل حُلو	٣/١ر٠٠	sweet peppers
فِلْفِل حارّ	٢ر٢٥	hot peppers
بَطاطا مشيغان	٠ر٣٥	Michigan potatoes
بَطاطا ايْداهو	٠ر٣٠	Idaho potatoes
بازِلاّء	٠ر٩٩	peas
سَبانِخ	٠ر٩٩	spinach
كوسا أَخْضَر	٠ر٥٠	green squash
كوسا أَصْفَر	٠ر٧٩	yellow squash
طَماطِم / بَنْدورَة	٠ر٧٩	tomatoes
شَمَنْدَر/ شَلْغَم	٠ر٩٩	beets
بَطاطا حُلوة	٠ر٣٩	yams
ذُرَة	٧/١ر٠٠	corn
خِيار	٣/١ر٠٠	cucumber
فِجْل	حزمة/٠ر٣٤	radishes
لَيْمون حامِض	٤/١ر٠٠	lemons
ثوم يابِس	٢ر٢٥	garlic
بَرقولي	حزمة/ ٠ر٨٩	broccoli

ب. تدريبات للقراءة والمحادثة

١. مــلاءمــة

أ) سعر باوند الفاصوليا الخضراء والزهرة	٤ ليمونات حامضة
ب) الفلفل الحار والثوم اليابس	٨ مثل سعر حزمة البصل الاخضر
جـ) اسعار البصل اليابس والبصل الاخضر	لا تختلف عن بعضها البعض
د) اسعار الجزر والخردل واللفت	مختلفة
هـ) رطل الزهرة اغلى من	٧ عرانيس ذرة و٣حبات فلفل حلو
و) الجزر ارخص من الكوسا الاخضر واغلى من	الفلفل الحلو والخيار
ز) تدفع نفس الثمن لشراء	الباذنجان والبطاطا
حـ) عليك ان تدفع دولاراً واحداً لِشراء	اغلى انواع الخضر في المحل
ط) سعر حِزمة الفجل	يساوي سعر باوند السبانخ
ي) تدفع دولارين لِشراء	الملفوف

٢. مناقشـــــة

أ) ما اغلى انواع الخضر في السوق المركزي؟

ب) ما الفرق بين سعر باوند البامية وباوند البازلاء ؟

ج) اذكر ثلاثة انواع من الخضار اسعارها واحدة .

د) كم خيارة يمكنك ان تشتري بدولارين ؟

ه) اذا كنت ترغب في شراء ٧ ليمونات و٧ عرانيس ذرة ، فكم دولاراً تدفع ؟

و) تكلم عن انواع البصل والفلفل المتوفرة في المحل واسعارها .

ز) كم حزمة بصل اخضر وفجل يمكنك ان تشتري بدولار و٧٠ سنتاً ؟

ح) كم يكلّف رطل الباذنجان في المحل ؟

ط) ماذا ترغب في ان تشتري من الخضر ب ١٠ دولارات ؟

ي) سَمِّ ٥ انواع من الخضر التي تفضلّها .

جـ. اسعار الفواكه خلال صيف عام ١٩٩٦

النوع	سعر الباوند بالدولار	
تُـفّـاح أحمَر	٧٩ر٠	red delicious apples
تُـفّـاح أصفَر	٧٩ر٠	golden delicious apples
مِشْمِش	٣٩ر١	apricots
موز	٤٩ر٠	bananas
عِنَب أبْيَض	٤٩ر١	white grapes
عِنَب أسمَر	٤٩ر١	blue grapes
بَرقوق	٩٩ر٠	plums
فَراولَة/ فريز	٤٩ر١	strawberries
خوخ/ دُرّاق	٨٩ر٠	peaches
اَ جاص / كُمثرى	٨٩ر٠	pears
بُرتُقال فلوريدا	٤/٠٠ر١	Florida oranges
بُرتقال أبوسُـرَّة	٤/٠٠ر١	navel oranges
يوسُف أفَنْدي/ كَلَمَنتينا	٦/٠٠ر١	tangerines
رُمّـان	١/٥٩ر٠	pomegranates
كَرَز	٤٩ر١	cherries
مانجو	١/٨٩ر٠	mangos
أناناس	١/٦٩ر١	pineapples
بَلَح	١٩ر١	dates
بَطّـيخ	٢٨ر٠	watermelon
شَمّام	١/٩٩ر٠	cantaloupe
كريفون	٣/٠٠ر١	grapefruit
بَبايا	١/٠٩ر١	papaya
صُبّار/ تين شَوْكي	١/٤٩ر٠	prickly pear
تين	٣/٠٠ر١	figs
جوز هِنْدي	١/١٩ر١	coconut

د. تدريبات للقراءة والمحادثة

١. ملء الفراغات

أ) يمكننا شراء " باينت " من ________ او حبّة ________ او باوند من الخوخ
أو ________ بـ ٨٩ سِنتاً

ب) ارخص انواع الفواكه في المحل هو ________ حيث تباع الحبّة الواحدة منه بـ
________ .

ج) يزيد سعر باوند البرقوق عن باوند الخوخ بـ ________ سِنتات .

د) سعر الشمام ________ سعر البابايا .

ه) حبّة البابايا اغلى من حبّة ________ بـ ٢٠ سِنتاً .

و) اسعار البرتقال ________ بدولار .

ز) الكرز و ________ اسعارهما واحدة .

ح) تُباع حبّة ________ بدولار و٦٩ سِنتاً .

ط) بامكانك شراء باوند البرقوق باقل من ________ .

ي) سعر رطل البطيخ اقل من سعر باوند ________ بـ ٦ سنتات فقط .

٢. مناقشة

أ) كم ثمن ١٠ حبّات من البرتقال ؟

ب) ما اغلى نوع من الفواكه في المحل ؟

جـ) اذكر ثلاثة انواع من الفواكه اسعارها واحدة .

د) ما الفرق بين حبّة المانجو وحَبّة الكريفون ؟

هـ) كم رَطلاً من البطيخ يمكنك ان تشتري بدولار و ٤٠ سنتا ؟

و) قارِن بين اسعار البرقوق والخوخ او الدّراق .

ز) ما هي فاكهتك المفضّلة ؟

ح) كم سعر الباوند من العنب الأبيض او الأسمر ؟

ط) حاول ترتيب قائمة الفواكه في هذا الدرس حسب الاسعار .

ي) ما الفواكه التي تفضلها مع وجبات الطعام الثلاث : الفطور والغداء والعشاء ؟

هـ. النشاطات الكتابية

المطلوب منك زيارة احدى المحلات والاسواق التي تباع فيها الفواكه والخضار واعداد قائمة بالفواكه والخضار الموجودة فيها مع اسعارها .

و. النشاطت الشفوية

المطلوب دراسة أسعار الخضار في الاعلانين التاليين للمناقشة الشفوية في الصف .

أسعار الخضار والفواكه
المملكة الاردنية الهاشمية
وزارة التموين – عمّان

اسعار الخضار والفواكه للمستهلك ليوم الجمعة والسبت ٨-٩/٧/١٩٩٥

الصنف	عمان والزرقاء		اربد		السلط		الكرك	
	اعلى	ادنى	اعلى	ادنى	اعلى	ادنى	اعلى	ادنى
بندورة	١١٠	٥٠	١٠٠	٥٠	١١٠	٥٠	١١٠	٦٠
كوسا صغير	١٦٠	٨٠	١٥٠	٧٠	١٦٠	١٢٠	١٦٠	١٢٠
كوسا كبير	٨٠	٤٠	٨٠	٤٠	١٠٠	٥٠	٨٠	٤٠
خيار صغير	٢٠٠	١٢٠	١٨٠	١٠٠	٢٠٠	١٣٠	١٨٠	١٣٠
خيار كبير	١٢٠	٦٠	١٢٠	٦٠	١٢٠	٨٠	١٢٠	٦٠
بطاطا	٤٠٠	٣٠٠	٣٦٠	٢٠٠	٤٠٠	٣٥٠	٤٠٠	٣٣٠
بصل ناشف	٢٠٠	١٠٠	٢٠٠	١٠٠	٢٠٠	١٥٠	٢٠٠	١٥٠
بصل أخضر	٢٠٠	١٠٠	٢٠٠	١٠٠	٢٠٠	١٥٠	٢٠٠	١٥٠
فاصوليا بلدية	٢٠٠	١٠٠	٢٠٠	١٠٠	٢٠٠	١٥٠	٢٠٠	١٥٠
فاصوليا مبرومة	٤٠٠	٢٥٠	٣٥٠	٢٥٠	٣٥٠	٣٠٠	٣٦٠	٣٠٠
فول أخضر	٤٠٠	٢٥٠	٣٥٠	٢٥٠	٣٥٠	٣٠٠	٣٦٠	٣٠٠
باميا خضراء	٧٠٠	٥٥٠	٦٥٠	٥٠٠	٧٢٠	٦٥٠	٧٠٠	٥٥٠
ملفوف	١٤٠	١٠٠	١٤٠	١٠٠	١٤٠	١٠٠	١٤٠	١٠٠
زهرة	٢٠٠	١٢٠	١٨٠	١٠٠	٢٢٠	١٥٠	٢٢٠	١٧٠
فلفل حـــار	٣٢٠	٢٠٠	٤٠٠	٣٠٠	٣٠٠	٢٥٠	٣٥٠	٣٠٠
فلفل حـــلو	٣٠٠	٢٠٠	٣٠٠	٢٠٠	٣٠٠	٢٥٠	٣٠٠	٢٥٠
ثوم	٧٠٠	٤٥٠	٦٥٠	٥٠٠	٧٠٠	٤٥٠	٦٠٠	٥٠٠
جزر أصفر	٢٦٠	١٨٠	٢٦٠	١٨٠	٢٦٠	١٨٠	٢٦٠	١٨٠
فقّوس	٢٨٠	٢٠٠	٢٨٠	١٢٠	٢٨٠	٢١٠	٢٨٠	٢٠٠
ملوخية	١١٠	٦٠	١٠٠	٥٠	١٢٠	٨٠	١٠٠	٦٠
لوبيا	٤٠٠	٢٥٠	٥٥٠	٤٠٠	٤٠٠	٢٥٠	٤٠٠	٢٥٠
موز	٦٢٠	٦٢٠	٦٢٠	٦٢٠	٦٢٠	٦٢٠	٦٢٠	٦٢٠
تـــفّاح	٥٢٠	٤٠٠	٤٥٠	٣٠٠	٥٢٠	٤٠٠	٥٢٠	٤٠٠
ليمون	٥٠٠	٤٠٠	٥٠٠	٣٠٠	٥٠٠	٤٥٠	٥٠٠	٤٠٠
خوخ	٦٥٠	٥٥٠	٤٢٠	٣٠٠	٦٥٠	٥٥٠	٥٥٠	٤٥٠

برتقال	٥٠٠	٤٠٠	٥٠٠	٤٠٠	٥٠٠	٤٠٠	٥٠٠	٤٠٠
مشمش	٨٠٠	٠٠٧	٨٠٠	٧٠٠	٨٠٠	٧٠٠	٨٠٠	٧٠٠
دُرّاق بلدي	٧٠٠	٥٠٠	٦٠٠	٣٠٠	٧٠٠	٦٥٠	٥٠٠	٤٠٠
شَمّام	٢٤٠	١٨٠	٢٥٠	١٥٠	٢٨٠	٢١٠	٢٠٠	١٥٠
بَطيخ ٥ كغم	٩٠	٦٠	١٠٠	٥٠	٩٠	٦٠	١٠٠	٦٠
عِنَب	٤٨٠	٣٨٠	٤٨٠	٣٨٠	٤٨٠	٣٨٠	٤٥٠	٣٥٠
تين أخضر	٤٦٠	٣٦٠	٤٦٠	٣٦٠	٤٦٠	٣٦٠	٤٦٠	٣٦٠
خوخ أحمر	٤٠٠	٣٠٠	٣٠٠	٢٠٠	٤٠٠	٣٠٠	٣٥٠	٢٥٠

أسعار الخضار والفواكه

الصنف	السعر
صندوق التفاح فرنسي	٧٠
،، التفاح ايطالي	٧٠
،، البرتقال لبناني	٣٠
،، البرتقال مصري	٤٥
،، البرتقال زعتري	٤٥
،، الليمون تركي	٣٠
،، الليمون ابوزهرة	٢٥
،، اليوسف افندي كبير	١٥
،، الموز امريكي	٣٥
،، العنب تركي	٣٠
،، العنب لبناني	٢٥
،، كمثرى امريكي	٤٠
،، المانجا سوداني	٤٠
المانجا (هندي)	٧٠
،، الجوافة	٣٠
،، الكوسة	٣٠
،، الباسلا	١٥
،، فاصوليا وطني	٥٥
،، الباميا كيس	٢٠٠
،، الجزر	٢٠
،، باذنجان	٢٠
،، خيار كبير	٢٥
،، الخس اردني	٢٥
،، فلفل حار	٣٥
،، طماطم وطني	٢٠
،، طماطم مستورد	٢٥
كيس بصل تركي	١٤
كرتون بطاطس	٢٠
صرة كراث	٢
،، خس	٢

فى حلقة الخضار بجدة

انخفاض الاسعار لزيادة الكميات الواردة

زادت الكميات الواردة الى حلقة الخضروات والفاكهة بجدة امس مما ساهم فى انخفاض اسعار الطماطم الاردنية ، والعنب الشيلى ، والمانجو الهندى .. ولايزال اقبال الصائمين على البطيخ المصرى والعنب الشيلى والليمون .. كما وصلت الى الحلقة كميات كبيرة من الانتاج المحلى وخاصة الكوسة والطماطم .

هذا وفيما يلى الاسعار التى تم بها البيع فى حراج الامس بالحلقة والتى وافانا بها كل من السيديد عبدالله المزمومى واحمد معبر عضوى هيئة الضبط والغش التجارى بفرع وزارة التجارة بجدة :

الصنف	السعر ، بالريال ،	الوزن ، بالكيلو ،	البلد
جزر	٢٥ _ ٣٥	١٤	الطائف
كوسة	١٥ _ ٢٥	١٢	الطائف
طماطم	٢٠ _ ٣٠	١٢	الابواء
طماطم	١٤ _ ٢٠	٧	اردنى
خيار	٢٤ _ ٣٠	١٢	اردنى
خس	٣٠ _ ٣٥	١٣	اردنى
بطيخ	٥٦ _ ٧٠	١٨	مصرى
مانجو	٥٥ _ ٧٥	٦	هندى
بطاطا	١٥ _ ١٨	١٣	لبنانى
تفاح	٦٥	١٨	شيلى
تفاح	٦٢	١٨	شيلى
برتقال	٣٨	١٤	مصرى
برتقال	٣٦	١٤	مغربى
موز	٣٠	١٢	امريكى
موز	٢٨	١٢	صومالى
ليمون	٥٥	١٦	افريقى

٤. حَلَوِيّات

the best, super أفخر

the pioneer of manufacturing Arabic Baklava

محلات شاتيلا للحلويات

ساعات العمل	٦٩١٢/٦٩١٤ طريق شيفر	تلفون
٩٫٠٠ صباحا - ١١٫٠٠ مساء	ديربون - مشيغان ٤٨١٢٦	(٣١٣) ٥٨٢-١٩٥٢

النوع	سعر الجُمْلَة بالـــدولار	
بَقلاوَة بالفُستُق	١٩٫٥٠/٥٢	Baklawa with pistachio
بَقلاوَة بالفُستُق	١٠٫٢٥/٢٦	Baklawa with pistachio
بَقلاوَة بالجوز	٨٫٧٥/٥٢	Baklawa with walnut
بَقلاوَة بالجوز	١٦٫٠٠/٢٦	Baklawa with walnut
بَلوريّة بالفستق	٢٥٫٠٠/٤٨	Balorieh
بَلوريّة بالفستق	١٣٫٠٠/٢٤	Balorieh
بُرمَة بالفُستُق	٢٥٫٠٠/٤٥	Burma with pistachio
بُرمَة بالفُستُق	١٣٫٠٠/٢٤	Burma with pistachio
أصابِع بالبُندَق	١٦٫٥٠/٨٠	Fingers with cashews
أصابِع بالبُندَق	٨٫٧٥/٣٨	Fingers with cashews
نَمّورَة بجوز الهِند	١٦٫٠٠/٤٢	Nammoura with coconuts
نَمّورَة بجوز الهِند	٨٫٧٥/٢١	Nammoura with coconuts
عُشّ البُلْبُل	١٩٫٥٠/٤٨	Bird's nest with pistachio
عُشّ البُلْبُل	١٠٫٢٥/٢٤	Bird's nest with pistachio
مَعْمول بالفُستُق صينية	١٩٫٥٠	Ma'moul with pistachio
مَعْمول بالتّمر صينية	١٨٫٠٠	Ma'moul with dates
مَعْمول بالجوز صينية	٦٫٥٠/١٢	Ma'moul with walnuts
غُرَيبَة بالفُستُق	٢٤٫٠٠/٣٦	Ghoriebeh with pistachio
غُرَيبَة بالفُستُق	١٢٫٥٠/١٨	Ghoriebeh with pistachio
غُرَيبَة	١٢٫٠٠/٤٠	Ghoriebeh
غُرَيبَة	٦٫٥٠/٢٠	Ghoriebeh
مُشَبَّك	الباوند/٣٫٠٠	Mushabbak
مَعكَرون	الباوند/٣٫٠٠	Ma'karoun
عوّامَـة	الباوند/٢٫٥٠	\`Awwameh
كِنافَة بالجبن صينية	٢٢٫٠٠	Knafeh with cheese

ب. تدريبات للقراءة والمحادثة

١. ملء الفراغات

تقع محلات شاتيلا للحلويات على رقم ٦٩١٢/ ———— ———— طريق ———— في مدينة

———— بولاية مشيغان . تفتح المحلات ابوابها من الساعة ———— ———— صباحا ————

الساعة الحادية عشرة ———— . البيع في محلات ———— بالمفرد و ———— ————

اغلى نوع من ———— هو ———— ———— حيث سعر الصدر الواحد ————

دولارا وارخص انواع الحلويات هو ———— حيث يباع الباوند ———— ———— .

محلات شاتيلا معروفة بجودة ———— ومعاملتها ———— ———— للزبائن . لحجز الطلبات

يمكن الاتصال ———— ———— بمحلات شاتيلا على الرقم ———— .

٢. ما هو مجموع فاتورة الحساب عند شراء الانواع التالية :

النوع	الكمية	السعر
بقلاوة بالفستق	٢٦	————
بلورية بالفستق	٢٤	————
برمة بالفستق	٢٢	————
معمول بالتمر	صينية	————
غريبة بالفستق	٣٦	————
عش البلبل	٤٨	————
المجموع العــــام		————

جـ. النشاطات الكتابية

المطلوب اعداد اعلان بالعربية عن محلات شاتيلا للحلويات . حاول ان يشتمل الاعلان على بعض التعبيرات والصور التي تجذب الزبائن .

د. النشاطات الشفوية

المطلوب الاطلاع على الاعلانين التاليين لمناقشتهما في الصف .

MID - EAST PASTRY DELIGHT

حلويات الشرق
بإدارة السيد مالك معتوق

*جميع اصناف الكاتو	*قطايف
*البقلاوة على انواعها	*مشبك
*كنافة بالجبن	*تلبية جميع طلبات
و حسب الطلب	الافراح والمناسبات
*عثملية	*خدمة للمنازل
*شعيبيات	*بيع بالجملة والمفرق

*مستعدين لتلبية الطلبات
في ارجاء الولايات المتحدة

حلويات الأرز

Cedar's Pastries

SPECIALISTS IN LEBANESE AND FRENCH PASTRIES

WEDDING & BIRTHDAY CAKES

Open 7 days a week

8A.M.-11 P.M.

كل يوم صباحاً كنافة بجبن

عثملية وشعيبية
كروسان سبانخ
كروسان بجبنة
كروسان لحم
كروسان زعتر
و خميع اصناف الكاتو والبقلاوة
قوالب الكاتو لأعياد الميلاد
يفتح المحل سبع ايام
من الساعة السابعة لغاية الساعة
العاشرة مساء.
ت : ٨٩٦٨-٥٨١

الوحدة الثانية

إعلانات تجاريّة

١.   فرص وظيفيّة

٢.   عقارات للأيجار والبيع

٣.   بيع وشراء السيارات

٤.   مناقصات/عطاءات

١. فرص وظيفيّة

financial establishment

المؤسسة المالية العربية السعودية ش . م .
(لوكسمبورغ)

opening position

تعلن عن الوظائف الشاغرة التالية لمصرفها الجديد في باريس :

١ – مدير الإدارة المالية والاستثمارات . *dept* ٢ – رئيس قسم الاعتمادات المستندية .

٣ – رئيس قسم الودائع وحسابات التوفير . ٤ – رئيس قسم التسليف .

الشروط العامة :

advanced / citizenship

– يشترط في المتقدم أن يكون سعودي الجنسية .

– خبرة مصرفية لا تقل عن خمس سنوات (تعطى الأفضلية لمن لهم خبرة في السعودية) .

– شهادة جامعية في إدارة الأعمال أو الاقتصاد أو المحاسبة (باستثناء من تتوفر لديهم خبرة مصرفية طويلة) .

– مركز الإقامة والعمل في باريس .

توجه الطلبات مع الملخّص عن الحالة المدنية ، والدراسة والخبرة العملية للمرشح ، مع صورة فوتوغرافية إلى العنوان التالي : c/o A.F.C., 49/51 AVENUE GEORGE V, PARIS 8 .

address

تعالج جميع الطلبات بالسرية التامة .

strict confidence

١ . المفردات والتعبيرات المفيدة :

Job opportunities	فرص وظيفية
establishment, firm	مؤسسة – مؤسسات
Ltd. (Limited Company)	ش.م (شركة محدودة)
vacancies	الوَظائف الشاغرَة
investments (seeking fruit)	الاستثمارات
credit records	الاعتمادات المُستَنَديَّة
deposits department	قِسم الوَدائع
savings accounts	حِسابات التوفير
requirements, conditions	شروط (جمع شرط)
loans department	قِسْم التَسليف
banking experience	خبرَة مَصرفيَّة
business administration	إدارَة الأعمال
accounting	المُحاسَبَة

33

تُوَجَّه الطلبات	applications are to be directed, sent
باستِثْناء	with the exception of, except for
مُلَخَّص – مُلَخَّصات	resume
الحالَة المَدَنيَّة	civil status
الخِبْرَة العَمَليَّة	work experience
مُرَشَّح – مُرَشَّحون	candidate
السِّرِّيَّة التامَّة	strictest confidence
تُعالَج	to be treated, handled

ب . اسئلة عامة

١. مَن أصدر هذا الإعلان ، ومن أين ؟

٢. كم موظفا يحتاج المصرف الجديد ، وما نوع كل وظيفة ؟

٣. هل يستطيع شخص عربي تتوفر فيه جميع الشروط أن يعمل في إحدى هذه الوظائف ؟

٤. أذكر بعض شروط التوظيف في المصرف .

٥. ماذا يجب على طالب الوظيفة أن يقدِّم مع الطلب ؟

٦. كيف يتم اختيار الموظفين المتقدمين للعمل ؟

٧. هل في المدينة التي تسكنها فرع للمؤسسة المالية العربية السعودية ؟

(إعلان رقم ٢)

مؤسسة السيد عبد الرحمن الجفري

جدة ت : ٢٩٨٩٥

تعلن

عن حاجتها الى طباخ له خبرة بتحضير الماكولات الاوربية والعربية ومستعدّ للسكن بمكان العمل ... فمن له المقدرة الاتصال بنا .

(إعلان رقم ٣)

وظيفة شاغرة

شركة مصرفية حديثة مركزها جدة بحاجة الى

ضاربي الة كاتبة/انجليزي ، إجادة اللغة الانجليزية إجادة تامة ، ويفضل من يُلِمّ ايضاً بالاختزال والضرب على الالة الكاتبة العربية ، يحدد الراتب حسب الكفاءة والخبرة ، للحصول على اية معلومات اضافية يرجى مراجعة ادارة شؤون الموظفين بالشركة على العنوان : جدة – ص . ب : ٥٥٧٧ او الاتصال هاتفيا بالرقم ٥٣٧٤١ – جدة .

(إعلان رقم ٤)

مؤسسة التجارة والتعهدات

جدة. شارع المطار. ت : ٢٩٩٢٤ ص ب ٤٥٠٤

تعلن

عن حاجتها الى : –

لحامين

دهانين

وذلك للعمل بورشة الصيانة لديهـا .. فعلى من يجد في نفسه الكفاءة لشغل هذه الوظائف الاتصال بنا تليفونيا .

(الافضلية للاخوة السعوديين)

ا . المفردات والتعبيرات المفيدة

إعلان رقم ٢ :

cook	طَبَّاخ – طَبَّاخون
has the competence	لَهُ المَقدِرَة

إعلان رقم ٣ :

typists	ضاربي آلة كاتِبَة
familiar with shorthand	يُلِمّ بالاختزال
salary	راتب – رواتب
commensurate with ability	حَسَب الكَفاءَة
personnel office	إدارة شُؤون المُوَظَّفين

إعلان رقم ٤ :

contracts	التَعَهُّدات (جمع تَعَهُّد)
welders	لَحّام – لَحّامون
painters	دَهّان – دَهّانون
maintenance shop	وَرْشَة الصِّيانة
competence, qualifications	الكَفاءَة

ب . أسئلة عامة

١. اذا كنت تريد الحصول على وظيفة طبّاخ فلأيِّ الاعلانات تقدِّم طلبك ؟

٢. ما شروط مؤسّسَة الجفري فيمن يتقدّم للعمل طبّاخا فيها ؟

٣. ما نوع الوظائف الموجودة في الشركة المصرفية ؟

٤. ما شروط المتقدِّم للعمل في هذه الشركة المصرفية ؟

٥. ما موضوع الأعلان الرابع ؟

٦. لأيِّ الجِنْسيَّات تُعطى الأفضلية في العمل في مؤسسة التجارة والتعهدات ؟

٧. في أيِّ المدن توجد المؤسَّسات الثلاث المُعْلَن عنها ؟

٨. كيف يمكنك الحصول على معلومات اضافية عن الوظائف أو الشركات في هذه الاعلانات ؟

٩. أيُّ اعلان يعجبك ، ولماذا ؟

جـ. تدريبات للقراءة والمحادثة

١. استعمال المفردات والتعبيرات المفيدة

أ) لَهُ خِبْرَة بـ

اذكر بعض الناس الذين لهم خبرة بادارة الاعمال .

ب)   لَهُ المَقدِرة على

with ease *conversation*

ability

متى تصبح لك المقدرة على التحدث بالعربية بسهولة ؟ *you will have*

ج)   وَظيفَة شاغِرَة

vacancies

اين نقرأ عادةً عن الوظائف الشاغرة ؟

د)   يُجيدُ الضَرْب على الآلة الكاتِبَة

هل من شروط السكرتيرة الناجحة اجادة الضرب على الالة الكاتبة اجادة تامة ؟

هـ)   الحُصول على مَعلومات اضافية

additional info

كيف يمكن الحصول على معلومات اضافية عن الوظائف الشاغرة ؟

و)   يُشتَرَط في المُتَقَدِّم أن

candidate   *conditioned*

kind of   *bank*

ما نوع الخبرة التي تشترط في المتقدم للوظائف المصرفية ؟

ز)   باستِثْناء

كيف تشرح باستثناء باللغة العربية ؟

appropriateness

٢.   ملاءمة

أ	١ تعلن المؤسسة عن	٤ – اللحامين والدهانين للعمل	٥ ومقيما في جدة.
ب	٢. شركة مصرفية حديثة	١– حاجتها الى طباخ	٣ الكفاءة والخبرة .
ج	٣ سوف تحدد الشركة	٢– بحاجة الى ضاربي آلة كاتبة	١– يجيد عمل الاكلات الفرنسية .
د	٤ مطلوب عدد من	٥– ان يكون سعودي الجنسية	٢– عندهم المام بالاختزال .
هـ	٥ يشترط في المتقدم	٣– الراتب حسب	٤– بورشة الصيانة في المؤسسة .

٣.   الاختيار من متعدد

١.   مقرّ المؤسسة المالية العربية السعودية في

١)   مصرفها الجديد باريس

٢)   لوكسمبورغ

٣)   قسم الاعتمادات المستندية

ب . تقول المؤسسة انها سوف

١) تُعالج جميع الطلبات بسرية تامة

٢) تنظر في طلبات ذوي الخبرة المصرفية الطويلة فقط

٣) تنقل مركز عملها الى باريس

جـ . تعطي مؤسسة التجارة والتعهدات الافضلية في العمل

١) للسعوديين

٢) للدهانين

٣) لأوّل من يتصل بها تليفونيا

د . لكي يحصل المتقدمون لوظيفة ضاربي آلة كاتبة على معلومات اضافية

١) يجب ان يذهبوا بأنفسهم الى مقر الشركة او يتصلوا بها هاتفيا

٢) يجب ان يكتبوا لادارة شؤون الموظفين قبل الذهاب إلى المكتب

٣) يجب ان تكون لهم خبرة طويلة

هـ . سوف تختلف رواتب المرشحين

١) بناء على الجنسية

٢) بناء على الكفاءة والخبرة

٣) حسب رأي مدير الشركة

٤ . اكمال

أ) لكي تتقدم لوظيفة طباخ ________________.

ب) تفضل الشركة المصرفية في من يجيدون الضرب على الالة الكاتبة ________________.

جـ) من الوظائف الشاغرة بالمؤسسة المالية السعودية ________________.

د) تشمل الشروط العامة للمتقدمين الحصول على شهادة ________________

هـ) يجب ان يذكر المتقدم للوظيفة في ملخصه ________________

و) سوف تعالج المؤسسة الطلبات ________________

د. النشاطات الكتابية

١. المطلوب اعداد اعلان عن وظائف شاغرة ، يترك لك حرية تحديد انواعها .

٢. ترجم اعلان رقم ٣ الى الانجليزية .

هـ. النشاطات الشفوية

١. ادرس الاعلانات التالية بعناية استعدادا لمناقشتها شفويا في الصف .

٢. طلب منك أحد الاصدقاء أن تخبره عن احد الاعلانات التي قرأتها في هذا الدرس . اختر اعلانا منها وتحدّث عنه في حوالي دقيقة .

مطلــوب سكـرتيــرة وممـرضــة

للعمل في عيادة نسائية في رام الله

المراجعة شخصيا في عيادة:

الدكتــور عادل شكوكانــي

رام الله ـ المنارة ـ عمــارة أميــة

مــن الســاعة ٣ - ٧ مساء

مطلــوب سكرتيـرة

شركة عربيــة في القدس

بحاجــة الى سكرتيــرة

تجيد اللغة العبرية واستعمال الكمبيوتر

الـراتـب حسـب الكفـاءة والخبرة

المراجعة مع تلفون ٨٥٦٣٠٢، بعد السادسة مساء

وظيفة شاغرة لسكرتيرة إدارية

تعلن شركة المنيوم البحرين عن حاجتها إلى سكرتيرة مؤهلة، ويفضل أن تكون بحرينية الجنسية، لتشغل وظيفة سكرتيره ادارية في ألبا.

على المتقدمات لهذه الوظيفة أن تكون لديهن خبرة كافية في هذا المجال بالإضافة إلى اجادتهن للغة الانجليزية والسرعة الجيدة في أعمال الاختزال والطباعة مع القدرة على إنجاز اعمال السكرتارية من الدرجة الأولى بأقل درجة ممكنة من الإشراف.

ستعطى المتقدمات راتبا مغريا وعلاوة مواصلات وعلاوات إضافية اخرى

الرجا تقديم الطلبات الكتابية إلى:

مراقب شئون الموظفين

المنيوم البحرين - ص.ب: ٥٧٠ البحرين

مؤسسة الفتح للهندسة الحديدية والميكانيك،

Al - Fatth Eng. & Mechanical, Metal Works Est.

تعلن موسسة الفتح للهندسة الحديدية والميكانيك عن حاجتها الى:

١ - مدير اداري حاصل على بكالوريوس ادارة اعمال او ليسانس حقوق، مع خبرة لاتقل عن خمس سنوات واجادة اللغة الانجليزية اجادة تامة (قراءة وكتابة ومحادثة).

٢ - مندوب علاقات عامة، حاصل على رخصة قيادة صادرة من دولة (الامارات العربية المتحدة) مع خبرة لاتقل عن ثلاث سنوات داخل حدود ابوظبي.

الرواتب مغرية وتحدد حسب الخبرة والكفاءة..

الاتصال / ابوظبي ص ب: ٦٢٣٦ تليفون رقم: ٥٤٥١٠، ٥٤٠٠٧

المقابلة الشارع المقابل لبنك ابوظبي الوطني بالمصفح امام الكمبيوتر لخدمة السيارات.

(إعلان رقم ٥)

اعــلان

يسر مركز خدمات الخليج أن يعلن الى جميع المؤسسات الخاصة والدوائر الحكومية والى جميع الشركات التجارية والمقاولين والفنادق عن استعداده لتلبية جميع طلباتكم من احضار واستجلاب اكفأ واخلص الايدى العاملة الفنية من مختلف المهن ومن جميع الجنسيات من خارج الدولة ومن ذوى الخبرات والمؤهلات الادارية والفنية فى جميع المستويات .

مهندسون ـ خبراء فى جميع المجالات ـ محاسبون ـ موظفو مبيعات ـ نجارة ـ كهرباء ـ صبغ ـ ميكانيك ـ عمال فنادق ـ لمختلف الاختصاصات ـ مراقبو بناء ـ وطرق ـ فنيو تكييف ـ بايب فيترز ـ سائقو سيارات ـ ومعدات ثقيلة ـ عمال مزارع ومنتزهات ـ عمال صحة .

لتوفير الوقت والجهد فقط الاتصال هاتف رقم ٢٤٤٣٧ أو رقم ٢٤٨٩٧ . أبو ظبى ص.ب : ٣٢١٤ . الامارات العربية المتحدة .

(اعلان رقم ٦)

إعلان عن وظائف
سكرتيرات تنفيذيات

يعلن بنك الكويت الوطني ش.م.ك عن حاجته لعدد من السكرتيرات التنفيذيات بالشروط التالية :

١ - إجادة اللغتين العربية والانجليزية اجادة تامة.
٢ - إجادة الطباعة بالعربية والانجليزية.
٣ - مستوى جيد بالاختزال.
٤ - القدرة على طباعة الكشوف والجداول الأحصائية.
٥ - خبرة سابقة في العمل كسكرتيرة تنفيذية لمدة سنتين على الأقل.
٦ - يفضل من لها خبرة سابقة بالعمل في البنوك.

ترسل الطلبات موضحاً بها كافة البيانات الخاصة بالمتقدمة للوظيفة مع صور من المستندات الدالة على توفر الشروط السابقة وصورة شخصية باسم السيد/ مسئول التعيين والتدريب - بنك الكويت الوطني ش.م.ك. ص.ب ٩٥ الصفاة على ان يذكر بركن المغلف عبارة (سكرتيرة تنفيذية).

ا. المُفرَدات والتَعبيرات المُفيدَة

إعلان رقم ٥ :

مَركَز خَدَمات الخَليج	Gulf Services Center
مُقاول - مُقاولون	contractors
تَلبِيَة جَميع الطَلَبات	to fill all orders
استجلاب	bringing
أكفأ	the most competent
الأيْدي العامِلَة (العمال)	workers
ذَوي الخِبرات	experienced
المُؤَهلات الاداريَّة	administrative qualifications
مُوَظِّفو مَبيعات	salesmen
نِجـارَة	carpentry
صَـبْـغ	dyeing
عُـمَّال فَنادِق	hotel staff
مُراقبو بناء	foremen
فَـنِّيو تَكْييف	air conditioning technicians
بايب فِتَرْز	pipe fitters
عُمَّال صِحَّـة	health employees
لتوفير الوقت والجهد	to save time and effort

إعلان رقم ٦ :

سِكرتيرات تَنفيذيّات	executive secretaries
ش . م . ك . (شركة مساهمة كويتية)	Kuwait Joint Stock Company
الكُشوف (جمع كَشْفُ)	tables, charts
الجَداوِل الاحصائِيَّة	tables of statistics
كافَّة البَيانات	all information
المُستَنَدات (جمع مُسْتَنَدُ)	documents
صورَة شَخصِيَّة	personal photograph
رُكْن المُغَلَّف أو المَظْروف	a corner of the envelope

ب. اسئلة عامة

إعلان رقم ٥ :

١. مَن يهمهم كثيرا هذا الاعلان ؟
٢. ما هي بعض الخدمات التي يقدّمها المركز ؟
٣. هل يستطيع المركز استخدام موظفين من خارج دولة الأِمارات ؟
٤. اذا كنت مدير فندق ، فَهَل يمكنك العمل في " ابوظبي " ؟
٥. لماذا يطلب الذي وضع الاعلان من الزبائن الاتصال بالتليفون فقط ؟

إعلان رقم ٦ :

١. ما نوع الوظائف التي يحتاجها بنك الكويت ؟
٢. ما المؤهلات المطلوبة في المتقدمات للعمل ؟
٣. ماذا يجب على المتقدمة للعمل ان ترسل مع طلبها ؟
٤. الى أيّ عنوان ترسل الطلبات ؟
٥. ماذا تصبح المتقدمة للعمل اذا وقع عليها الاختيار ؟
٦. أذكر بعض الاماكن التي يوجد فيها سكرتيرات تنفيذيّات ؟

44

أ. المفردات والتعبيرات المفيدة

اعلان رقم ٧

food stuffs	المَواد الغذائيَّة والكماليات
marketing executives	مُدراء تَسويق
valid	سارِية المفْعول
subject to transfer	إقامَة نِظاميَّة قابِلَة للتَّحويل
driver's license	رُخْصَة قيادَة
the conditions stated above	الشُروط السابِقَة أعلاه
attention	لعِناية
note	مَلحوظَة
beginners do not apply	المُبتَدِئون يَمتَنِعون

اعلان رقم ٨

job name, designation	مُسَمَّى (اسم)
surveyor	مَسَّاح
secondary school certificate	ثانَوِيَّة عامَّة (شهادة الدراسة الثانوية)
draftsman	رَسَّام

ب. اسئلة عامة

اعلان رقم ٧

١. اين توجد فروع الشركة الوطنية للمواد الغذائية والكماليات ؟

٢. ماذا يشترط في المتقدمين لوظيفة مدراء مبيعات ومدراء تسويق ؟

٣. ما المؤهل المطلوب لوظيفة المحاسب المعلَن عنها ؟

٤. كم سنة من الخبرة يشترط في المتقدم لهذه الوظيفة ؟

٥. ماذا يجب على المتقدمين للشركة الوطنية ان يرفقوا مع طلباتهم ؟

٦. لأي الجنسيات تعطي الشركة الوطنية الافضلية في التوظيف ؟

٧. ما عنوان الشركة الوطنية السعودية ؟

اعلان رقم ٨

١. اذكر الوظائف الشاغرة في مؤسسة الرياض للتجارة والمقاولات .

٢. ما المؤهل المطلوب لوظيفة محاسب ورئيس حسابات ومهندس كهربائي ؟

٣. وما هو المؤهل المطلوب للوظائف الاخرى ؟

٤. سَمِّ الوظائف التي تشترط خبرة ٥ سنوات ، والوظائف التي تشترط خبرة ٧ سنوات .

٥. ما هي الوظيفة التي تتطلب خبرة في الطباعة العربية والانجليزية ؟
٦. أي اللغات يجب على المتقدمين للوظائف المعلن عنها اجادتها قراءة وكتابة ؟
٧. لِمَن تُقدَّم الطلبات في هذه المؤسسة ، وعلى أيٍّ عنوان ؟

جـ. تدريبات للقراءة والمحادثة

١. استعمال المفردات والتعبيرات المفيدة

تَلبية الطلبات

هل عندك الاستِعداد لِتَلبِيَة جميع طلبات الأساتذة ؟

الأيدي العامِلَة

لماذا تحتاج الشركات في بعض البلدان الى استحضار أيد عاملة من الخارج ؟

المُستَنَدات الدالَّة على تَوَفّر الشروط

ماهي بعض المستندات الدالة على توفر شروط الوظيفة في المتقدم ؟

رُخْصَة قِيادَة سارِيَةِ المَفعول

ماذا تفعل لكي تجدد رخصة قيادة غير سارية المفعول ؟

المُدير الإداري / مُدير شؤون الموظَّفين

لِماذا تُرسل صور المؤهلات والمستندات والصور الشخصية عادة الى المدير الاداري ؟

٢. ملء الفراغات

أ) يتطلب بنك الكويت الوطني في السكرتيرات ________ القدرة على ________ الكشوف و________ الاحصائية .

ب) يجب ان يذكر في ركن ________ عبارة سكرتيرة تنفيذية او يرسل باسم السيد مسؤول________

جـ) يوجه مركز ________ الخليج اعلانه الى جميع المؤسسات ________ و ________ الحكومية . وكذلك الى جميع ________ التجارية والمقاولين.

د) الأيدي العاملة التي يختص المركز باحضارها تشمل________ و________.

هـ) يشترط في مَن يتقدم لوظائف الشركة الوطنية للمواد الغذائية و________ ان لا تقل ________ عن خمس سنوات ، وان تكون________ قيادته. ________ المفعول ، كما يجب ان يكون لديه الاستعداد________ للعمل بأي________ من فروع الشركة . وتعطي الشركة ________ للمتقدمين من السعوديين .

و) ________ في المحاسب المتقدم للعمل في الشركة الوطنية خبرة عشر سنوات على ________ و________ جامعي ، وان يكون لديه________ على الترجمة .

ز) نفهم من اعلان الشركة الوطنية ان ______ لا ينظر في طلباتهم .

ح) يشترط في المتقدم لوظيفة رئيس حسابات او مهندس ______ لمؤسسة الريان التجارية ان يكون ______ ولا تقل خبرته في العمل عن ______ سنوات ، اما المتقدمون للوظائف الاخرى وهي : ______ ، ______ ، ______ ، ______ ، فالمؤهل المطلوب ______ عامّة ، او ما ______ وخبرة ______ سنوات . وعلى جميع المتقدمين ______ اللغة الانجليزية ______ و ______ .

٣. ملاءمة

أ) يُشترط في المتقدمة	أن يكون لديهم الاستعداد التام	وخبرة جيدة في الاختزال.
ب) يسرّ مركزنا للخدمات	مِن مختلف المهن والجنسيات	الى ص . ب ١٥١٧ الرياض .
جـ) يُمكننا استجلاب افراد	سابق الخبرة وصورة من الشهادات	واحضار الايدي العاملة الفنية.
د) يجب على المتقدمين	تلبية جميع طلباتكم	للعمل بأي فرع من فروع الشركة .
هـ) تُقدّم الطلبات مع بَيان	اجادة اللغتين العربية والانجليزية	ومن ذوي الخبرات في جميع المستويات .

د. النشاطات الكتابية

المطلوب منك بصفتك مدير فندق او مدير بنك في الرياض وضع اعلان عن حاجتك الى عدد من الموظفين والموظفات للعمل في الفندق او البنك .

هـ. النشاطات الشفوية

١. ادرس الاعلانات التالية لمناقشتها شفويا في الصف .

٢. اقرأ الاعلان الثالث بعناية ، واكتب بعض الملاحظات عنه بالانجليزية لتقديمها شفويا في الصف .

إعـلان

بنك قطر الوطني

تعلن الإدارة العامة لبنك قطر الوطني عن حاجتها إلى

سكرتيرات تنفيذيات

تتوفر فيهن الشروط التالية :

أولاً : أن لا يقـل المؤهـل العلمي عن الثانويـة العامـة .

ثانياً : شهادة في مجال السكرتارية والطباعة من معاهد معترف بها .

ثالثاً : إجادة الطباعة باللغتين العربية والإنجليزية .

رابعاً : إستخدام أجهزة الكمبيوتر المخصصة لأعمال الطباعة والسكرتارية معالجة النصوص (ميكروسوفت وورد وأكسل).

خامساً : خبرة في مجال السكرتارية . لا تقل عن ٣ سنوات .

ترسل الطلبات مصحوبة بالمستندات الثبوتية باسم

السيد / مدير إدارة الشؤون الإدارية والموارد البشرية .

ص . ب : ١٠٠٠ / الدوحة ـ قطر

وظائف شاغرة للسعوديين فقط

شركة مقاولات بحاجة إلى الوظائف التالية :

*** مهندس كهرباء (٣) * مهندس مدني (٣)**

*** مهندس ميكانيكي (٢)**

- مؤهل جامعي من إحدى الجامعات المعترف بها .
- خبرة ٥ سنوات في مجال مشاريع المياة المالحة .
- إجادة اللغة الإ نجليزية تحدثا وكتابة .
- معرفة تشغيل الحاسب الآلي .

*** رسام هندسى (٤) * منسق مشروع (٣)**

سكرتير (٢)

- خبرة ٥ سنوات بالمجال .
- إجادة اللغة الإنجليزية تحدثا وكتابه .

*** عامل (١٨) .**

مكان العمل : الشعيبة (حوالى ١٤٠ كم جنوب جدة)

علي من يجد في نفسه الكفاءة ارسال السيرة الذاتية علي

ص . ب : ٩٦٥٦ الرياض ١١٤٢٣ عناية : مدير شئون الموظفين

ونسخة اخرى على فاكس رقم : ٤٦٤١٧٧٣ (٠١)

شركة وطنية كبرى

تعمل في مجال تصنيع المواد الغذائية

في حاجة إلى

*** مندوبين عدد (١٠)**

*** مشرفي مبيعات عدد (٤)**

*** محاسبين عدد (٤)**

*** سكرتير إداري عدد (١)**

*** فني مختبر عدد (١)**

بالشروط التالية :-

شهادة جامعية مناسبة - خبرة ثلاث سنوات في مجال العمل

إقامة قابلة للتحويل - رخصة قيادة سعودية .

ترسل السيرة الذاتية خلال أسبوعين من تاريخ نشر الإعلان على رقم

فاكس/ ٤٥٩٤٨٢٨ أو ص.ب ٥٧٨٢ الرياض ١١٤٣٢ -

عناية مدير البيع والتسويق

(اعلان رقم ٩)

مطلوب مهندسون وفنيون

— الأفضلية للسعوديين —

يرغب مركز المشاريع والتخطيط في توظيف عدد من المهندسين والفنيين .. ممن تتوفر لديهم المؤهلات والخبرات التالية :

المهندسون :

١/ بكالوريوس هندسة كهربائية أو ميكانيكية أو مدنية من جامعة معترف بها .

٢/ خبرة عشرين سنوات .. الخمس الأخيرة منها على الأقل في مجال صيانة الأجهزة الكهربائية أو الميكانيكية أو صيانة وتشغيل محطات تنقية مياه المجاري وأنظمة الري .

٣/ المعرفة التامة باللغة الإنجليزية .. قراءة وكتابة .

الفنيون :

١/ دبلوم فني متخصص من جامعة أو معهد معترف بهما على الأقل مدة الدراسة بهما عن سنتين وبدوام كامل .

٢/ خبرة لمدة ثمان سنوات على الأقل في مجال صيانة الأجهزة والمعدات الكهربائية أو الميكانيكية أو في صيانة وتشغيل أنظمة الري أو محطات تنقية مياه المجاري .

٣/ الإلمام باللغة الإنجليزية قراءة وكتابة .

● يتم تحديد الرواتب والمزايا الأخرى في ضوء المؤهلات والخبرات المتوفرة .

ترسل طلبات التوظيف مرفقاً بها ملخص السيرة الوظيفية وصور المؤهلات والخبرات .. إلى العنوان التالي :

مركز المشاريع والتخطيط
مدير عام الإنشاء والتشغيل والصيانة
ص ب ٤٩٥ الرياض ١١٤١١

50

أ. المفردات والتعبيرات المفيدة

planning	التَّخطيط
recognized	مُعتَرَف بها
field, area	مَجال – مجالات
maintenance	صِيانة
running, operating	تَشغيل
purification	تَنقية
drains, sewage	المَجاري
irrigation	الرِّيّ
full time	دَوام كامِل
mastery, command (of)	الإلمام
privileges, benefits	مَزايا (جمع مَزيّة)
on the basis of	في ضَوء
curriculum vitae	السِّيرَة الوَظيفيّة/الذاتيّة

ب. تدريبات للقراءة والمحادثة

١. اسئلة عامة

أ) من وضع هذا الاعلان ؟ وما الغرض منه ؟

ب) هل يفضل المركز جنسيات معينة من الموظفين ؟

جـ) ما هي المجالات التي سيعمل بها من يتم اختيارهم للوظائف ؟

د) اذكر بعض الشروط المطلوبة في المتقدِّمين للعمل .

هـ) اذا كنت ترغب في العمل مع المركز ، فماذا تعمل ؟

٢. استعمال المفردات والتعبيرات المفيدة

أ) تَوظيف

اذكر بعض دوائر التوظيف الحكومية التي تعرفها .

ب) تَتَوفَّر لَدى

ماذا يجب ان تتوفر لديك حتى يمكنك ان تتقدم بطلب لوظيفة محاسب ؟

جـ) في مَجال

في أي المجالات التجارية ترغب في العمل ؟

د) تَشْغيل

ماذا تعمل عند تشغيل سيارتك في الايام الباردة ؟

هـ) الأَلِمام بـ

ما هي اللغات التي يجب الالمام بها للعمل في السعودية ؟

٣. اكمال

أ) يشترط لهذه الوظيفة بكالوريوس في ———— الكهربائية من معهد ———— به .

ب) على المتقدم ان يكون ———— باللغة العربية ———— تاما ، ———— وكتابة .

جـ) بالاضافة الى ————الدراسية ، يتطلب العمل ———— طويلة لا تقل عن خمس سنوات .

د) الهندسة انواع ، فمنها ———— و ———— و ———— مثلا .

هـ) ترسل ———— التوظيف ———— بها ملخص السيرة الوظيفية و ———— المؤهلات الى العنوان ———— .

٤. ملاءمة

أ) سَتُحَدَّد الرواتب	–عدد من المهندسين والفنيين	–الى مدير شؤون الموظفين
ب) يرغب المركز في توظيف	–ان يكون لديهم الالمام الكامل	–المؤهلات والخبرات المتوفرة
جـ) يُشترط في جميع المتقدمين للوظائف	–ملَخَّص السيرة الوظيفية	–باللغتين العربية والانجليزية
د) تُرسل الطلبات مرفقا بها	–والمزايا الاخرى في ضوء	–ممَّن تتوفر لديهم المؤهلات المَطلوبة

جـ. النشاطات الكتابية

١. تَصَوَّر انك المدير العام لأحدى الشركات وتحتاج الى عدد من العمال لشغل وظائف مختلفة . حضّر اعلانا تذكر فيه نوع الوظائف المطلوبة وشروط كل وظيفة وطريقة تقديم الطلبات .

د. النشاطات الشفوية

١. حاول جمع بعض الاعلانات الوظيفية من الصحف العربية او الانكليزية للتحدث عنها في الصف .

٢. اختر واحدا من الاعلانات التالية وترجمه الى اللغة العربية لتقديمه شفوياً في الصف .

MDSI
EMPLOYMENT OPPORTUNITIES

MDSI is the recognized leader in the development and marketing of high technology computer products and services for manufacturing applications.

Continuous growth in an expanding market place has created the need for exceptional personnel. WE SEEK:

- Administrative Secretary - Marketing
- Personal Secretary
- Executive Secretary
- Operation Programmers (scientific applications)
- Technical Writer (software)

We offer excellent salaries, comprehensive fringe benefits, professional growth and advancement opportunities.

American Company Requires

Sales Representative

Applicants must be fluent in Arabic and English and have had several years experience in selling consumer goods. They must be single, Aged under 30. Excellent Remuneration and employment conditions can be expected.

JOB VACANCIES

A leading Agency of Automotive Products has the Following Vacancies

* Sales Manager
* Service Manager
* Sales Engineers

All Applicants must satisfy the following requirments:

1- An Automotive, Electronic or Mechanical engineering degree from an accredited University.

2- A minimum of five years experience for the Engineers and seven years experience for the Managers in the field of automotive engineering.

3- Fluent in English and Arabic (both written and spoken).

4- A valid Jordanian driving license.

5- Must have leadership qualities .

Applications satisfying all the above requirments are to be sent to the

Personnel Manager

P.O.Box 830440 Amman 11183 Jordan

All Applications will be delt with in strict confidence.

٢.	عقارات لِلأيجار والبيع

(اعلان رقم ١)

بناية فخمة مجهزة تجهيزاً كاملا ومكونة من اربع طوابق كل طابق فيه ثلاث شقق .

مواصفات كل شقة كالتالي :

- ٣ غرف نوم ، صالتين ، غرفة طعام ، صالون ، غرفة خادمة .
- مطبخ مجهز بالكامل .
- تكييف مركزي مستقل .
- والبناية مجهزة بمصعدين للسكان ومصعد للخدمة .
- غرفة للسائق مستقلة مع خدماتها .
- موقف سيارات مغطى .
- ملاعب للأطفال .
- هذا بالاضافة الى خدمات اخرى وحراسة دائمة .
- موقع البناية ـ شارع التحلية ـ حي الاندلس (بقشان) .

للاستعلام والايجار : شركة حافظ للمقاولات السيد محمد المصري

تليفون (٦٦٥٨٤٠٠)

57

اعلان رقم ١

for immediate occupancy	جاهزة للايجار
the best location	أرقى احياء
luxurious	فَخْمَة
has everything; fully equipped	مُجَهَّزَة تَجهيزًا كاملاً
consisting of, including	مُكَوَّنة من
specifications	مُواصَفات
hall, large room	صالة – صالات
salon, reception room	صالون – صالونات
elevator	مَصْعَد – مَصاعد
chauffeur; driver	سائق – ساقة
separate room with all facilities	غُرْفَة مُستَقلة مع خَدَماتها
covered parking	مَوقِف سيّارات مُغطّى
round-the-clock security	حِراسَة دائِمة

اعلان رقم ٢

located	الكائنَة
alley	زِقاق – أزِقّة
bathroom	حَمّام – حَمّامات
steel-reinforced structure	بِناء مُسلَّح
legal requirements (for privacy)	مَنافِعها الشرعيَّة

اعلان رقم ٣

ground floor	دَوْر أرضي
The International Investment Corp.	الشَّرِكة الدَّوليَّة للاستثمار
top floor	طابِق عُلْوي
villa, country house, self-standing residence	فيلا – فلَلْ
consisting of	مُؤَلَّف من
special, private entrance	مَدخَل خاص
carpeted	مَفروشَة سَجّاد
fixed rent	الأيجار مَقْطوع

ب. اسئلة عامة

١. ماذا تستطيع ان تشتري او تستأجر بعد اطلاعك على هذه الاعلانات الثلاثة ؟

٢. اذكر مواصفات اكبر دار معروضة للايجار في الاعلانات التي قرأتها .

٣. اذا كنت تستطيع ان تدفع ٣٠٠ دينار شهريا ، فما هي مواصفات الفيلا التي ستحصل عليها ؟

٤. اذا كنت تبحث عن بيت وتشترط وجود حديقة فيه ، فبأي تليفون تتصل ؟

٥. اذا كنت تشترط في البيت الذي سوف تستأجره ان يكون مفروشا بالسجّاد ، فأين تبحث عن مطلبك؟

٦. اين تستطيع ان تجد بيتا للأيجار في الجريدة ؟

٧. أيّ الشقق المُعلَن عنها تصلح لعائلة، وأيُّها لِفرد واحد ؟

٨. أيّ بيت من البيوت المعروضة للأيجار أعجبك ، ولماذا ؟

60

جـ. المفردات والتعبيرات المفيدة

اعلان رقم ٤

recreational facilities	وَسائِل التسلِيَة والراحَة
color T.V.	تِليفزيون مُلَوَّن
swimming pool	حَمَّام سِباحَة
for reservation	لِلْحَجْز
completely, totally	بالكامل

اعلان رقم ٥

basement	سِرداب
deluxe	دي لوكس (ممتاز)
reasonable; appropriate	مُناسِب
closets; cupboards	خَزائِن (جمع خزانَة)
with central air conditioning	مُكَيَّفَة مَركَزِياً

د. اسئلة عامة

١. ماذا يعجبك في فلَل الواحة ؟

٢. كم ساعة يفتح المطعم ؟

٣. كيف يمكنك حجزُ فلّة من فلل الواحة ؟

٤. هل يوجد حمام سباحة في المكان الذي تسكن فيه ؟

٥. هل يحتوي بيتك او شقتك على تكييف هواء ؟

٦. كم شقة توجد في العمارة" دي لوكس " المُعلَن عنها للايجار ؟

٧. ما هي محتويات كل شقة ؟

٨. كيف يمكنك الصعود من دور الى دور في هذه العمارة ؟

٩. هل يوجد في العمارة التي تسكن فيها مصعد ؟

١٠. كيف يفضل صاحب الاعلان تأجير العمارة ؟

هـ. تدريبات للقراءة والمحادثة

١. استعمال المفردات والتعبيرات المفيدة

أ) مُجهَّز تجهيزاً كاملاً

ماذا يوجد عادة في المطبخ المجهز تجهيزا كاملاً؟

ب) تَكييف مَركَزي

هل تفضل ان يكون عندك تكييف مركزي ام جهاز للتكييف في كل غرفة ؟

61

جـ) دَور أرضي/عُلوي (طابق أرضي/عُلوي)
لماذا يفضل بعض الناس ان يسكنوا في الدور الأرضي ؟

د) غُرفة نَوم / وصالة / وصالون / وحمام
هل تشمل مساكن الطلاب بالجامعة على صالة وصالون عادة بالاضافة الى غرفة نوم وحمام؟

هـ) جاهِزٌ لِـ
كيف تكون الفيلا او الشقة جاهزة للإِقامة فيها ؟

و) وَسائِل التسليَة والراحَة
اذكر عددا من وسائل التسلية والراحة الموجودة في شقتك او بيتك .

ز) حَمّام سِباحَة
اين يوجد حمام السباحة عادة في العمارات السكنية ؟

٢. الاختيار من متعدد

أ) لا استطيع شراء بيت ، ولذا ابحث عن
١) فيلا فخمة
٢) شقة للايجار
٣) __________

ب) من وسائل التسلية المطلوبة في المساكن
١) خزائن بغرف النوم
٢) فِلَل منفصلة
٣) حمامات السباحة

جـ) تشتمل اعلانات البيع والايجار عادة على رقم تليفون
١) للاعلان والايجار
٢) للاستلام والمراجعة
٣) للبيع والشراء

د) اذا ذكر الاعلان ان الايجار مقطوع فمعنى هذا
١) انه محدود لن يتغير
٢) انه مبلغ صغير جدا
٣) انه سيصبح اقل في المستقبل

هـ)   يعرض الاعلان الثالث

١)   محلات تجارية للبيع وطابق علوي وفيلا للايجار

٢)   محلات تجارية بالطابق العلوي للفيلا للبيع وفيلا للايجار

٣)   ——————————————————————

و)   اذا كان الاعلان عن شقق في عمارة متعددة الطوابق

١)   لا بد من وجود مطبخ كبير لسكان العمارة

٢)   يجب ان يكون بالعمارة مصعد او مصعدان

٣)   ——————————————————————

ز)   مِن المواصفات العادية للشقق والبيوت بامريكا

١)   ان تكون مزودة بالماء والكهرباء

٢)   ان تكون فيها كافتيريا ومطعم طوال ٢٤ ساعة

٣)   ان يكون فيها سرداب

٣. ملاء مة

أ)	البناية مجهزة	– فيها تكييف مركزي ومزودة	– في غرف النوم والمطبخ
ب)	على مَن يرغب	– او بيت منفصل يحتوي على	– بكل وسائل التسلية والراحة
جـ)	مطلوب شقة ديلوكس	– في ارقى احياء العاصمة ومكونة	– مراجعة ت : ١٢٣٤٥٦
د)	للايجار فيلا منفصلة	– في استئجار الفيلا	– في العمـارة
هـ)	للبيع عمارة فخمة	– بمصعدين للساكنين فيها	– ٣ غرف نوم وصالة وصالون
و)	السرداب	– غرفة مفروشة بالسجاد	– ومصعد للخدمة
ز)	الصـالون	– مكان لحفظ الاشياء	– من عشرة طوابق وسرداب
حـ)	الخزانة	– يقع تحت الطابق الأول	– لاستقبال الضيوف

و. النشاطات الكتابية

المطلوب اعداد اعلان لتأجير البيت او الشقة التي تسكنها .

ز. النشاطات الشفوية

المطلوب دراسة الاعلانات التالية للتحدث عنها شفويا في الصف.

.شقة مفروشة للايجار

في موقع ممتاز

شقة فخمة ، بناء جديد ، تقع في منطقة دير غبار
قرب السفارة الامريكية، مكونة من ثلاث غرف نوم
غرفة سفرة وثلاثة حمامات وصالونين
دور ارضي مع كراج مستقل
للاستفسار : هاتف ٩٨٢٥٦٩ – الزرقاء

منزل للبيع في مدينة بلوم فيلدهيلز

منزل رائع للبيع، هندسة جميلة على الطراز الفرنسي،
٤ غرف نوم وصالون كبير و٤ حمامات ومكتبة.
موقع المنزل في منطقة مدارس بلوم فيلدهيلز.
يجب أن ترى المنزل لتعرف مميزاته وحسناته .
مساحة المنزل ٥ آلاف قدم مربع ويمكن مشاهدته
كل يوم احد. سعر المنزل ٣٤٠ ألف دولار
المراجعة على الهاتف ٨١٧٩–٦٢٦

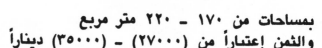

66

68

اعلان رقم ١٠

الموقع الهادئ ، جُودة البناء .. الرفاهيّة ..
السعر المناسب والتقسيط الملائم ..

مزايا تنفردُ بها شقق بيتنا السكنيّة

للباحثين عن موقع هادئ وجميل .. إليهم .. منطقة الصويفية احدى أرقى مناطق العاصمة

للباحثين عن جودة البناء .. إليهم - نوعية بناء وتشطيبات داخلية وخارجية نحتار نحن في وصفها لكونها اكثر من رائعة .

للباحثين عن الرفاهية .. كافة الخدمات الترفيهية ؛ (برك سباحة ، ملاعب سلة وتنس ، مواقف للسيارات)

للباحثين عن السعر المناسب .. إليهم .. أسعار تبدأ من ١٢٫٠٠٠ ولغاية ٢٩٧٥٠ ديناراً .

للباحثين عن تقسيط مريح .. إليهم - طريقة سداد يسيرة ... دفعة أولى وأقساط شهرية تعادل إيجار بيت تسكنه

للباحثين عن متطلبات كهذه .. اليهم .. بيتنا - البيت الحلال الذي هو بيتهم .

فرع بيادر وادي السير ، الشارع الرئيسي - هاتف ، ٨١٨٧١٤
فرع الشميساني ، مبنى المجمّع التجاري لبنك الاسكان - الطابق الأول - الجناح الشرقي - هاتف ٦٧٩٦٤٤
الادارة العامة ، تلكس ٢٣٦٢٣ بيتمال جو - ص.ب ٨١١٦٦٦ عمان - الأردن
المركز الرئيسي ، مقر الادارة العامة - جبل عمان - الدوار الثاني - شارع البحتري - هاتف ٤١٦٤٤ - ٤٢٥٨٣ - ٤٤٠٨٩

أ.   المفردات والتعبيرات المفيدة

اعلان رقم ٦

project	مَشْروع – مشاريع/مَشْروعات
facing a square	علَى ميْدان
Doctors' offices	عيادات للأطبّاء
total price	سعْر إجْمالي
by installment	تَقسيط
execution, implementation	تَنْفيذ
member of the International Association	عُضو الجَمعيّة الدوليّة
corniche, coastal road	كورنيش البَحْر
Hunting Club	نادي الصَّيْد
Singapore Embassy	سفارَة سَنغافورَة
work hours	مَواعيد العَمَل

اعلان رقم ٧

our specialties	اختصاصُنا
others' property	أملاكُ الغَيْر
building maintenance	صيانَة المَباني
including	بِما فيها

اعلان رقم ٨

the opportunity of a lifetime	فُرصَة العُمْر
lots	قَسائِم (جمع قسيمة)
for sale	للتَمليك
Florida area	مُقاطَعَة فلوريدا (ولاية فلوريدا)
Disney World	مَدينة دِزْني العالَميّة
in installments	على أقساط

اعلان رقم ٩

with decor, interior decorations	مَع ديكور
furniture	أثاث
for information	لِلمُراجَعَة

اعلان رقم ١٠

نَحتار في وصفِها	we are at a loss to describe them
هادِىء	quiet
جَودَة البِناء	good construction
رَفاهِيَة	well being, comfort
مَزايا تَنفَرِدُ بِها	advantages unique to
نَوعِيَّة	quality
تَشطيبات داخلِيَّة وخارجية	interior and exterior finish
كافَّة	all
لِغايَة	up to
سَداد	payment
دُفعَة أولى	down payment
تُعادِل	to be equivalent to
حَلال	legitimate, rightful
مَقَرّ – مَقَرّات	headquarters; seat (e.g., of government)

ب. اسئلة عامة

١. صِفْ موقع مشروع اكسفورد سِنتر .
٢. ما هي انواع الشقق المُعلَن عنها ؟
٣. على كم قسط يمكن تسديد ثمن الشقة في المشروع ؟
٤. ما هي اختصاصات المكتب العربي للخدمات العقارية ؟
٥. اذا كنت بحاجة الى قطعة ارض في فلوريدا فَبِمَن تتصل ؟
٦. اين تقع الاراضي المعروضة للبيع في امريكا ؟
٧. اذا كان لديك بيت تنوي تأجيره ، فبأي مكتب تجاري من المكاتب التي قرأت عنها تتصل ؟
٨. صِف المكتب التجاري المعروض للبيع .
٩. اذا كنت تبحث عن محل تجاري ، فمن تسأل ؟
١٠. اذا كنت طبيبا بحاجة الى عيادة ، فأين تجد حاجتك ؟
١١. اذا كنت لا تملك ثمنا كاملا لقطعة ارض في امريكا ، فماذا تفعل ؟
١٢. ما المقصود بعبارة " القسائم محدودة جدا " ؟
١٣. كم يبلغ سعر الشقة التي تعرضها شركة " بيتنا " الاردنية ؟
١٤. ما هي المواصفات الخمس التي يذكرها الاعلان لهذه المساكن ؟

جـ. تدريبات للقراءة والمحادثة

١. استعمال المفردات والتعبيرات المفيدة

أ) مَشروع

اذكر بعض المشروعات التي ترغب في القيام بها .

ب) عِيادات الأَطِبّاء

من يستقبل المرضى في عيادة الطبيب ؟

ج) السِّعْر الإجمالي

اذا اشتريت خمسة (٥) كتب وكان ثمن الكتاب الواحد عشرة (١٠) دولارات ، فما هو السعر الإجمالي ؟

د) عُضوٌ في جَمعِيّة / نادي

هل أنت عضو في ناد رياضي او جمعيّة طلابيّة ؟

هـ) مَواعيد العَمَل

ما هي مواعيد العمل في المكاتب والشركات بالولايات المتحدة ؟

و) تَقسيط

لماذا يدفع بعض الناس ثمن ما يشترونه من بضائع بالتقسيط ؟

ز) مَزايا تَنفَرد بها

اذكر عددا من المزايا التي تنفرد بها هذه البلاد .

ح) كافّة

سَمِّ بعض المشروعات التي تخدم كافة السكان .

ط) مَقَرّ

ماذا يُسَمّى مقر الرئيس الامريكي ؟

ي) بِما فيها

سَمِّ الولايات التي زرتها بما في ذلك الولاية التي تسكن فيها الآن .

ك) أثاث

ما نوع الاثاث الموجود فس شقّتك أو بيتك ؟

٢. الاختيار من متعدد

أ) يقع اكسفورد " سنتر "

١) بشارع فهد السالم بالكويت

٢) قرب مبنى الوزارة بالاسكندرية

٣) ________________

ب) يستطيع الاطباء استئجار عيادة لهم

١) بواسطة المكتب العربي للخدمات العقارية

٢) في شقق " بيتنا " السكنية

٣) في اكسفورد " سنتر "

جـ) من المزايا التي تنفرد بها شقق " بيتنا " السكنية

١) احتواؤها على غرف وصالات مفروشة

٢) موقعها الهادىء وتوفير الخدمات الترفيهية

٣) ________________

د) اذا اردت شراء قطعة ارض في مقاطعة فلوريدا فعليك مراجعة

١) الشركة المصرية البريطانية للبناء

٢) المكتب العربي للخدمات العقارية

٣) ________________

هـ) على الراغبين في شراء مكتب تجاري في الكويت الاتصال

١) باكسفورد " سنتر "

٢) بتلفون رقم ٤٣٢٢٣٣

٣) بتلفون رقم ٤٤٢٧٠٣

٣. ملاءمــــة

أ) عندنا شقق	– تأجير العقارات	– الموقع الهادىء والسعر المناسب
ب) قوم الشركة	– نقدّم حمامات السباحة	– او عيادات للاطباء
جـ) للباحثين عن الرفاهية	– تصلح للسكن او كمكاتب	– وصيانة المباني
د) من اهم المتطلبات	– في الشقة السكنية	– بالإضافة الى التكييف والمصاعد
هـ) من اختصاص مكتبنا العقاري	– بصيانة المباني	– وملاعب السلة والتنس

د. النشاطات الكتابية

اختر واحدا مما يلي :

أ)   ابحث في صفحة الاعلانات في جريدة امريكية عن بعض الاعلانات التي تتناول بيع وتأجير البيوت والممتلكات ، واعط مواصفات اعلان واحد منها باللغة العربية.

ب)   ترجم أحد الاعلانات التالية من اللغة الانجليزية الى اللغة العربية.

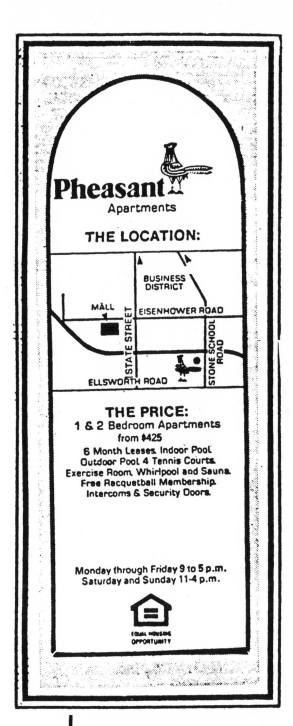

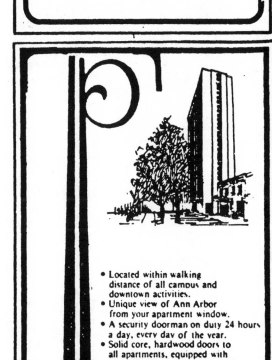
75

OPEN
SUNDAY 2:00-4:00

WESTSIDE DUTCH COLONIAL — 3 bedrooms plus study. Lovely large living room with fireplace, side den, leaded glass cabinets, 2 car garage, central air. $82,500.

SHOWN BY APPOINTMENT

THE OWNER IS ANXIOUS TO SELL this pleasant 3 bedroom home in Smokler-Textile Sub. Includes all appliances, attached garage, central air and patio. $65,400.

SHOWN BY APPOINTMENT

TRI-PLEX. Two 2-bedroom units with formal dining rooms, marble fireplaces in spacious living rooms. 1 bedroom apt. in lower level. 3 car garage. $146,500.

SHOWN BY APPOINTMENT

FANTASTIC HOME built by J. Seitz. Dream home has everything! Sun-porch, redwood deck. Exercise room with sauna and full bath. Lovely garden setting. $280,000.

OPEN
SUNDAY 2:00-4:00

SUPER FAMILY HOME with lake access on the Chain of Lakes! 4 bedrooms, 2½ baths, family room with fireplace, large deck. Cul-de-sac location — acre lot! $117,000.

SHOWN BY APPOINTMENT

SUPER PRICE REDUCTION on this quality 3 bedroom home with full basement and extra-large fenced yard. Nice family neighborhood. Remodeled kitchen and barn. $44,900.

هـ. ## النشاطات الشفوية

أدرس الاعلانات التالية استعداداً لمناقشتها شفوياً في الصف .

شقة حديثة للايجار

الموقع : جبل اللويبدة وضمن منطقة سكنية جيدة
المواصفات : غرف نوم عدد ٢ ، صالون واسع ، غرفة سفرة واسعة ، بلكون ، شبكة تدفئة مركزية مستقلة

المراجعة مع تلفون ٢٢٩٥١

معروض للايجار

بناية مؤلفة من اربع طوابق وكل طابق ثلاث شقق تقع في حي الانصار ما بين حي الاميرة رحمه وحي الامير حسن بالزرقاء والتسليم خلال اربعة شهور .

المراجعة داخل العمارة الحمراء بالحي يوميا بعد الظهر

مطلوب شراء قطعة أرض

مطلوب شراء قطعة أرض مساحتها بحدود

دونم واحد

تقع في منطقة سكن "ز" ولا تحدها عمارات متعددة الطوابق - المراجعة والاستعلام مع تلفون ٦١٥٤١

للايجار . . .

مكاتب « درجة اولى »

جبل عمان

الدوار الخامس - الشارع الرئيسي

تصلح للبنوك والشركات والدوائر والوزارات والمؤسسات العامة والخاصة وللسفارات .

ويوجد بنفس العمارة طابق ارضي تجاري يصلح معرضا او محلا تجاريا كبيرا او مطعما او مكاتب للسياحة او بنكا . مع التدفئة المركزية .

للمراجعة بواسطة الهاتف « ٦١٠٢٢ »

78

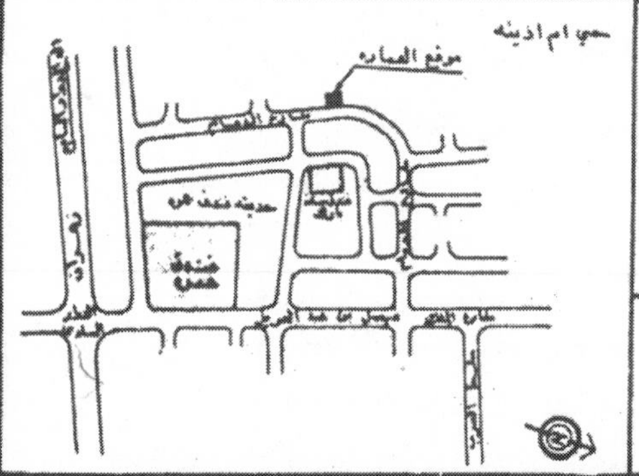

اعلان رقم ١١

للبيع بالمزاد العلني

يعلن مكتب عبد الله المهاوش عبد الله العقاري انه بناءً على التفويض المعطى له من اللجنة المخولة لها حق البيع من المحكمة الشرعية بجدة أنه سوف يتم بالمزاد العلني بيع عقار ورثة المرحوم الشيخ عوض عطيوي والآتي بيانها :

عمارتين متجاورتين تقع في باب شريف بجدة وكل عمارة مكونة من دورين على الأرض مساحتها ١٢٠٠ متراً .

مصنع الدباغة والأحذية بكافة منشآته ومبانيه السكنية وما يحتويه المصنع من معدات يقع خلف مدينة احجاج البحر بالهنداوية وعلى أرض مساحتها ٤٨٨٧ متراً .

حوش مسور من البلوك يقع في الهجيلية جنوب جدة بستان أبونصيب على أرض مساحتها ٣٠٠٠ متراً .

حوش مسور من البلوك يقع في الهنداوية حي الشاطىء وهي عبارة عن قطعتين متجاورتين كل منهما ١٥×٢٥ متراً .

* * * * * * * *

وسوف يتم المزاد لكل عقار على حده منفصل عن الآخر ، ويبدأ المزاد من تاريخ صدور هذا الإعلان في مكتبنا الواقع بشارع الملك خالد ميدان كيلو ٢ تلفون ٢٢٤٢٨ جدة .

المراجعة من الساعة ٥ عصراً إلى الساعة ٧ مساءاً.

مكتب عبد الله المهاوش العبد الله العقاري .

أ. المفردات والتعبيرات المفيدة

auction sale	للبَيع بالمَزاد العَلَني
based on	بِناءً عَلَى
authorization	تَفويض – تَفويضات
the committee authorized to sell	اللجنَة المُخوَّلة لَها حَقّ البَيع
legal court	مَحْكَمة شَرعيّة
the heirs of the deceased	وَرَثَة المَرحوم
shoe and tanning factory	مَصنَع الدباغة والأحذيَة
with all its installations	بكافّة مُنشآتِه
equipment; appliances	مُعدّات
fenced-in courtyard	حوش مُسَوَّر
made of brick	من البلوك
beach quarter	حَيّ الشاطِيء
it consists of	وَهِي عِبارَة عَن
separately	على حِدَة
five o'clock p.m.	الساعة الخامسة عَصراً

ب. أسئلة عامة

١. لماذا يُعتبر هذا البيع شرعيا ؟ (legitimate)

٢. ما هي العقارات المعلن عنها ؟

٣. من هو صاحبها ؟

٤. ما نوع المصنع المعروض للبيع ؟ (description / type / factor / displayed)

٥. اين تقع العمارتان ، وما هي صفاتهما ؟ (building / located)

٦. هل ستباع هذه العقارات معا او على انفراد ؟ (together / will be sold)

٧. متى يبدأ المزاد العلني ؟

٨. ما عنوان المكتب الذي يعلن البيع ؟ (adress)

٩. اين توجد اسواق للبيع بالمزاد العلني في هذه الولاية ؟ (shops / located)

١٠. اذكر بعض الأشياء التي اشتريتها أو ترغب في شرائها بالمزاد العلني . (I buy it / want / things)

80

جـ. تدريبات للقراءة والمحادثة

١. استعمال المفردات والتعبيرات المفيدة

أ) فَوَّضَ

هل يتطّلب بيع اي عقار بالمزاد العلني تفويضاً كتابياً من صاحب العقار ؟

ب) بِناءً عَلى

ما الساعات التي يمكنني ان اراكم خلالها بناء على الجدول الدراسي لهذا الفصل ؟

جـ) بالمَزادِ العَلَني

ما هي بعض الاشياء التي تُباع عادة بالمزاد العلني ؟

د) على حِدَة

اذا لم تستطع شراء جميع المتطلبات الان فهل يمكنك شراء كل منها على حدة ؟

٢. ملء الفراغات

أ) اعلن المكتب العقاري انه سوف يتم ______ مصنع ورثة ______ الشيخ عوض بالمزاد ______ .

ب) سيقام ______ العلني بناء على ______ المعطى للمكتب من ______ الشرعية .

جـ) العقار ______ عن مصنع للدباغة و______ ، بكافة ______ وما يحتويه من ______ .

د) يقع المصنع على أرض ______ ٤٨٨٧ مترا ______ .

هـ) يشمل المزاد كذلك عددا من العقارات و______ المسورة ، ولكن المزاد لن يعقد في وقت واحد لها جميعا ، بل سيتم لكل ______ على ______ .

٣. في كل مجموعة من المفردات التالية زوج غريب ، فما هو ؟

أ)	تمليك – تأجير	شراء – بيع	كافة – بعض	تفويض – محكمة
ب)	دور – طابق	مريح – سهل	ورثة – مرحوم	معدّات – آلات
ج)	مكتب – اثاث	طبيب – عيادة	مصنع – آلات	كراج – سيارات

د.   النشاطات الكتابية

اختر أحد الاعلانين التاليين وترجمه الى الانجليزية .

تعلن المديرية العامة للثروة المعدنية بجدة عن رغبتها في بيع سيارات وادوات سيارات ومولدات كهربائية متنوعة ومستعملة ، وذلك يوم الاثنين ١٣/٣/١٤١٦هـ في تمام الساعة التاسعة صباحا ، وذلك في مقر كراج المديرية خلف مبنى التلفزيون ،ولمن يرغب في الاشتراك في هذه المزايدة عليه تقديم ضمان نقدي بواقع ١٪ وتزاد الى ٥٪ في حالة رسو المزايدة عليه ودفع باقي القيمة في اليوم الثاني ونقل الاعيان المشتراه من الساحة فورا. وبالله التوفيق

للبيع بالمزاد العلني
مجموعة هامة من
النقود الاسلامية

يوم الثلاثاء الموافق ١٨ شباط (فبراير) ١٩٨٦
الساعة الثالثة بعد الظهر
في
دولدر غران اوتيل ، زيوريخ ، سويسرا
يمكن الحصول على كاتالوج من

Spink

Spink & Son Numismatics Ltd., Löwenstrasse 65, 8001 Zürich.
Tel: Zürich 221 1885. Telex: 812109. Cables: Numispink.

هـ. النشاطات الشفوية

ادرس الاعلان التالي استعداداً للمناقشة الشفوية.

وزارة المَاليّة

الهيئة العامة للخدمات الحكومية - الادارة العامة للمبيعات

بيع بضائع جديدة ومستعملة

بجمرك المعرض ومطار القاهرة

بالمزاد العلني

فيديوهات - تليفزيونات - كاسيتات - ٧٣٠ر٠٠٠ أنبوبة ٢٥٠٠ أباجورة - نظارات - أجهزة طبع - شرائط مستلزمات طبية - ساعات وقطع غيارها - قطع غيار سيارات وكهرباء - سجاد - ملابس مستعملة - خردوات ومتنوعات - جرارات زراعية - ماكينات زراعية - سجاير وتمباك وخلافه .

يطلب كتالوج الأصناف التفصيلي من الإدارة العامة للمبيعات الحكومية

١٨ شارع هدى شعراوي / باب اللوق / القاهرة .

المعاينة اعتبارا من اليوم في مواعيد العمل الرسمية في الأماكن الموضحة بكراسة المواصفات

البيع: الثلاثاء والأربعاء ١٨ و ١/١٢/١٩٩٥

الساعة الحادية عشرة صباحاً بصالة بمقر البيوع الجمركية بجمرك كسفريت بمطار القاهرة

للاستعلام ت : ٧٥٢٩٩٣ / ٧٤٢٩٣٤

٣. بيع وشراء السيارات

اعلان رقم ١

شركة مشاري الخالد التجارية

معرض الخالد للسيّارات

شارع الكندا دراي

يعلن عن وصول تشكيلة كبيرة من السيارات
الامريكية شفر كابريس، كديلاك، فليت
وود، جراند بري، بونوفيل، بارك افنيو،
أولدزموبيل ريجنسي، ريجال، وانيت
جمي. ام. سي ٤٥٤

أسعار مغرية نقداً وبالأقساط

كفالة لمدة ستة أشهر
أو ستة آلاف كيلو.

تلفون

٨٣٣٩٢٧ - ٨٣٣٩٢٩ - ٨١٧٨٢٥

اعلان رقم ٢

سيارات للبيع

• سيارة مرسيدس ٢٣٠
السعر المطلوب : ٦٠٠٠ دينار .
المراجعة هاتف : ٥٤٦٦٦٣

• سيارة شيفروليه نوفا موديل ١٩٨٧
مكيفة عادي .
المراجعة ت : ٥٤٣٧٧٠

• بنكر مرسيدس موديل ٨٩ وارد المانيا
المراجعة : ت : ٦٤٠٢٨٥

• كنتورا / بونتياك قطعت ٢٨٠٠٠٠ كم
ت : ٣١٣٣٥٤

• سيارة داتسون ١٦٠ ب موديل ١٩٩٢
ت : ٥١٤٩٤٥

• سيارة كراندي بركس فل
أتوماتيك ٥٠٫٠٠٠ كم
المراجعة ت : ٨١٨٦٥٢

• سيارة امبالا شفروليه موديل ١٩٩٤
فل أتوماتيك
المراجعة تلفون : ٥٤/ ٤٤٥١٦٠
و ٢٤٧ / ٥١٢٦٨٠

اعلان رقم ٣

تعلن شركة وليد العرساني للسيارات
عن وجود سيارات أمريكية ويابانية وهوندا اتوماتيك
للتأجير الاتصال/ ٤٣٧٨٠٨/ ٤٤٣١٠٣
العنوان/ الشرق/ شارع خالد بن الوليد
عمارة/ عبدالله شاهين الغانم

اعلان رقم ٤

للبيع
سيارات داتسون موديل ٧٦ . مقدم "٣٥" دينار
والباقي اقساط . يمكن مشاهدة العرض : في
مؤسسة الطاحوس للسيارات
فرع المرقاب تلفون : ٤١١٦٢٦

اعلان رقم ٥

مؤسسة تاكسي الأرز
أجرة تحت الطلب - ليلاً نهاراً
طلبات داخل الكويت وخارجها
الاتصال/ ٥٤٣٩٢٨

اعلان رقم ٦

أ. المفردات والتعبيرات المفيدة

اعلان رقم ١

مَعرَض - مَعارِض	showroom
تشكيلَة	assortment
أسعار مُغرِيَة	unbelievable prices
نَقْداً	in cash
كَفالَة - كَفالات	guarantee

اعلان رقم ٢

مُكَيِّفة عادي	standard air conditioning
قَطَعَت ٢٨٠٠٠ كم	has travelled 28,000 kilometers

اعلان رقم ٤

مُقَدَّماً	advance payment

اعلان رقم ٥

تَحْتَ الطَلَب	on demand
لَيْلاً وَنَهاراً	day and night

اعلان رقم ٦

فَرْع النَقليات	transport branch
شَحْن	lading, freight
استيراد	import
تَصْدير	export
تَخْليص	clearance

ب. تَدريبات للقراءة والمحادثة

١. استعمال المفردات والتعبيرات المفيدة

أ) مَعْرَض

سَمِّ بعض معارض الألبسة في مدينتك.

ب) أسْعار مُغرِيَة

ما هي بعض البضائع التجارية التي أسعارها مُغرية هذه الايام ؟

جـ) نَقْداً

مَنْ مِنْكُم يشتري حاجاته نَقداً ؟

د) مُـقَدَّمـاً

كم يدفع الناس عادة مُقدَّما عند شراء البيوت ؟

هـ) تَحْتَ الطَّلَب

ما نوع السيارات الموجودة تحت الطلب عادة ؟

و) لَـيْلاً نَهـاراً

لِماذا تعمل بعض المصانع ليلا نهارا ؟

ز) استيراد وَتَصْدير

أُذكر بعض الواردات والصادرات الامريكية

٢. الاختيار من متعدد

أ) شركة مشاري الخالد التجارية مُتخـصِّـصَة

١) ببيع السيارات اليابانية

٢) بعمليات الشحن والتخليص

٣) ________________

ب) ثمن سيارة " المرسيدس " المعروضة للبيع

١) مُغْرٍ جداً

٢) ٣٠٠٠ دينار كويتي

٣) ٢٨ر٠٠٠ دولار أمريكي

جـ) اذا أردنا شراء سيارة " كاديلاك " علينا الاتصال

١) بشركة وليد العدساني للسيارات

٢) بشركة مشاري الخالد التجارية

٣) ______________

د) يمكننا مشاهدة سيارات " داتسون " في معرض

١) مؤسسة الطاحون للسيارات

٢) مؤسسة عبدالله الغنام التجارية

٣) الخالد للسيارات

هـ) يمكن استئجار السيارات للسفر خارج الكويت من

١) شركة وليد العدساني للسيارات

٢) مؤسسة تاكسي الأرز

٣) ______________

و) تَتِمّ عملية الاستيراد والتصدير عن طريق

١) مؤسسة الطاحون للسيارات

٢) مؤسسة تاكسي الأرز

٣) مؤسسة عبدالله الغنام التجارية

ز) تقع شركة وليد العدساني للسيارات في

١) شارع الكندا دراي

٢) حَيّ المِرقاب

٣) ______________

٣. مناقشة

أ) تحدث عن شركة مشاري الخالد التجارية

١) موقع الشركة

٢) انوا ع السيارات

٣) شروط البيع

ب) اذكر ما تعرفه عن السيارات التالية المعروضة للبيع في الاعلان الثاني

١) سيارات نوع " مرسيدس "

٢) سيارات نوع " شيفروليه "

٣) سيارات نوع " بونتياك "

جـ) ماذا تعرف عن

١) شركة وليد العدساني للسيارات

٢) مؤسسة الطاحون للسيارات

٣) مؤسسة تاكسي الأرز

٤) مؤسسة عبدالله الغنام التجارية

د) ما هي المعلومات التي تحصل عليها عند الاتصـال بالأرقام التلفونية التالية

١) ٥٤٣٩٢٨

٢) ٥١٤٩٤٥

٣) ٨٣٠٦٠٧

جـ. النشاطات الكتابية

١. لقد طلبت منك شركة التيسير التجارية للسيارات في الرياض تصميم اعلان عن الموديلات الجديدة لسيارات شيفورليه . حَضِّر الاعلان لتقديمه شفويا في الصف .

٢. ضع الأعلان التالي باللغة العربية .

91

د. النشاطات الشفوية

ادرس الاعلانات التالية استعداداً للمناقشة في الصف .

سيارة طبيب للبيع

سيارة اليكو موديل ٩٣ استعمال شخصي قطعت ١٠٠٠٠ كم. امكانية التقسيط الاتصال على تلفون العيادة ☎ ٨٩٨١٤٠ ـ عمان من الساعة ١٠ ـ ١ ظهراً ومن ٤ ـ ٨ مساء.

سيارة للبيع بسبب السفر

دايو ريسر ٩٣ لون خمري ميتالك مع مكيف، زجاج ملون على الكهرباء، محرك بخاخ، قطعت ٢٩ الف كيلو فقط على الفحص الكامل ■ المراجعة ☎ ٨٩٤٢٧٠

باصات ديزل للبيع

● باص تويوتا هاي إس ١٤ راكباً موديل ٨١ ● باص تويوتا كوستر ٢٥ راكباً موديل ٨٢ ● باص ميتسوبيشي ٩ ركاب ٨٤، الباصات على الفحص الكامل للمراجعة ☎ ٩٩٣٥٠٦

تويوتا وسوبارو للبيع

معروض للبيع سيارة تويوتا كورولا موديل ١٩٨٠ لون أبيض وبسعر نهائي ٥٥٠٠ دينار وكذلك سيارة سوبارو موديل ١٩٨٣ بسعر نهائي ٥٧٠٠ دينار والسيارتين على الفحص الكامل. ■ المراجعة ☎ ٦٧٩١٥٥ او ٦٨٦٦٨٧

للبيع

سيارة ساب (٩٠٠٠) موديل ١٩٩٢ للتفاصيل الرجاء الاتصال على ☎ ٦٤٩٣٤٥ ما بين الساعة العاشرة صباحا والواحدة ظهراً.

no room for

لامجال
للمنافسة

Competition

لقد أوجدت BMW فئة جديدة من السيارات الفخمة بإنتاجها للموديل الأول من سيارات الفئة الثالثة. وقد تمكنا منذ ذلك الحين من تطوير تشكيلة كاملة من الموديلات ضمن هذه الفئة وبدون نظير.

إن سيارات الفئة الثالثة تتميز بانفراديتها بدءاً بإمكانية إختيار حجم المحرك وسعته، وحتى التشكيل المختلف - سيارات السيدان ذات الأربعة أبواب. الكوبيه ذات البابين والسيارة المكشوفة بالسقف الصلب والمرن.

والآن ومع تشكيلة السيارات الشخصية من BMW، فإنه يمكن إنتاج كل سيارة بحيث تلبي تماماً متطلباتك الشخصية من حيث التصميم الداخلي، ألوان الهيكل والمواد المستخدمة.

تفضل بزيارة معرض BMW واختر بنفسك سيارة الفئة الثالثة الاكثر ملاءمةً لذوقك الرفيع.

متوفرة بالتقسيط المريح

BMW

القمة في متعة القيادة

مؤسسة الناغي للسيارات
لصاحبها: محمد يوسف ناغي
نلتزم بوعودنا

المركز الرئيسي: مبنى البنك السعودي الأمريكي. الدور السادس. شارع الاندلس ص.ب ٧٠٤ جدة : ٢١٤٢١، هاتف ٦٥٣٤٨٨٧/٦٥٣٤٦٨٣/٦٥٣٤٩٩١ ، فاكس: ٦٥٣٠٩٤٨ **جدة**: تقاطع شارع بني مالك مع شارع علي المرتضي، (شارع شبك المطار القديم)، هاتف:٦٤٠٤٠٤٠، فاكس: ٦٤٠١٠٥٩، **الرياض**: المعرض الرئيسي - طريق خريص، النسيم، ص.ب ٩٢٧٣، الرياض ١١٤١٣، هاتف: ٢٣٣٠٠٠٣/١٠خطوط فاكس: ٢٣٣٠٠٠٤، معرض العليا - شارع التحلية، مقابل البيت الأخضر، هاتف: ٤٦٢٠٧٣١/٤٦٥٤١٨٤، فاكس: ٤٦٢٠٧٣١، **الخبر**: خط الخبر - الدمام السريع، ص.ب ٤٠٤١، الخبر ٣١٩٥٢، هاتف: ٨٥٧٧٧٢٠، فاكس: ٨٥٧١٤٠٠ .

you give to the one who bids less

gifts

bidding/ reductions

٤. مناقصات/عطاءات

نقص

to subtract, to go down, to reduce

اعلانات مناقصة

(اعلان رقم ١)

الهيئة القطرية لانتاج البترول

العمليات البحرية

طرح مناقصة

ترغب الهيئة القطرية لانتاج البترول (العمليات البحرية) فى استئجار سفينة سحب / امدادات لمدة سنتين ابتداء من أيلول (سبتمبر)١٩٩٦٠

ستكون قاعدة السفينة فى الدوحة وستستعمل لمساندة وسحب / أجهزة الحفر البحرية العاملة لدى الهيئة ٠

يمكن الحصول على المواصفات الكاملة التى تتطلبها الهيئة من مدير البحرية فى الهيئة القطرية لانتاج البترول (العمليات البحرية) ، صندوق البريد رقم ٤٧ ، الدوحة ـ قطر ٠

يجب أن توجه العطاءات الى رئيس لجنة المقاولات ، الهيئة القطرية لانتاج البترول (العمليات البحرية) ، صندوق البريد رقم ٤٧ ، الدوحة وأن تكتب عليها بوضوح عبارة « مناقصة سفينة السحب / الامدادات » وأن تقدم الى مكتب الهيئة قبل ١٥ يونيو (حزيران)١٩٩٦٠ ولن تقبل العطاءات مهما كانت بعد هذا التاريخ ٠

(اعلان رقم ٢)

ARAB REPUBLIC OF EGYPT

MINISTRY OF ELECTRICITY AND ENERGY

EGYPTIAN ELECTRIC AUTHORITY (EEA)

ANNOUNCEMENT FOR GENERAL BIDDING

SUEZ POWER PLANT - UNITS 1 & 2

CIVIL CONSTRUCTION - LOT C

RESIDENTIAL AREA, UTILITIES & FENCES

EEA intends to construct the residential area, utilities and fences, lot C, of the Suez Power Plant Project 7 Km south of the town of Suez at the bay. This lot consists of villas, apartment buildings and services buildings with the appurtenant utilities and fences.

The scope of the work includes approximately 25,000 m^2 built area, 90,000 m^3 buildings' volume, 10,000 m^3 of reinforced concrete. The length of the fence is 2,000 m.

Bids are to be submitted by the 26th February 1994 noon at the latest at which date Tenders will will be opened.

Qualified general contractors, very experienced in similar projects are herewith invited to apply for the bid. A provisional deposit of two percent of the Tender Price valid for six months beginning from the a/m date has to be submitted with the tender.

Tender Documents are available against an amount of 600 L.E. from the 23rd December 1994 at the following address:

Director General of Central Purchase Department

Egyptian Electrical Authority

Nasr City - Abbassia

جمهورية مصر العربيـة

وزارة الكهرباء والطاقة

هيئة كهرباء مصر

إعلان عن مناقصة عامة

مشروع محطة توليد كهرباء السويس

الأعمال المدنية للمجموعة " جـ " من المشروع

المنطقة السكنية ومرافقها والسور

تقوم هيئة كهرباء مصر بانشاء الجزء " جـ " المنطقة السكنية ومرافقها والسور لمشروع محطة توليد الكهرباء بالسويس وتقع عل بعد ٧ كيلومترات جنوب مدينة السويس على الخليج. وفيما يلي بيانات عن الجزء " جـ " موضوع المناقصة : -

إجمالي مسطحات المباني حوالي	٢٥٠٠٠ متر مسطح
إجمالي حجم المباني حوالي	٩٠٠٠٠ متر مكعب
إجمالي كمية الخرسانة حوالي	١٠٠٠٠ متر مكعب
طول السور الرئيسي حوالي	٢٠٠٠ متر

وتحدد يوم ١٩٩٤/٢/٢٦ ظهراً آخر موعد لتقديم العطاءات وفتح المظاريف ، وتدعو هيئة كهرباء مصر الشركات ذات الكفاءة العالية والخبرة في الأعمال المماثلة إلى التقدم في هذه المناقصة.

وعلى مقدمي العطاءات أن يرفقوا بعطائهم تأمين ابتدائي بواقع ٢٪ من إجمالي قيمة العطاء وساري المفعول لمدة ستة أشهر من تاريخ فتح المظاريف.

ويمكن الحصول على مستندات العطاء مقابل ٦٠٠ جنيه مصري، وذلك ابتداءً من السبت ١٩٩٤/١٢/٢٣ من مقر الهيئة على العنوان الآتي :

المدير العام للمشتريات المركزية

هيئة كهرباء مصر

مدينة نصر - العباسية

أ. المفردات والتعبيرات المفيدة

مُناقَصة – مُناقَصات	bidding
الْهَيْئة القَطَريّة لإنتاج البترول	The Qatari Corporation for Oil Production
العَمَليّات البَحريّة	marine operations
طَرْح مُناقَصة	invitation for bids
سَفينة سَحْب	tugboat
قاعِدَة – قَواعِد	base
أجهِزَة الحَفْر	drilling rigs
مُواصَفات كامِلَة	complete specifications
عَطاءات (جمع عَطاء)	bids
لَجْنَة المُقاوَلات	contracting committee

ب. اسئلة عامة

١. ما اسم الهيئة التي أصدرت طرح المناقصة ؟

٢. سَمِّ بعض الهيئات او الشركات المحلية لأنتاج الزيت في أمريكا.

٣. الى أي عنوان تُقدّم العطاءات ؟

٤. ما آخر موعد لِتقديم العطاءات ؟

٥. تكلم عن المناقصة التي قرأت عنها باختصار.

٦. هل ترغب في زيارة " الدوحة " ؟ ولماذا ؟

جـ. تدريبات للقراءة والمحادثة

١. الاختيار من متعدد

أ) طول السور الرئيسي حوالي

١) ١٠٠٠ متر مكعب

٢) الف متر مربع

٣) الف متر

ب) ——— يوم ١٩٩٤/٢/٢٦ ظهرا آخر موعد لتقديم العطاءات

١) تَحـدَّدَ

٢) ابتدأ

٣) أقصـاه

ج) الكهرباء هي نوع من ______ type electricity

١) الوزارات

٢) الطاقة energy

٣) الهيئة

د) يمكن الحصول على ______ العطاء ______ ٥٠ دينارا

١) آخر – ابتداء من

٢) اجمالي – بدون

٣) مستندات – مقابل ?

هـ) مَن الذي ______ انشاء المرافق ؟ to begin

١) يقع

٢) سيقوم بـ

٣) يفتح المظاريف

و) لن تقبل عطاءات بعد هذا التاريخ ______ السبب

١) بدون

٢) الآَ

٣) مهما كان

٢. صواب / خطأ (صَحِّح الخطأ)

أ) ترغب الهيئة القطرية لانتاج البترول في استئجار امدادات لسفينة السحب التي لديها.

ب) ليس لدى الهيئة أجهزة للحفر في المناطق البحرية.

جـ) " الدوحة " هي احد مواقع انتاج البترول التي تملكها الهيئة.

د) ستقوم السفينة موضوع المناقصة بسحب اجهزة الحفر ومساندتها بالامدادات.

هـ) هيئة كهرباء مصر هي مؤسسة تابعة لوزارة الكهرباء والطاقة.

و) تشمل الاعمال المدنية لمشروع محطة توليد كهرباء السويس المنطقة السكنية والمرافق والسور.

ز) يقع خليج السويس قريبا من الاسكندرية على البحر المتوسط.

ح) تُستخدم الخرسانة في انتاج كثير من المواد الغذائية.

ط) يقع مقر هيئة كهرباء مصر بمدينة نصر قرب العباسية وليس على بُعد ٧ كيلومترات على خليج السويس.

٣. اكمل المحادثة التالية بوضع الاسئلة الناقصة

فريـد : ______________ ؟

سعيد : استئجار سفينة سحب وامدادات.

فريـد : ______________ ؟

سعيد : في الدوحة.

فريـد : ______________ ؟

سعيد : يمكن الحصول عليها من مدير البحرية في الهيئة القطرية لانتاج البترول.

فريـد : ______________ ؟

سعيد : يجب ان تُوجَّه الى رئيس لجنة المقاولات ، صندوق بريد رقم ٤٧ / الدوحة.

فريـد : ______________ ؟

سعيد : ١٥ يونيو ١٩٧٧.

د. النشاطات الكتابية

المطلوب اعداد اعلان مناقصة عن ايّ موضوع تريده مستعملا بعض التعبيرات الخاصة بكتابة اعلانات المناقصة أو العطاءات.

هـ. النشاطات الشفوية

اختر اعلانين من الاعلانات التالية وادرسهما بعناية استعداداً للمناقشة الشفوية في الصف.

اعلان مناقصة

الرياض

* تعلن أمانة مدينة الرياض عن رغبتها في طرح مشروع انشاء مكتبة جلالة الملك فهد في مناقصة عامة وذلك حسب الشروط التالية :

١. ان يكون المتقدم مصنفاً في مجال المباني الدرجة الثانية بالنسبة للمقاولين السعوديين والدرجة الرابعة بالنسبة للشركات الاجنبية.
٢. يقدم مع العطاء ضمان بنكي لايقل عن نسبة ١٪ من قيمة العطاء.
٣. سعر النسخة الواحدة من المواصفات والمخططات ١٥٫٠٠٠ ريال (خمسة عشرة الف ريال) تُدفع بشيك مصدّق للأمانة باسم مشروع مكتبة جلالة الملك فهد.
٤. تُقدم العطاءات في ظرف مختوم بالشمع الاحمر ويُكتب على الظرف اسم المشروع ويُعنون باسم معالي امين مدينة الرياض ويُسلم الى قسم المناقصات بالأمانة.
٥. آخر موعد لقبول العطاءات هو نهاية دوام يوم الأربعاء الموافق ١٤١٥/٨/٢١ هـ.

والله الموفق

مع تحيات العلاقات العامة

دولة البحرين
وزارة الصحة
اعلان مناقصة

تطرح وزارة الصحة فى المناقصة السرية العامة تجهيز مستشفيات الحكومة بحاجتها من المواد الغذائية المتنوعة لمدة ستة اشهر وذلك فى الفترة الواقعة بين اول يناير ١٩٨٩ حتى ٣٠ يونيو ١٩٨٩ .

فعلى كل مجهز محلى يرغب فى دخول هذه المناقصة الاتصال بمراقب قسم الاطعمة بمستشفيات الحكومة اثناء الدوام للاطلاع على التفاصيل والمعلومات اللازمة والحصول على نسخة من الاستمارة الخاصة بهذه المناقصة .

يطلب كل مجهز ما يلى :

١ - يجب ان تعنون العطاءات باسم وزير الصحة وتختم بالشمع الاحمر ويكتب على وجه الظرف « مناقصة تجهيز المواد الغذائية »

٢ - يجب ان يعزز كل عطاء بتامين قدره ٢٠٠ دينار بحرينى بتحرير شيك على احد البنوك .

٣ - كل عطاء غير مستوف للشروط فى الفقرة الاولى والثانية من هذا الاعلان سوف لا يلتفت اليه ..

٤ - سيرجع التامين الى صاحبه بعد فحص العطاءات ومعرفة نتائجها .

٥ - ان السعر الاقل لا يضمن القبول بل تحتفظ الوزارة بحقها فى قبول او رفض اى مناقصة او قسم منها .

٦ - تقدم العطاءات على الاستمارة الخاصة بهذه المناقصة والتى يمكن الحصول عليها بدون مقابل من مراقب قسم الاطعمة بمستشفى السلمانية .

٧ - سيكون اخر موعد لقبول المناقصة الساعة الثانية عشر من يوم الاحد الموافق ٢٦ نوفمبر ١٩٨٩ .

اعلان صادر عن
الجامعة الأردنية

تعلن الجامعة الاردنية عن طرح العطاء التالي:

رقم العطاء	موضوعه	ثمن نسخة العطاء
(٩٤/٥٣)	شراء وتركيب فرن دوار لانتاج الخبز الافرنجي والحلويات	(٥) دنانير

فعلى المتعهدين الراغبين الاشتراك في هذا العطاء مراعاة ما يلي:

اولا: مراجعة مدير دائرة العطاءات المركزية بمبنى ادارة الجامعة/ دائرة العطاءات المركزية مصطحبين معهم الوثائق الاصلية التالية:

ا - رخصة مهن سارية المفعول

ب - شهادة تسجيل للسنة المالية ١٩٩٤ صادرة عن غرفة التجارة لتسلم الشروط والمواصفات

ثانيا: تقديم العرض على ثلاث نسخ (اصلية + صورتين) وتوضع كل نسخة في مغلف منفصل

ثالثا: يرفق بالعرض كفالة مالية او شيك مصدق بقيمة (٥٪) من قيمة العرض وذلك ضمانا للاشتراك في العطاء ويوضع في مغلف منفصل

رابعا: توضع المغلفات الاربعة في مغلف واحد مختوم ويكتب عليه اسم او عنوان المتعهد ورقم العطاء ويودع في صندوق العطاءات المركزية بمبنى ادارة الجامعة في موعد اقصاه الساعة الثانية عشرة من ظهر يوم الثلاثاء الموافق ١٩٩٤/٧/٢٦ وستفتح العروض في نفس الموعد من اليوم نفسه

خامسا: سوف تهمل كل مناقصه غير مستوفية لهذه الشروط.

رئيس لجنة العطاءات المركزية

اعلان طرح عطاء صادر عن بلدية مؤاب

تعلن بلدية مؤاب عن طرح عطاء رقم ٩٤/١ لتوريد وحدات انارة زئبقية كاملة عدد (١٢٠) فعلى الراغبين من ذوي الاختصاص مراجعة البلدية خلال ساعات الدوام الرسمي لاستلام نسخة المواصفات الفنية المعدة من قبل وزارة الشؤون البلدية والقروية مقابل مبلغ عشرة دنانير غير مستردة.

آخر موعد لقبول العروض الساعة العاشرة الموافق ١٩٩٤/٧/١٤.

ملاحظة: ارفاق كفالة بنكية او شيك مصدق بواقع ١٠٪ من قيمة العطاء.

رئيس بلدية مؤاب
احمد محمد الطراونه

الوحدة الثالثة
المستندات المالية

١. سند القبض

٢. التسديد بالشيك

٣. السند المالي

٤. الكمبيالة / البوليصة

٥. الحوالة المالية

٦. الاعتماد المستندي

٧. اعلام بتوقيع المستندات المالية

١. سند القبض

يدفع المشتري للبائع او من يُفوّضه المبلغ المطلوب نقدا . وفي هذه الحالة يعطى البائع او الشخص المفوّض
ايصالا بالمبلغ المقبوض يسمى " سند قبض " اشعارا منه باستلام الثمن . وهذا نموذج على ذلك .

	سند قبض	
	فلس	دينار
التاريخ ــــــــــــ	▆▆▆	▆▆▆

رقم ٦٨٢٧

وصلني من ....

مبلغ وقدره ....

وذلك عن ....

توقيع المستلم ....

JUMA AL MAJID EST. مؤسسة جمعة الماجد

سند قبض محصل
RECEIPT VOUCHER

№ 2440

رقم صفحة العميل ....

	درهم	فلس
Dirhams	— ٤٠ —	—

التاريخ ١٤/١١/١٩٩٤ Date

وصل من السيد / السادة عبدالرحمن ابراهيم .... Received from

مبلغ وقدره اربعة الاف واربعمايه درهم فقط .... The sum of Dhs.

وذلك عن سهم جديد تلفون اريكسون مع تجارب وشاشم .... Being

نقداً / شيك رقم شيك رقم 726040 .... Cash/Cheque No.

محصوب على بنك دبي الاسلامي رقم 0352043102090١ .... Drawn on Bank

تاريخ الإستحقاق ١٩٩٤/١١/١٤ .... Value Date

اسم المستلم Receiver's Name	التوقيع Sign.

105

أ. المفردات والتعبيرات المفيدة

مُستَنَدات ماليّة	monetary documents
فوّض ، تفويض	to authorize
إيصال / وصل – إيصالات/ وُصولات	receipt
المَبلَغ المَقبوض	the sum (of money) received
سَنَد قَبْض	receipt voucher
إشعاراً	as a notification
قَدْرُهُ	its amount
وَذلِكَ عَن	in return for

ب. تدريبات للقراءة والمحادثة

١. اسئلة عامة

أ) ما الغرض من استخدام الايصالات في المعاملات التجارية ؟

ب) هل يعطيك البائع في امريكا دائما ايصالا بالمبلغ المدفوع ؟

جـ) هل نموذج الايصال الموضح في الدرس مثل الايصالات التجارية الامريكية ؟

د) اذكر اهم العناصر التي يجب ان يشتمل عليها الايصال في رأيك .

هـ) ما قيمة الايصال بدون توقيع ؟

و) هل تشتمل عناوين المحلات في امريكا عادة على اسم البائع وعنوانه ؟

ز) في أي الحالات التالية بأمريكا يستخدم ايصال مثل الايصال العربي الموضح بالدرس :

١) شراء بعض المأكولات من " السوبر ماركت "

٢) شراء سيارة من شخص لا تعرفه

٣) الاكل في احد المطاعم الكبيرة

٤) الكتابة الى شركة في مدينة بعيدة للحصول على بضائع بطريقة البريد

٢. اكمال

من المعتاد في البلاد العربية ان ________ المشتري لـ ________ او لمن ________ المبلغ المطلوب ________ ، وفي هذه الحالة يعطي البائع ________ بالقيمة ________ . وفي العادة يشتمل الايصال على عنوان ________ ورقم ________ . كما يوضح فيه ________ اليوم الذي تمّ فيه التعامل ، ويذكر اسم المشتري والمبلغ الذي دفعه مكتوبا بـ ________ وبالحروف ، ونوع ________ التي تم شراؤها . ويكون الايصال في هذه الحالة ________ باستلام الثمن ، ولا بد في معظم الحالات من انتهاء الايصال بـ ________ البائع أو الشخص ________ عنه .

جـ. النشاطات الكتابية

المطلوب تعبئة سند القبض المعطى كنموذج في هذا الدرس .

د. النشاطات الشفوية

أدرس سندات القبض التالية استعدادا للمناقشة الشفوية .

سند قبض

التاريخ ٢٩/٧/١٩٩٤

رقم ٦٨٣٠

فلس	دينار
—	١٢٠

وصلني من الدكتور احمد موسى

مبلغ وقدره مائة وعشرين دينارا لا غير

وذلك عن مواصلات داخلية [illegible]

توقيع المستلم [illegible]

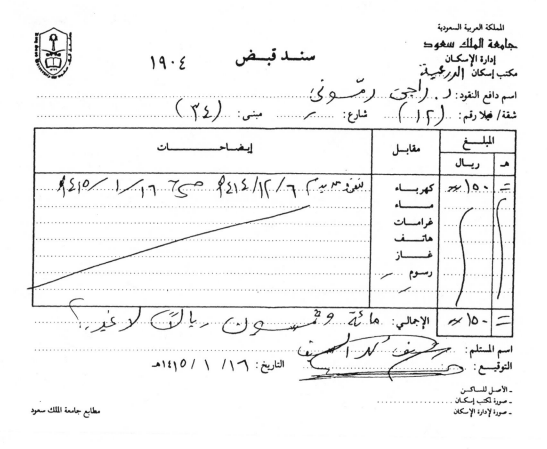

المملكة العربية السعودية
جامعة الملك سعود
إدارة الإسكان
مكتب إسكان الدرعية

سند قبض ١٩٠٤

اسم دافع النقود: د. راجي رمّوني
شقة/ فيلا رقم: (١٢) شارع: / مبنى: (٣٤)

المبلغ هـ	المبلغ ريال	مقابل	إيضاحات
=	١٥٠	كهرباء	للفترة من ١٤١٤/١٢/٦ حتى ١٤١٥/١/١٦
		ماء	
		غرامات	
		هاتف	
		غاز	
		رسوم /	
=	١٥٠	الإجمالي:	مائة وخمسون ريال لا غير

اسم المستلم:
التوقيع: التاريخ: ١٤١٥/١/١٦هـ

- الأصل للساكن
- صورة لمكتب إسكان
- صورة لإدارة الإسكان

مطابع جامعة الملك سعود

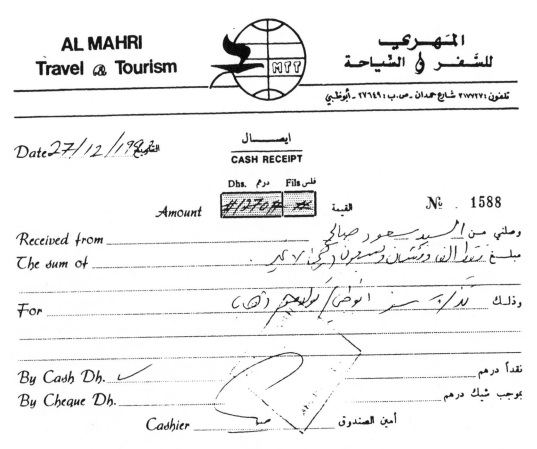

AL MAHRI Travel & Tourism — المهري للسفر والسياحة

تلفون: ٢١٧٧٢٢٧ شارع حمدان - ص.ب: ٢٧٦٤٩ - أبوظبي

Date 27/12/1992 التاريخ

ايصال CASH RECEIPT

Amount القيمة Dhs. درهم #1270# Fils فلس ## № 1588

Received from وصلني من السيد سعود صالح

The sum of مبلغ ألف ومائتان وسبعون درهم لا غير

For وذلك تذاكر سفر أبوظبي / بوليمبو (…)

By Cash Dh. ✓ نقداً درهم

By Cheque Dh. بموجب شيك درهم

Cashier أمين الصندوق

٢. التسديد بالشيكات

تُسحب الاموال من البنوك بواسطة شيكات يعطيها المدين الى الدائن . ومَنعًا لِضياع الشيك او تزويره يقوم المدين احيانا برسم خطَّين متوازيين على الجانب الايسر من الشيك كي لا يدفع البنك قيمته نقدا للدائن بل يسجل القيمة في الحساب الجاري الخاص بالمدين في أي بنك يتعامل معه . وهذا نموذج على ذلك .

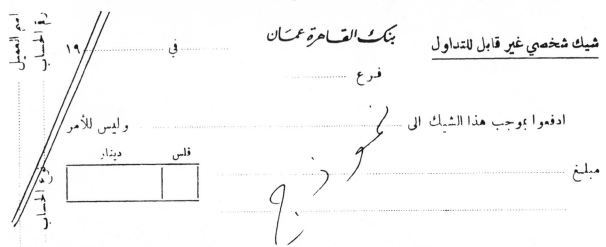

شيك شخصي غير قابل للتداول

بنك القاهرة عمان

في ١٩

فرع ....

ادفعوا بموجب هذا الشيك الى .... وليس للأمر

مبلغ ....

فلس	دينار

اسم العميل

رقم الحساب

وهناك نوع آخر من الشيكات يرسم المدين عليه خطين متوازيين ويحدد فيهما اسم البنك او المصرف الذي يجب على الساحب (الدائن) تقديم الشيك اليه لصرفه . ويرفق المدين في هذه الحالة رسالة مع الشيك يُفَوِّض الدائن فيها بصرف الشيك وارسال ايصال باستلامه يحمل توقيعه على طابع مالي للتاكد من قيام الدائن بنفسه بصرف الشيك.

البنك العربي المحدود

إربد

.... ١٩

ادفعوا بموجب هذا الشيك

لأمر .... أو لحامله

مبلغ ....

فلس	دينار

٦٤٦٣٨٩ / ٠١٢٠.

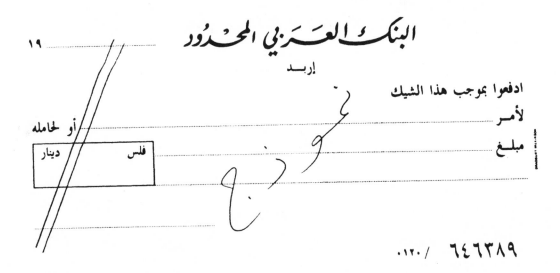

أ. المفردات والتعبيرات المفيدة

التسديد	payment
المُدين والدائن	lender and borrower
مَنْعًا لِضَيَاع	for fear of loss
تَزوير الشيك	forfeiting the check
خَطَّيْنِ مُتَوَازِيَيْن	two parallel lines
الجانِبِ الأَيْسَر	the left side
يُسَجِّلُ القيمَة	to record the amount
شيك شَخْصي	personal check
غَيْر قابل للتَّداوُل	not to be cashed
طابَع مالي	fiscal stamp
لِحامِلِهِ	to the bearer

ب. تدريبات للقراءة والمحادثة

١. اسئلة عامة

أ) ما هو الاسم الذي يطلق على :

١) من يكون له نقود عند شخص أخر؟

٢) من يكون عليه تسديد نقود لغيره ؟

ب) اذكر اهم خطرين يحاول كل من يتعاملون بالشيكات تجنبهما .

جـ) هل من السهل على أي شخص ان يصرف شيكا ليس مكتوبا باسمه ؟

د) ماذا تفعل البنوك عادة للتأكد من شخصية حامل الشيك ؟

هـ) ما الذي يفعله المدين احيانا لمنع البنك من دفع قيمة الشيك نقدا ؟

و) وَضِّح معنى الخطين المائلين المتوازيين على شيك اذا كان بينهما اسم بنك او مصرف معين .

ز) لماذا يرفق المدين رسالة بالشيك الذي يبعثه الى الدائن ؟

ح) ما دلالة الايصال الموقع الذي يعيده الدائن للمدين وعليه طابع مالي ؟

ط) هل تُتبع نفس هذه الاجراءات عند التسديد بالشيكات في الولايات المتحدة ؟

٢. ملاءمة

أ) وصلني من السيد	– يمكنك اضافة الشيك لحسابك
ب) يُرسم المدين احيانا خطين متوازيين	– عادة بالارقام وبالحروف
جـ) التزوير هو ان يقوم شخص	– المبلغ المذكور اعلاه
د) تستخدم الايصالات احيانا عند	– على الجانب الايسر من الشيك
هـ) اذا كان لديك حساب جار	– التسديد نقدا أو بالشيكات
و) يُكتب المبلغ على الايصالات	– بتغيير بعض المعلومات في الشيك

جـ. النشاطات الكتابية

المطلوب تعبئة الشيك المسحوب على البنك العربي .

٣. السند المالي

يطلب بعض التجار من زبائنهم السندات عند البيع وتحديد المبلغ المتفق عليه والتاريخ الذي يجب ان يدفع فيه حتى يضمنوا تحصيل ديونهم بطريقة قانونية . وهذا نموذج سند مالي .

موقع السند : احمد شبلي خالد المحترم الاستحقاق ٩/٢/١٩٩٥م

العنوان : اربد ص.ب شارع : القدس

بناية علك (قرب) (الطابق) الاول (تلفون) ١٢٧٦٤١

رقم ٨

دينار فلس

بتاريخ ٢/٩/١٩٩٥م وبموجب هذا السند ندفع في عمان لأمر شركة الكترولكس جوردن التجارية المساهمة المحدودة

المبلغ المرقوم أعلاه وقدر

والقيمة من أصل ثمن تلفزيون يوسم

استلمناها بعد المعاينة بحالة جيدة . ورأتنا تتعهد بعدم نقل ملكية الشيء المبيع لشخص ثالث قبل تسديد كامل الثمن . وإذا تأخرنا عن دفع قيمة هذا السند باستحقاقه نضمن لحامله أيضاً دفع الفائدة القانونية بمعدل ٩٪ من تاريخ الاستحقاق لحين الوفاء التام بدون حاجة لأي انذار . كما ويستحق دفع جميع السندات الباقية التي تحمل توقيعنا المحررة لأمر الشركة المذكورة أعلاه . هذا ونسقط حق الادعاء بكذب الاقرار وطلب اليمين . وفي هذه الحالة يحق لشركة الكترولكس جوردن التجارية المساهمة المحدودة ، أن تستوفي بالافضلية الثمن من قيمة الشيء المبيع .

تاريخ توقيع السند ١/٢/١٩٩٥م

أ. المفردات والتعبيرات المفيدة

السَّندات الماليّة	bonds
تَحْديد المَبْلَغ	fixing the amount
تَحْصيل دُيونِهِم	collecting their debts
بِطَريقَةٍ قانونيَّة	legally, in a legal manner
تاريخ الاستِحْقاق	date of payment
المَبْلَغ المَرقوم أعْلاه	the above recorded amount

ب. تدريبات للقراءة والمحادثة

١. اسئلة عامة

أ) ما الفرق بين الايصال والسند المالي ؟

ب) لماذا يطلب التجار سندات مالية من زبائنهم ؟

جـ) هل يرفق السند المالي بالشيك عادة وما هو السبب في ذلك ؟

د) اذكر النقاط التي يشتمل عليها السند المالي .

هـ) في أي المواقف التالية يحتمل استخدام السندات المالية :

١) شراء سيارة والسداد نقدا

٢) شراء منزل وتسديد جزء من الثمن فقط

٣) استيراد بضائع من بلاد اجنبية

و) هل يمكن حدوث تزوير في السندات المالية ؟

ز) ما هو الجزء الذي يحتمل حدوث تزويره في كل من سند القبض والسند المالي ؟

ح) هل نحتاج في امريكا كثيرا الى استخدام السندات ؟ صف موقفا استخدمت فيه السندات او استخدمها فيه انسان تعرفه .

٢. إكمال

من المستندات المالية الشائعة الاستخدام في ________ الحسابات ________ : سند القبض و________ و________ . وتنتهي جميع هذه المستندات دائما بـ ________ صاحب المستند ، كما تشتمل في كل حالة على ________ و________ واسم ________ . ومن الفروق المهمة بين هذه ________ المالية الثلاثة ان ________ يوقعه البائع او صاحب الدين ، اما ________ و________ فينتهيان بتوقيع المدين او الشخص الذي عليه السداد . واهم خطر يتعرض له من يتعاملون بهذه المستندات هو ________ او________ . ويدل سند القبض او الايصال على اتمام ________ ثمن البضاعة في وقت البيع ، واحيانا يستخدم الشيك بدلا من ________ . اما السند المالي فيدل على ________ بالتسديد في وقت ________ .

جـ. النشاطات الكتابية

المطلوب اعداد سند مالي على غرار النموذج المعطى ثم تعبئته حسب الاصول .

٤. الكمبيالة / البوليصة

يتعهد المدين بدفع ما عليه من حسابات مستحقة بشكل قانوني وذلك بتحرير كمبيالة يأمر البنك المسحوبة عليه بالدفع للدائن (المستفيد) المبلغ المستحق عليه في تاريخ محدد . وتشتمل الكمبيالة عادة على اسم الكفيل وعنوانه وتوقيعه بالإضافة إلى اسم المدين وعنوانه وتوقيعه ، كما هو موضّح أدناه .

البنك الاهلي الاردني – شركة مساهمة محدودة

اسم المدين .... عنوانه .... تاريخ الاستحقاق

اسم الكفيل .... عنوانه .... / / ١٩

فلس دينار

.... والدفع بها

مبلغ فقط وقدره ————————————————

بموجب هذه الكمبيالة وبتاريخ ———————— ادفع لامر ....

المبلغ المرقوم اعلاه وقدره ....

والقيمة وصلتني / وصلتنا ....

اكفل المدين كفالة تضامن بالاستحقاق وبعده لحين الوفاء التام .

تحريراً في / / ١٩

توقيع الكفيل

توقيع المدين

....

ك م / ٣ - ٨٣

شركة القدس للتامين المساهمة المحدودة
ص.ب ٢٠٠٩٤ – عمان

اسم المدين ....

عنوانه ....

اسم الكفيل .... عنوانه ....

.... والدفع بها فلس دينار .... الاستحقاق

/

فقط وقدره ....

بموجب هذه الكمبيالة وبتاريخ .... تدفع لأمر **السادة شركة القدس للتامين المساهمة المحدودة**

المبلغ المرقوم اعلاه وقدره ....

والقيمة بدل قسط وثيقة التأمين رقم ....

عمان تحريرا في ....

اكفل المدين بالاستحقاق وبعده

الكفيـل **المديـن**

أ. المفردات والتعبيرات المفيدة

الكُمبيالة / البوليصة	bill of exchange, draft
المسحوبة عليه	drawn on it (bank)
تاريخ محدّد	fixed date
الكفيل	guarantor

ب. تدريبات للقراءة والمحادثة

١. أسئلة متنوعة

أ) ما هو أقرب المتسندات التالية إلى الكمبيالة ؟

١) سند القبض ٢) الشيك ٣) السند المالي

ب) قارب بين الشيك والكمبيالة من حيث

١) الغرض ٢) المستلم ٣) التاريخ ٤) الموقع

جـ) لماذا نقول إن الكمبيالة هي وسيلة للتسديد « بشكل قانوني » .

د) هل تستخدم الكمبيالة فقط لتسديد ثمن بضائع للتجار ، أم تستخدم في حالات أخرى ؟

هـ) لماذا تشتمل الكمبيالة عادة على تاريخين ؟ ما المقصود بكل منهما ؟

و) إذا اشتريت شيئا من صديق ولم تستطع دفع الثمن الإجمالي نقدا فكيف تضمن له الحصول على باقي الثمن ؟ هل تعرض عليه في هذه الحالة مستندا ماليا أم كمبيالة ؟

٢. ملاءمة

أ) رفض البنك سداد قيمة الكمبيالة	——	هي الشيكات سواء في التجارة أو بين الأصدقاء
ب) يعترف التاجر أو من يفوضه في إعطاء الإيصال	——	على تحديد المبلغ المشتحق وتاريخ السداد
جـ) أكثر أنواع المستندات المالية استخداما	——	باستلامه مبلغا معينا من المال
د) السند المالي يتم الاتفاق فيه	——	ضمان لحق صاحب الدين في المبلغ
هـ) توقيع الشخص على المستند	——	لعدم حلول الوقت المحدد لذلك

جـ. النشاطات الكتابية

المطلوب منك تعبئة الكمبيالتين في هذا الدرس .

٥ .	الحوالة المالية

وتكون على نوعين : حوالة بريدية وحوالة مصرفية . وتستعمل هذه الطريقة عند تسديد المعاملات المدنية . فاذا اختار الشخص استعمال الحوالة البريدية يذهب إلى مكتب البريد ويدفع المبلغ المستحق عليه . وفي هذه الحالة يطلب الموظف المسؤول في المكتب من الشخص ملء استمارة خاصة ثم يعطيه حوالة بريدية لإرسالها إلى الدائن الذي يقوم بصرفها في المصرف الذي يتعامل معه . وهذا بالطبع يتطلب من المرسل دفع عمولة لمكتب البريد مقابل الحصول على الحوالة البريدية .

أما الحوالة المصرفية فتتم بدفع الشخص المبلغ المستحق عليه إلى المصرف الذي يقوم بتحويله إلى المستفيد لقاء حسم عمولة مالية . ويعطى طالب التحويل إيصالا بالتحويل بعد دفع المبلغ إلى البنك .

ARAB BANK plc — طلب إصدار شيك / حوالة — **البنك العربي** ش م ع

Branch .... **Application to Issue Demand Draft / Transfer** .... فرع

Type of transfer: T.T. ☐ حوالة تلكسية M.T. ☐ حوالة بريدية D.D. ☐ شيك نوع التحويل :

Transfer amount [ ] * المبلغ المحوّل Transfer curr. ________ عملة التحويل

Amount paid [ ] * المبلغ المدفوع Payment curr. ________ عملة الدفع

Only ________ فقط

☐ With ☐ Without your comm. & charges (☐ مع ☐ بدون) استيفاء عمولاتكم ومصاريفكم

☐ Cash ☐ Debit our A/C No. [ ] ☐ سندفع نقداً ☐ خصماً من حسابنا لديكم رقم

Beneficiary ________ المستفيد

A/C No. ________ لدى With ________ رقم حسابه

Address ________ عنوانه

Special instructions ________ تعليمات خاصة

Applicants name ________ إسم طالب الاصدار

Address ________ عنوانه

Signature ________ التوقيع Date ________ التاريخ

For Bank's Use لاستعمال البنك

(☐ مع ☐ بدون) اذن عمله ________ توقيع موظف اذن العملة ________ دقق توقيع العميل ________

البنك المغطي	البلد	البنك الدافع

* يعبأ أحدهما

أ. المفردات والتعبيرات المفيدة

حوالة بريدية	postal money order
حوالة مصرفية	bank draft
معاملات مدنية	civil transactions
عُمولة	commission
لِقاء حسم	in return for deducting
مستفيد	payee

ب. تدريبات للقراءة والمحادثة

١. أسئلة عامة

أ) ما المقصود بالحوالة ؟ وفي أي الأغراض المالية تستخدم ؟

ب) اذكر الفرق بين الحوالة البريدية والحوالة المصرفية .

جـ) هل تحتاج أحيانا إلى استعمال الحوالات المالية في أمريكا ؟ وفي أي المناسبات ؟

د) لماذا يفضل الناس أحياناً التسديد بالحوالة البريدية على التسديد بالشيكات مثلا ؟

هـ) اذا أردت أن تسدد ثمن سيارة مستعملة بواسطة حوالة ، اشرح الخطوات التي تتبعها في ذلك .

و) ما هي أقرب المستندات الآتية إلى الحوالة من حيث الغرض أو الوظيفة :
النقود – سند القبض – الشيك – الكمبيالة – السند المالي ؟

ز) لماذا تدفع عمولة للبنك أو لمكتب البريد مقابل الحوالة المالية ؟

ح) ما هو أكبر خطر تتعرض له الحوالة المالية ؟ الفقدان أم التزوير ؟ ولماذا ؟

ط) هل التوقيع مهم في الحوالات ؟ من الذي يوقعها عادة ؟

٢. ملء الفراغات

الحوالة المالية على نوعين : حوالة بريدية و ________ ، وتستعمل الحوالات عادة عند تسديد المعاملات ________ . ويحصل الشخص على الحوالة البريدية من ________ حيث ________ قيمة الحوالة ، ويملأ ________ خاصة ، ثم يرسل الحوالة إلى ________ الذي يقوم بـ ________ والفرق بين الحوالة ________ والمصرفية هو أن الشخص في الحالة الثانية يدفع قيمتها لـ ________ وليس لمكتب البريد ، و ________ البنك المبلغ إلى المستفيد لقاء حسم ________ ________ ، وفي كلا الحالتين يحصل طالب التحويل على ________ بعد دفع المبلغ .

جـ. النشاطات الكتابية

املأ الحوالة المصرفية المعطاة كنموذج في هذا الدرس.

النشاطات الشفوية

ادرس الحوالة المصرفية التالية استعدادا للمناقشة

نسخة
المركز الرئيسي

بنك الاسكان
THE HOUSING BANK

Transfer Application طلب اصدار حوالة

To : THE HOUSING BANK — الى بنك الاسكان

.... Branch — فرع الزرقاء

Dear Sir, — تحية واحتراما ...،

Please issue a transfer by Airmail/Cable/Telephone Telex for — نرجو ان تصدروا حوالة بريدية / برقية / هاتفية / بالتلكس بمبلغ

٣٠٠٠ دولار	—

Only — فقط: ثلاثة آلاف دولار

Beneficiary — اسم المستفيد : حسن خالد نصار

Full address of Beneficiary — عنوان المستفيد: ص. ب. ٤٨٩
القاهرة - مصر

☐ We authorize you to debit — ☐ نفوضكم ان تقيدوا على حسابنا لديكم

Our A/C NO — رقم

	١٨٢٢٤	

☐ We shall pay in cash the amount of the transfer, your comission, and other expences. — ☐ سندفع نقدا قيمة الحوالة وعمولاتكم ومصاريفكم الاخرى.

* Expences and comission of your correspondent. — * مصاريف وعمولات مراسليكم

☐ To be deducted From the value of the Transfer. — ☐ تخصم من اصل الحوالة

☐ To be debited to the above account. — ☒ تقيد على الحساب اعلاه.

Reason for transfer — اسباب التحويل: نفقات دراسة في الجامعة

We absolve you from any responsibility that may arise from checking the identity of the payee or from any error misinterpretation or delay in this matter whether in transmission or in effection payment, as well as from any claims whatsoever which may be made against you in respect of this request.

واننا لا نحملكم اية مسؤولية قد تنشأ من تدقيق هوية المدفوع له او عن اي خطأ او تحريف او تأخر قد يحدث في هذه المعاملة سواء في الارسال او في اجراء الدفع كما اننا نعفيكم من التبعة والمسؤولية بالنسبة لاية مطالبات قد تردكم من اي مصدر كان نتيجة لطلبنا هذا .

Signature : — توقيع طالب التحويل: احمد نصار

Name of Applicant — اسم طالب التحويل: احمد خالد نصار

Address of Applicant — عنوانه: ص. ب. ٢٨
الزرقاء - الاردن

Telephone of Applicant — تلفون: ٢٦٨ ٢٠٦١

Date : — تاريخ: ١٩٨٦/٨/٢

٦. الاعتماد المستندي

يقوم بعض التجار المستوردين أحيانا بفتح اعتمادات مستندية في البنوك لتسهيل شحن البضاعة واستلامها من قسم الجمارك بعد وصولها . وعلى فاتح الاعتماد المستندي أن يكون حاصلاً على إجازة استيراد حتى يتمكن من القيام بهذه العملية . ويتطلب فتح الاعتماد من التاجر المستورد ملء استمارة خاصة لهذا الغرض يحتوي على المعلومات التالية : اسمه وعنوانه ، نوع البضاعة المطلوب شحنها وثمنها ، اسم البنك الذي فتح فيه الاعتماد ، شروط الشحن والتسليم ، ميناء الشحن وميناء الوصول وبعض المستندات الخاصة لضمان حقوق فاتح الاعتماد ... إلخ . بعد ذلك يقوم البنك الذي فُتِح فيه الاعتماد ببعض الإجراءات المتعلقة بالشحن . منها إشعار فرعه (اذا وجد له فرع) أو البنك الذي يوكّله في الخارج بفتح اعتماد مستندي باسم فاتح الاعتماد مع ذكر اسمه الكامل وعنوانه ، كما يقوم بتسليم نسخة من الإشعار المرسل لفاتح الاعتماد للعلم . وحين استلام فرع البنك أو الوكيل الإشعار بفتح الاعتماد يقوم بدوره بإشعار المُصدِّر الذي يقوم بتجهيز البضاعة وشحنها بموجب حساب الاعتماد . ولدى وصول البضاعة إلى المكان المشحون إليه ، يقوم البنك حالاً بإشعار التاجر المستورد بذلك ويسلمه المستندات الخاصة بتخليص البضائع من الجمارك بعد التأكد من تسديد المستورد قيمة الاعتماد المفتوح كاملة . وفيما يلي نموذج اعتماد مستندي باللغتين العربية والانجليزية .

اعتماد مستندي رقم [   ]

في .... ١٩ .... اسم البنك المراسل ....

عنوانه ....

الى – البنك الاهلي الاردني (شركة مساهمة محدودة)

انا/نحن

نطلب منكم فتـح اعتمـاد مستندي غير قابل للنقض برقيا/بالبريد الجوي مباشرة مع فرعكم البنـك المراسل المذكـور اسمه اعلاه او اي مراسل آخر تختارونه مع الطلب اليه **اضافة/بدون اضافة** تعزيزه وذلك حسب التفصيلات والبيانات التالية .

اسم المستفيد وعنوانه : – ....

....

يفتح الاعتماد باسم : – ....

....

بمبلغ لا يتجاوز : – [   ]

هذا الاعتماد صالح لدفع قيمته في .... لغاية .... مقابل تقديم

سحب المستفيد على المشتري الصادر .... مرفقا بالوثائق التالية : –

١) فاتورة/فواتير تجارية صادرة باسم المفتوح باسم الاعتماد بمجموعه عددما .... نسخ موقعة من المستفيد ، تتضمن شهادة كما هو مبينة ادناه وعلى ان تكون .... منها على الاقل مصدقة من الغرفة التجارية ومن القنصلية الاردنية ان وجدت في مدينة المنشأ : ....

و نشهد بان هذه الفاتورة حقيقية وصحيحة من كافة الوجوه لا سيما من ناحية السعر ومواصفات البضاعة المدرجة فيها وان بلد المنشأ او صنع البضاعة هو ....

بالبرد البريدية	بالطائرة	بالبحر	ب)
حوافظ بريدية ، تثبت بان الطرود والبضاعة قد شحنت لامر البنك الاهلي الاردني وتبين بأنها لحساب	بوالص شحن بالطائرة تثبت بان البضاعة او الطرود قد شحنت لامر البنك الاهلي الاردني وتبين بأنها لحساب	مجموعة كاملة من بوالص الشركة الشاحنة دون اي شروط تبين ان البضاعة محملة (على ظهر الباخرة) على .... نسخ وان ، اجور الشحن مدفوعة في حالة الشحن (C&F او CIF) صادرة لامر البنك الاهلي الاردني او لامر الشاحن ومظهرة لامر البنك الاهلي الاردني وتبين اسم .... شحن البضاعة على ظهر الباخرة غير مسموح به	
مع ذكر رقم الاعتماد	مع ذكر رقم الاعتماد		

ج) تعهد صادر عن الشركة الشاحنة ، او وكيلها المفوض مستقلة او مدرجة في بوليصة الشحن تدل على ان البضاعة المطلوبة غير مشحونة على باخرة اسرائيلية ، كما وان الباخرة الناقلة سوف لا تمر بموانىء اسرائيلية ، وهي ليست مدرجة على القائمة السوداء .

د) قائمة مفردات على .... نسخ (ه) شهادة منشأ على ....

(و) ....

تثبت شحن البضاعة التالية : – ....

....

....

....

من .... في .... شحنه/شحنات سيف/سي اف/فوب بتاريخ انه لا يتأخر من ....

مع/بدون السماح بتغيير الشاحنة الى ميناء العقبة (الاردن) / او الى عمان – الاردن / او الى ميناء الحر بلبنان/او بيروت الحر بلبنان ترانزيت للاردن/او الى ميناء اللاذقية ترانزيت الاردن/او الى ....

رقم رخصة الاستيراد .... تاريخها .... سارية المفعول لغاية .... قيمتها ....

هذا وانا نصرح لكم ونفوضكم ونلتزم تجاهكم بما يلي : –

يتم التأمين على البضاعة المطلوبة محليا بواسطة .... بما ينفق ورئبنكم ، واذا كانت البضاعة بؤمنة تأمينا غير كاف فاننا نفوضكم دون حاجة لاخذ والقتنا زيادة التأمين كما يحق لكم ايضا اجراء تأمين جديد كما يلزم وقيد كافة التكاليف والمصروفات الاخرى على حسابنا لديكم كما ونتمهد لكم بدفع كافة رسوم التأمين التي تنكبدونها على البضاعة العائدة لهذا الاعتماد .

اننا نفوضكم بالحصول على اذن تحويل العملة ونتمهد بان ندفع لكم او لمراسلكم اية خسارة له تتحقق بسبب حصول تغيير في اسعار العملة و/او تخفيض او رفع قيمة العملة الاجنبية والمحلية و/او في حاله عدم التمكن من الحصول على اذن تحويل العملة من الجهات المختصة لاي سبب كان .

اننا نفوضكم بان تقيدوا على حسابنا لديكم – او اي حساب تختارونه من حساباتنا المفتوحة لديكم اذا كان لنا اكثر من حساب – قيمة تأمين الاعتماد بالنسبة التي تقدرونها وقيد زيادة تأمين الاعتماد كما ترون وكذلك قيد كافة العمولات والفوائد وفرق العملات واية مصاريف اخرى تتحقق لكم وكذلك عمولات وفوائد ومصاريف مراسلكم او فرعكم كما نفوضكم بقيد قيمة الاعتماد علينا بالحساب . وانا نقر لكم بان مصاريفكم وعمولتكم تستحق لكم حتى في حالة عدم استغلالنا للاعتماد .

نصرح لكم بان الشروط المدرجة في طلب فتح الاعتماد الموقع منا هي بالاضافة وليست بديلة عن الاتفاقات الموقعة من قبلنا لكم . والتي تشمل الشروط العامة لفتح الاعتمادات المستندية .

اننا نقر بانكم انتم او مراسلكم لا تتحملون اية مسؤولية من ناحية صحة المستندات و سريان مفعولها او من ناحية قانونية تلك المستندات كما لا تتحملون اية مسؤولية من ناحية نوعية البضاعة ومواصفاتها او من حيث كمية البضاعة العائدة للمستندات .

يخضع هذا الاعتماد للقواعد والاصول المتعلقة بالاعتمادات المستندية كما اقرتها غرفة التجارة المالية (ملحق ١٩٧٤ نشرة رقم ٢٩٠) .

نحن على بينة من كافة الانظمة المتعلقة بالاتجار مع العدو ، ونؤكد لكم بان هذه البضاعة او اي جزء منها ليس من البضائع المحظور التعامل بها ولا يشكل استيرادها مخالفة للانظمة المذكورة .

نتمهد لكم بتحمل مسؤولية تادية اي بضائع استوردت بموجب هذا الاعتماد وتبين انها مخالفة لشروط المقاطعة باية صورة من الصور .

اننا نصرح لكم ونقر بان البضاعة المشحونة بموجب هذا الاعتماد مرهونة لكم عكسا ولكم حق حبس البضاعة المشحونة واعتبارها مرهونة لديكم هي والتأمينات المدفوعة لكم عن الاعتماد المفتوح لديكم حتى ننسدد لكم قيمة الاعتماد فكم عكسا ولكم حق البضاعة والتصرف بها وتسحبوا المبلغ المطلق منها بوضع اليد على التأمين والتصرف فيها لصالحنا وتسلم لنا والتأمين للبضاعة والتأمينات المدفوعة كما تشاؤون . ونفوضكم بيد كافة المصاريف التي تتكبدونها على حسابنا لديكم كما تمهد نادينا لكم اذا لم يكن حسابنا يسمح باجراء هذا القيد كما نتمهد لكم بتقديم اية ضمانات او تأمينات اضافية طلبوها في اي وقت نتأزور لتغطية التزاماتنا المترتبة لكم ولو حالة بيع البضاعة فاننا نتمهد لكم عند الطلب بدفع مقدار النقص ان وجد اذا لم يكن الثمن المقبوض كافيا لسداد مطلوبكم .

نوافق على كافة ما ورد اعلاه، بعد ان تحققنا بانفسنا من مضمونة وتوقع على صحة ذلك .

ملاحظة : – تشطب العبارات غير الضرورية مع توقيع السبيل بالاحرف الاول من اسمه او بكامل توقيعه .

١٢٦

Documentary Credit No. [   ]

To : JORDAN NATIONAL BANK, S. A. .... 19 ......

I/We ....
request you to open an Irrevocable Documentary Credit by cable / airmail direct with your branch or cor-
respondent named above or any other correspondent selected by you without adding his confirmation, as per
the following details and specifications : —

Beneficiaries' name and address : ....

Credit to be opened in the name of : ....
For a sum not exceeding : ....

This letter of credit is available for negotiation in .... until .... against
delivery to yourselves of beneficiaries' draft drawn on buyers at .... and accompanied by the following documents :

(a) Invoice(s) issued in the name of accountee in .... copies signed by beneficiaries, embodying the
following clause, of which .... at least must be certified by the Chamber of Commerce, and only
where a Jordan consulate exists in the town of origin, invoice(s) must also be legalized by the Jordan Consulate :
"We certify that this invoice is in all respects correct and true, as regards both the prices and description of the
goods referred to therein, and that the country of origin or manufacture of the goods is .... »

(I) Sea	(II) Air Freight	(III) Parcel Post
(b) Full set shipping Company's clean "On Board" Bills of Lading in...... copies stamped "Freight Paid " (in the Case of CIF or C&F Shipments to the order of the Jordan National Bank or order of the shippers and endorsed to the Jordan National Bank and marked "Notify	Consignor's copy of Air Consignment Notes evidencing parcels or goods des- patched to the order of the Jordan National Bank .... and marked "Account	Parcel Post Receipts evidencing par- cels or goods despatched to the order of the Jordan National Bank .... and marked " Account ....
.... "		
Shipment "on deck" is not permitted	and marked with the Credit Number	and marked with the Credit Number

(c) An undertaking issued by the Shipping Company, or its authorized agents, separate or incorporated in the bills of
lading, to the effect that the required goods are not shipped on an Israeli steamer ; neither on a steamer calling
at any Israeli ports ; nor on a black - listed steamer.

(d) Packing list in .... Copies.   (e) Certificate of origin in .... Copies

(f) ....

Evidencing despatch of the following goods : ....

....

....

....

....

From .... in .... Consignment(s) CIF/C & F/FOB not later
than .... with or without transhipment to Aqaba Port (Jordan) / or to Amman - Jordan / or
to Beirut Port Zone Franche in transit for Jordan / or to Lattakia Port in transit for Jordan / or to ....

Import Licence No. .... dated .... valid until .... in the sum of ....
Insurance of required goods is effected locally through .... up to your satisfaction.
In case the goods are insufficiently insured, we hereby authorise you without having to obtain our approval, to have the
insurance policy amended increasing the risks, and/or we give you full right to effect a new insurance as necessary.
All relative premiums and other insurance expenses will be charged to our account, and we undertake to pay all such
premiums and expenses, that you incur for the insurance of goods involved in this credit.

I/We being held responsible, do hereby authorise you to obtain the necessary Foreign Exchange Authorities Permit;
and undertake to reimburse you and your correspondents for any amount of loss that may occur, owing to charges or
change of value in Foreign Exchange rates, and/or devaluation or raise in value of foreign exchange ; and/or in the local
currency and/or in case of failure of Foreign Exchange Authorities for any reason to arrange for the necessary cover
in foreign currency.

I/We authorise you to debit my/our account with you or any other account opened with you in case there is
more than one account, with commission, interest, margin of security as decided by you and to increase said margin of
security as you see suitable, exchange and any other expenses, and also the commission interest and expenses of your
correspondents, and balance arising therefrom. The commission and other expenses are due to you even if the credit
is not utilized.

The conditions mentioned in this application duly signed by us are in addition to, and not in substitution of the
agreements with you signed by me/us embodying the general conditions for the opening of Documentary Credits.

It is understood and agreed that neither you nor your correspondents assume any responsibility for the correct-
ness, validity, or genuineness of the documents, neither for the description and quality, nor for the quantity of the goods
which they may purport to represent.

This letter of credit is subject to Uniform Customs and Practice for Documentary Credits (1974 Revision) Inter -
national Chamber of Commerce, Publication No. 290.

I am/We are well aware of the regulations regarding trading with the enemy, and I/we confirm to you that nothing
of the transaction in question constitutes an infringement thereof.

I/We being held responsible hereby undertake to pay the full value of any goods imported under this credit, and
found to be in contradiction with the Boycott Regulations and Conditions in any respect.

I/We declare and agree that all goods despatched under this credit are available at your disposal giving you full
right to lay seizure on all the merchandise, which is considered together with the margin of security paid on mortgage
to your order ; and granting you full authority to get hold of the merchandise, dispose of it, receive its value, insurance
and the margin of security paid under the credit in the manner you like.

I/We authorise you to debit our account with you with all expenses you may incur, and also undertake to pay
you such expenses in case our account does not allow debit - entries, and undertake to give additional security that you
may require at any time to cover our liabilities to you, and in the event of your selling the merchandise we undertake
to pay you on demand the amount of any deficiency if proceeds are insufficiently enough to cover your requirements.

I/We after having realized personally the contents of this application are in full agreement with what is stated
above and confirm the correctness of same by putting freely our signature hereunder.

N. B. Unnecessary expressions are to be deleted against client's signature or initials.

127

أ. المفردات والتعبيرات المفيدة

فاتِح الاعتماد	credit holder, person opening credit
إجازة استيراد	import license or permit
ميناء الشَحْن	shipping (loading) harbor
المُستندات الخاصة	relevant documents
ضمان حقوق	security, guarantee
لِلْعِلم	for your information
تجهيز البِضاعة	supplying the merchandise

ب. تدريبات للقراءة والمحادثة

١. أسئلة عامة

أ) وَضِّح الغرض الأساسي من فتح الاعتمادات المستندية .

ب) ماذا يشترط في من يفتح اعتمادا مستنديا ؟

جـ) اشرح الإجراءات اللازمة لفتح اعتماد للاستيراد .

د) صف الاستمارة اللازمة لطلب فتح الاعتماد .

هـ) ما هو دور البنك الذي لديه الاعتماد في عملية الاستيراد ؟

و) من الذي يقوم بتخليص البظائع من الجمرك ؟ كيف يتم ذلك ؟

ز) تَخَيَّل أنك تريد استيراد سلعة معينة (تلفزيونات أو حديد أو كاميرات) من بلد أجنبي . اشرح الخطوات التي تتخذها حتي تصلك البضاعة .

٢. الاختيار من متعدد

أ) يتم فتح الاعتماد المستندي

١) في قسم الجمارك

٢) لدى الشركة المصدِّرة

٣) في البنك

ب) لكي يُسمح للمستورد بفتح الاعتماد يجب أن

١) يدفع عمولة

٢) يحصل على إجازة استيراد

٣) ____________

جـ) بعد فتح الاعتماد يقوم البنك

١) بإشعار فرعه أو وكيله في الخارج

٢) بتسليم البضاعة المستوردة الى صاحبها

٣) ____________

د) لا يقوم المصدر عادة ـــــــــــــــــــ إلا بعد التأكد من فتح الاعتماد بثمنها

١) بتخليص البضائع من الجمرك

٢) بإشعار التاجر المستورد

٣) بتجهيز البضاعة وشحنها

هـ) المرحلة الأخيرة في عملية الاستيراد هي

١) تسديد المستورد قيمة الاعتماد كاملة

٢) تخليص البضائع من الجمارك

٣) الاتصال بفرع البنك للتأكد من وجود الاعتماد المفتوح

جـ. النشاطات الكتابية

املأ طلب الاعتماد المستندي المعطى كنموذج في هذا الدرس .

د. النشطات الشفوية

المطلوب جمع مستندات مالية باللغة الانجليزية من البنوك التي تتعامل معها، والاستعداد لمناقشتها في الصف باللغة العربية.

٧. اعلام بتوقيع المستندات المالية

شركة النهضة التجارية للبيع بالجملة والمفرق
ص.ب. ١٠٢
بغداد – العراق

التاريخ : ١٩٩٤/٢/٢٥
الرقم : ١٨/م

سعادة مدير بنك الرافدين المحترم
شارع الرشيد – بغداد

بعد التحية ،

نود أن نحيطكم علما بأننا نفوض السيدين أحمد بغدادي وسامي ابراهيم من موظفي « شركة النهضة التجارية للبيع بالجملة والمفرق » للقيام بالتوقيع عن الشركة في كل ما يلزمها من معاملات مصرفية وتجارية ، علما بأن شركتنا مسجلة في غرفة بغداد للتجارة والصناعة تحت رقم ١٨٢٣٤/م . ولذا نرجو عدم قبول أية شيكات أو مستندات مالية لا تحمل اسم وتوقيع أحد الشخصين المذكورين المثبت توقيعها بذيله . وحرصا منا على عدم الوقوع في التباس أو فوضى في المستقبل نرسل الموظفين المكلفين من طرفنا بالتوقيع نيابة عنا إليكم ليقوما بالتوقيع أمامكم زيادة في الاطمئنان ولنيل ثقتكم الغالية .

مع قبول فائق الاحترام

(توقيع)
مدير الشركة

١. توقيع السيد أحمد بغدادي _____
٢. توقيع السيد سامي ابراهيم _____

أ. المفردات والتعبيرات المفيدة

نُحيطكُم علْماً	We inform you
مُعامَلات مَصرَفيَّة	Bank transactions
علْماً بأنَّ	moreover
غُرفَة بَغداد للتجارَة والصناعَة	Baghdad Chamber of Commerce and Industry
المُثبت تَوقيعاهُما بِذَيْلِه	whose signatures are confirmed below
الوُقوع في الْتباسٍ أو فَوضى	becoming ambiguous/unclear
المُكَلَّفَيْن مِنْ طَرَفِنا	authorized by us
زِيادَة في الاطمِئْنانِ	for reassurance
لِنَيْلِ ثِقَتِكُم الغالِيَة	to obtain your valuable trust

ب. تدريبات للقراءة والمحادثة

١. اسئلة عامة

ا) ما الغرض من كتابة هذه الرسالة ؟

ب) ما نوع التفويض المعطى للسيدين احمد بغدادي وسامي ابراهيم ؟

جـ) ماذا تطلب الشركة من بنك الرافدين ؟

د) ما اهمية توقيع الموظفين امام مسئول البنك ؟

هـ) هل يحتاج الشخص العادي الى اثبات توقيعه كما تفعل الشركة في هذه الرسالة ؟ وفي اي المواقف ؟

٢. ملاءمة

ا) سيقوم الموظفان	___	شيكات لا تحمل توقيع الشخصين الموكلين
ب) شركة النهضة التجارية	___	من جانبنا او بواسطتنا
جـ) ترجو الشركة عدم قبول	___	بنك او شركة ليحيط الزبائن علما بشيء معين
د) عبارة " من طَرَفِنا " تعني	___	مسجلة في غرفة التجارة والصناعة
هـ) الاشعار هو خطاب يرسله	___	بالتوقيع نيابة عن الشركة

جـ. النشاطات الشفوية

المطلوب مقارنة بعض المستندات المالية باللغة الانجليزية التي جمعتها من البنوك التي تتعامل معها والمستندات المالية العربية التي اطلعت عليها في الدروس السابقة والاستعداد للتحدث عنها شفويا في الصف .

الوحدة الرابعة

المراسلات الرسمية/التجارية

١. المقدمة

٢. طلب وظيفة

٣. الردّ على طلب الوظيفة

٤. طلب بضاعة (نموذج ١)

٥. تلبية طلب البضاعة

٦. استعلام عن بضاعة (نموذج ١)

٧. طلب بضاعة (نموذج ٢)

٨. استعلام عن بضاعة (نموذج ٢)

٩. طلب بضاعة (نموذج ٣)

١٠. شكوى عن تأخير إرسال بضاعة

١١. الردّ على الشكوى

١٢. طلب حجز في فندق

١٣. تلبية طلب الحجز

١٤. مصطلحات تجارية مفيدة

١٥. نماذج برقيات / فاكسـات تجاريّة

١. المقدمة

تشتمل الرسائل الرسمية على ثلاثة انواع :

١. طلبات العمل والرد عليها .

٢. الرسائل المتبادلة بين المؤسسات والدوائر الحكومية الرسمية .

٣. الرسائل المتبادلة بين التجّار والزّبائن ، وتُسَمّى عادة : الرسائل التجارية .

وتحتوي الرسالة الرسمية على تسعة اجزاء ، وهى : البداية ، التاريخ ، اسم وعنوان المرسل اليه ، تحيّة الافتتاح ، موضوع الرسالة ، تحيّة الخاتمة ، التوقيع ، المرفقات ، تَعـدّد النسخ المرسلة والجهات المرسلة اليها.

١. البداية (Heading)

تبدأ الرسالة الرسمية عادة باسم المرسِل وعنوانه الكامل مكتوبا في وسط الصفحة او على الجانب الايمن أو الايسر منها ، مع ذكر رقم التلفون (ت) ورقم صندوق البريد (ص.ب) والتلكس والفاكس والاشارة الى الرقم (العدد) خاصة اذا كانت الجهة المرسلة مؤسسة او شركة تجارية او دائرة حكومية والتاريخ . ويأتي التاريخ مباشرة بعد " العدد" في الرسائل التي تحمل اسم المؤسسات او الدوائر الحكومية . أمّا في الرسائل الرسمية العادية التي يرسلها الافراد ، كطلبات العمل مثلا ، فيأتي التاريخ مباشرة بعد اسم المرسل وعنوانه .

والعرب يستعملون التاريخين الميلادي (م) والهجري (هـ) وهذا يعتمد على البلدان العربية . ففي بعض البلدان العربية يستعمل الناس التاريخ الميلادي فقط كالعراق ولبنان وسوريا والاردن ومصر وتونس ، وفي البعض الاخر يستعملون التاريخين الميلادي والهجري معا كالسعودية والكويت وقطر والامارات العربية المتحدة . وهناك طريقتان لكتابة التاريخ في الرسائل:

أ) اليوم فالشهر فالسنة ، باستعمال الشرطة (–) او الخط المائل (/) بينهما مثـــلا:

٢٠-١٠-١٩٩٥   ٢٠/١٠/١٩٩٥

ب) اليوم متبوعا باسم الشهر كتابة فالسنة ، مثل:

٢٠ تشرين الاول (اكتوبر) ١٩٩٥

وبعض الناس يفضلون ذكر اسم المكان الذي تكتب فيه الرسالة ، فيقولون مثلا عند كتابة التاريخ المذكور اعلاه:

بيروت في ٢٠/١٠/١٩٩٥

ومما يجدر بالملاحظة عند كتابة التاريخ باللغة العربية عدم البدء بالشهر كما هو مُتّبع احيانا في البلاد الغربية.

٢. اسم وعنوان المرسل اليه (Name and address of addressee)

ويكتب هذا عادة على الجانب الايمن من الرسالة . ويسبق اسم المرسل اليه اللقب الذي يستحقه . وهذه بعض الالقاب والاشخاص الذين تستعمل معهم :

people title

اللقب	ما يقابله بالانجليزية	الاشخاص
السَيد (السيدة/الانسة)	Mr.(Mrs./Miss)	لجميع الناس ، كنوع من الاحترام
الأستاذ	Professor	للاساتذة والمحامين والمثقفين
الدكتور	Dr.	للاطباء وحملة شهادة الدكتوراه
سَعادَة	Honorable	لرؤساء المؤسسات والدوائر والحكام
فَضيلَة	(honorific title of Muslim scholars)	لرجال الدين المسلمين
الآب	Reverend	لرجال الدين المسيحيين
البابا	Reverend	للبابا عند المسيحيين
مَعالي	Excellency	للوزراء
فَخامَة	Excellency	لرؤساء الدول ورؤساء الوزارات
سِيادَة	Excellency	لرئيس وجميع مواطني مصر
جَلالَة	Majesty	للملوك والملكات
سُمُـوّ	Highness	للأمراء والأميرات

وفي الغالب تسبق كلمة " حضرة" جميع الالقاب المذكورة اعلاه ، وتأتي كلمة " المحترم " او " المكرم والاكرم " (honored) بعد الالقاب: السيد ، الاستاذ ، الدكتور ، سعادة ، معالي . بينما تستعمل كلمة " المعظم " بعد الالقاب الاخرى : فخامة ، سيادة . جلالة ، وسُمُوّ .

ومن المعروف ان جميع هذه الالقاب وما يرافقها من عبارات تستعمل في الرسائل الرسمية للتعبير عن التقدير والاحترام .

مثال: حضرة جلالة الملك حسين بن طلال المعظَّم

٣. تحيّة الافتتاح (The Salutation)

فيما يلي بعض التعبيرات التي تستعمل في الرسائل الرسمية بعد اسم المرسل اليه مع ما يقابلها باللغة الانجليزية :

أمّا بَعد،	Now then
تَحِيَّـةٌ وبَعـد،	Greetings
تَـحِيَّةً واحترامـاً،	Greetings and best regards
السَّلامُ عَليكُم ورَحمَةُ الله،	Peace be upon you and the mercy of God

٤. الموضوع (The Body)

يحتوي هذا القسم على المعلومات المطلوبة سواء أكانت استفسارا عن بعض البضائع واسعارها او طلب بضاعة وشحنها .. الخ .

٥. تحية الخاتمة ((Complimentary close)

تُختَم الرسائل الرسمية عادة ببعض تعبيرات المجاملة والاحترام ، وهذه امثلة منها :

Please accept my respect	واقبَلوا الاحترام
Please accept my deepest respect	وتَفضَّلوا بقَبولِ فائقِ الاحترام
With my respect and appreciation	مَعَ الاحترامِ والتقدير
With my deepest respect	مَعَ فائق الاحترام
With my sincerest thanks	ولَكُم خالصُ الشكر
Peace be upon you and the mercy of God	والسَّلام عَلَيكُم وَرَحمةُ الله
And that is all; good bye	والسَّلام

ولا يزال بعض العرب يستعملون هذه التعبيرات التقليدية في اواخر الرسائل :

Hoping you will consider my
application with favor and compassion
راجياً النَظَرَ في طلبي بعَينِ العَطفِ والحَنان

Hoping for the favor of a reply
at your earliest convenience
راجياً التَكرُّمَ بالاجابَةِ في أقربِ فُرصةٍ مُمكِنَة

٦. التَوقيع (Signature)

يضع كاتب الرسالة توقيعه عادة في آخر الرسالة . واذا وقع احد الموظفين الموكلين بالتوقيع عن المسؤول الرسمي في المكتب فيجب ذكر عبارة " عن فُلان " مباشرة تحت التوقيع .

٧. المُرفقات (Enclosures)

عند ارسال بعض الوثائق الاخرى مع الرسالة تكتب كلمة " المرفقات " في الجهة اليُمنى من الرسالة ويُذكَر تحتها انواع الوثائق المرفقة وعددها .

٨. تَعَدُّد النسخ (Distribution list)

يذكر في هذا القسم اسماء الجهات المتعدّدة التي ترسل نسخ من الرسالة اليها مع وضع علامة ( ) على الجهات التي ارسلت نسخ من الرسائل اليها .

ويمكن تلخيص جميع ما سبق في النموذج التالي :

١. البداية مـؤسسة النشر والطبـاعـة

شارع الملك عبد العزيـز

هاتف : ٦٤١٨١١٢ فاكس : ٦٤١٧٦٤١ تليكس : ٦٠٦٣٩١١

ص.ب : ١١٨ ، جـدّة ٢١٤٢٣

التاريخ: الرقـــم :

٢.   اسم وعنوان المرسل اليه

٣.   تحية الافتتاح

٤.   الموضوع

٥.   تحية الخاتمة

٦. التوقيـــــع

٧.   المرفقات

٨.   تعدّد النسخ

الغلاف / الظرف

يوضع اسم وعنوان الشخص او المؤسسة المرسل اليها الرسالة بخط واضح على الغلاف/الظرف . واذا كان عنوان المرسِل غير مطبوع على الغلاف، فيجب اضافته على الطرف الاخر من الرسالة كما هو مُوضّح في النموذج التالي :

اسم وعنوان المرسَل اليه

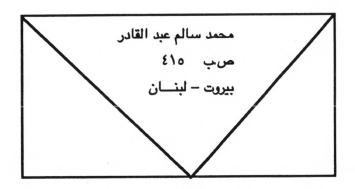

سعادة مدير شركة التيسير للتجارة والمقاولات المكرم
ص.ب ١٥٥٦
الدوحة – قطـــر

اسم وعنوان المرسِـل

محمد سالم عبد القادر
ص.ب ٤١٥
بيروت – لبنـــان

أ.   المفردات والتعبيرات المفيدة

formal/commercial correspondence	المراسلات الرَسميّة / التجارية
job applications; letters of application	طَلَبات العَمَل
reply	الرَدُ (علَيها)
letters exchanged	الرَسائل المُتبادَلَة
government departments, offices	الدَوائر الحُكوميَة
commercial letters, correspondence	الرَسائل التِجاريَة
nine sections	تِسْعَة أجزاء
opening salutation, greeting	تَحيَّة الافتتاح
signature	التَوقيع
quarters	الجِهات
right-hand side	الجانِب الأيمَن
telephone number	رَقَم الهاتف / التلفون (ت)
Post Office Box (POB)	صُندوق البَريد (ص . ب)
telex	التلكس
fax	الفاكس
reference number	رقم (عدد)
A.D.	التاريخ الميلادي (م)
A.H.	التاريخ الهِجري (هـ)
hyphen	الشَرطة
slanting line, slash	الخَطّ المائل
the appropriate title or form of address	اللَقَب الذي يَستَحقُه
honorable	سعادة (لقب يُستَعمَل لِرُؤْساء الدوائر الحكومية)
Fadila	فَضيلَة (لقب يستعمل لرجال الدين المسلمين)
Father; Reverend	الآب (لقب يستعمل لرجال الدين المسيحيين)
Excellency	مَعالي (لقب يستعمل للوزراء)
Excellency	فَخامَة (لقب يستعمل لرؤساء الدول ورؤساء الوزارات)
Excellency	سيادَة (لقب يستعمل لرئيس الدولة المصرية وجميع المواطنين في مصر)
Majesty	جَلالَة (لقب يستعمل للملوك والملكات)
Royal Highness	سُمُوّ (لقب يستعمل للامراء والاميرات)
often, in most cases	في الغالِب
a respectful form of address	حَضرة (لقب يستعمل للتعبير عن الاحترام لجميع الناس)
respected; esquire	المُحتَرَم
honored, revered	المُكرَّم / الأكرَم

glorious, august, exalted	المُعَظَّم
shipping of the goods	شَحْن البِضاعَة
complimentary close	تَحيَّة الخاتِمَة
traditional forms	التَّعبيرات التَّقليديَة
common courtesies, polite expressions	تَعبيرات المُجامَلَة
those authorized to sign, authorized signatures	المُـوَكَّـلين بالتَوقيع
per so-and-so, for, on behalf of	عَن فُلان
envelope	الغِلاف
clearly written	بِخَطٍ واضِـح
with letterhead, embossed	مَطبوعاً عَلَيْه
the other side	الطَّرَف الآخَر

ب. اسئلة عامة

١. أذكر اهم انواع الرسائل الرسمية .

٢. ما هي أجزاء الرسالة الرسمية / التجارية عادة ؟

٣. ما المعلومات التي تضيفها الدوائر الحكومية او الشركات عادة في بداية الرسالة ؟

٤. أعِد ترتيب البيانات التالية لِتَصلُح كَبِداية مناسبة لرسالة رسمية :

قطر – ت:٤١١٠٣٥ – محمد زيني وأولاده – تلكس : ٤١١٢٣٦ زين – معرض المفروشات والسجاد – الدوحة – ص.ب١٠١٢ – شارع عبد الله بن ثاني – فاكس ٤١١١٤٩ .

٥. ما هي الشهور الهجرية ؟ هل تعرف تاريخ اليوم بالتقويم الهجري ؟

٦. ما اهم الفروق بين طريقة كتابة التاريخ في المراسلات الامريكية والعربية ؟

٧. أَعِد ترتيب الآتي لِيُصبح تاريخا حسب تقاليد الرسائل العربية :

١٩٨٦ – تموز – ١٧ – م – الدوحة – يوليه – في .

٨. أين يُكتب عنوان المرسل اليه عادة في المراسلات الرسمية العربية ؟

٩. أي الالقاب تستخدم في مخاطبة كل من الشخصيات التالية :

أ. مواطن مصري ب. مُحام جـ. فتاة غير متزوجة د. رجل دين مسلم/ مسيحي

هـ. وزيـر و. ملـك ز. رئيس جمهوريــــــة

١٠. أعِد ترتيب الكلمات الآتية لِتصلـح أسلوبا لِلمخاطبة في رسالة :

أ. المحترم – السيد – حسن عويس – دكتور – استاذ – حضرة .

ب. حضرة – محسن الهندي – الامير – صاحب – معظم – السمو .

جـ. السيدة – سعادة – المحترمة – عَلية الفاروقي – مديرة البنك الاهلي .

١١. ما الاختلاف عادة بين تحية الافتتاح وتحيّة الخاتمة في الرسائل الرسمية ؟ أذكر مثالا على كل منهما .

١٢. اين يكتب اسم وعنوان المرسِل على غلاف الرسالة العربية ؟

ج. **النشاطات الكتابية**

لخّص المقال الذي كتبه الاستاذ عبد اللطيف أسعد في حوالي ٨٠ كلمة .

د. **النشاطات الشفوية**

اقرأ ما كتبه الأستاذ عبد اللطيف أسعد حول كتابة الرسالة المؤثرة استعدادا للمناقشة الشفوية في الصف .
استعمل القاموس عند الضرورة.

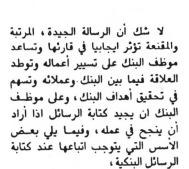

كيف تكتب رسالة مؤثرة

اعداد : عبداللطيف اسعد

لا شك أن الرسالة الجيدة، المرتبة والمقنعة تؤثر ايجابيا في قارئها وتساعد موظف البنك على تسيير أعماله وتوطد العلاقة فيما بين البنك وعملائه وتسهم في تحقيق أهداف البنك، وعلى موظف البنك ان يجيد كتابة الرسائل اذا أراد أن ينجح في عمله، وفيما يلي بعض الأسس التي يتوجب اتباعها عند كتابة الرسائل البنكية،

اولا :ـ التخطيط:

الخطوة الاولى التي يتوجب اتباعها لكتابة الرسالة الجيدة تحديد الهدف من الرسالة وعلى الموظف الاجابة على الاسئلة التالية عند تحديد الهدف من الرسالة :

لماذا يكتب الرسالة ؟

ما هي المعلومات المطلوب أن تتضمنها الرسالة ؟

هل هناك اسئلة معينة يجب الاجابة عليها ؟

ما هي نوعية الشخص الذي سيتلقاها ؟

وبعد تحديد الهدف من الرسالة، اجمع المعلومات والبيانات التي ستصفها في الرسالة، واكتب النقاط الرئيسية التي ستبحثها الرسالة على ورقة خارجية لتستعين بها عند الكتابة.

تخيل قارئك، ضع نفسك في مكان القاريء وحاول أن تحدد ردود الفعل عنده عند قراءته لرسالتك ـ تذكر أنه عليك أن تنقل افكارك بصورة لبقة ومقنعة.

ثانيا :ـ كيف تبدأ الرسالة وكيف تنهيها

ان البداية الجيدة هامة جدا في الرسالة خصوصا في الرسالة التي تحاول أن تكسب عميلا بواسطتها، فابدأ بشكر القاريء مثلا، أو ابدأ باخبار جيدة، وانهي الرسالة بعبارة ترغب أن تبقى في ذهن القاريء وتترك أثرا فيه.

ثالثا :ـ الوضوح :

كن واضحا في رسالتك، فكيف يمكن للقاريء أن يتجاوب مع افكارك اذا لم يفهم ما كتبته، تذكر دائما أن القاريء لا يستطيع سؤالك فيما لم يتمكن من فهمه لانه بعيد عنك عند قراءة رسالتك،

اذا كان من الضروري أن تتضمن رسالتك بعض الاصطلاحات الفنية قم بشرحها وتوضيحها.

رابعا :ـ شكل الرسالة :

ان الرسالة التي تتسم بمظهر جيد تترك اثرا جيدا لدى القاريء، فاحرص على أن يكون شكل رسالتك جيدا واحرص على الأمور التالية لكي تحافظ على مظهر رسالتك :ـ

ـ لا تقبل أن تكون كلمات الرسالة متقاربة

ـ لا تقبل أن تطبع الرسالة على آلة بحاجة الى تنظيف.

ـ لا تمحي بعض الكلمات في الرسالة بواسطة الرودكس.

- لا تصلح بعض الكلمات في الرسالة بقلم الحبر :
- لا تجعل الفقرات طويلة جدا .
- لا تقبل أن تطبع الرسالة بشكل مزدحم في الوقت الذي يجب استخدام صفحة أخرى .
- لا تقبل بالرسالة غير المرتبة والتي لا تريح العين .

خامسا :ـ المفردات

لكي تكتب رسالة جيدة يجب أن تكون على معرفة لا بأس بها بمفردات اللغة التي ستكتب بها ، فكلما ازدادت معرفتك بمفردات اللغة كلما تمكنت من كتابة رسائل قوية وواضحة وكلما استطعت نقل افكارك بشكل مؤثر لقارئك .

سادسا :ـ الاخطاء النحوية :

ان موظف البنك الطموح الذي يرغب في النجاح والتقدم في عمله ، عليه تجنب الوقوع في الأخطاء النحوية ، فقد تكتب رسالة من أربع صفحات تحتوي على خطأين نحويين فقط لكن القاريء قطعا سيتأثر بهذين الخطأين وسيخرج بانطباع سيء عنك ، لذلك احرص على تجنب الوقوع في الأخطاء النحوية لكي تعطي انطباعا جيدا للقاريء .

سابعا :ـ لا تكتب وأنت في حالة غضب :

اذا كتبت وأنت في حالة غضب غالبا ما ستكسب عدوا فاذا كنت في حالة غضب فلا تكتب ، وأجل الكتابة حتى تهدأ لكي تكسب صديقا وليس عدوا ، فالرسالة الرقيقة تساعدك على تحقيق اهدافك .

ثامنا :ـ اكتب رسائل كاملة .

الرسالة الكاملة ذات فائدة للقاريء من ناحية فهي تجيب على استفسارات القاريء وتكون مصدرا كاملا للمعلومات فيما اذا رجعت اليها مستقبلا ، فحاول أن تزود قارئك بالمعلومات التي ترى أنها ضرورية له ولا تحاول الاختصار فالرسائل الناقصة ستؤدي الى اثارة المشاكل ولن تحل مشاكل القاريء مما سيترتب عليه أن يبادر القاريء الى الكتابة مرة أخرى للبنك للاستفسار عن بعض النقاط الغامضة عليه ، لذلك احرص على كتابة الرسائل الكاملة وزود قارئك بكامل المعلومات وتثبت من المعلومات التي تزود القاريء بها .

تاسعا : طول الرسالة :

اكتب رسائل قصيرة تحقق الأهداف المرجوة منها اذا أمكن ذلك واكتب الرسائل الطويلة عند الحاجة ، وعليك أن تكون قادرا على تحديد طول الرسالة وتذكر أن الرسالة القصيرة قابلة للقراءة بشكل اكبر من الرسائل المطولة .

عاشرا :ـ استعمل ضمير المخاطب وَرُدّ على رسائل عميلك :

استعمل ضمير المخاطب «انت» أو «انتم» كلما كان ذلك ممكنا وبصورة صادقة فذلك يجعل عميلك يشعر بأنه قريبا منك؛ يمكنك من تحقيق الهدف الذي تكتب من أجله واحرص على أن تكون لطيفا ولبقا في رسالتك واذا كانت رسالتك جوابية احرص على أن ترد على رسائل عميلك بأسرع ما يمكن ولا تجعله ينتظر وينتظر ، واذا لم يكن بامكانك الرد فورا ارسل له رسالة قصيرة باستلام رسالته وعده بأنك ستجيبه بأسرع ما يمكن بعد جمع المعلومات الضرورية واحرص على ذكر عبارات الشكر لعميلك ، وتذكر دائما في رسالتك أنك تسعى الى كسب صديق بسرعة .

٢. طلب وظيفة

job application

شركة الوفاء للسياحة والسفر

ص . ب ١٤٠ عمان

اربد في ١٢ تشرين الثاني (نوفمبر) ١٩٩٥

سعادة مدير البنك العربي المحترم

عمان – الاردن / فرع الشميساني

تحية وبعد ،

اطّلعت على اعلانكم المنشور في جريدة البلاد الصادرة في ١٩٩٥/٥/١٨ بخصوص الوظائف الشاغرة في قسم المحاسبات.

انني سوري الجنسية ، في الخامسة والعشرين من العمر . اكملت دراستي الجامعية في كلية ادارة الاعمال بجامعة دمشق ، وحصلت على شهادة البكالوريوس في علم الادارة . واثناء دراستي الجامعية تلقّيت دروسا في المحاسبة والطباعة والاختزال على الالة الكاتبة . هذا بالاضافة الى اجادة اللغتين الفرنسية والانجليزية قراءة وكتابة الى جانب العربية . وبعد تخرجي حتى الآن عملت لمدة عامين في شركة سياحة وسفر، ممّا وفّر لي الفرصة للسفر الى كثير من بلدان الشرق الاوسط وأوربا .

تجدون طيّه صُوراً طبق الاصل عن شهادتي العلمية وخبرتي في العمل ، كما وانني على استعداد لتزويدكم بأية تفصيلات او معلومات اضافية ترغبون في الحصول عليها .

وتفضلوا بقبول فائق الاحترام

المخلص

(التوقيع)

رمزي ناصر

148

أ.   المفردات والتعبيرات المفيدة

I read	اطَّلَعْتُ عَلَى
with regard to	بِخُصوص
vacancies	وظائف شاغِرة
Accounting Department	قِسْم المحاسبات
administration	عِلْم الادارة
I took courses	تَلَقَّيْتُ دُروساً
typewriter	الآلة الكاتِبة
gave me the opportunity	وفَّر لي الفُرصَة
true copies	صُوَر طِبق الأصْل
to provide you with any details	لِتَزويدِكُم بِأَيَّة تَفصيلات

ب.   اسئلة عامة

١.   ما تاريخ الطلب ؟
application date

٢.   ما موضوع الاعلان المنشور في جريدة البلاد الاردنية ؟
Jordanian *newspaper published* *subject*

٣.   ما مؤهِّلات السيد رمزي ناصر العلمية ؟
scholarly , scientific *Mr. qualification*

٤.   كم لغة يجيد اجادة تامَّة ؟
perfect *make it good*

٥.   ماذا تعرف عن خبرته العملية ؟
job experience *you know*

٦.   ماذا أرفق مع طلبه ؟
accompanied

149

٣. الردّ على طلب الوظيفة

البنك العربي المحدود

الادارة العامة

ص . ب ١٢٣

الشميساني – عمان

التاريخ : ١٩٩٥/١٢/٢

الرقــم : ٢٣/م

حضرة السيد رمزي ناصر المحترم

شركة الوفاء للسياحة والسفر

ص . ب ١٤٠

عمان – الاردن

بعد التحية ،

بالاشارة الى طلبكم المؤرخ في ١٩٩٥/١١/١٢ يَسرّني أن أُعلمكم ان ادارة البنك العربي بعمّان قد وافقت على تعيينكم محاسباً براتب شهري مقداره ٢٥٠ دينارا . يرجى الحضور الى الفرع الرئيسيّ للبنك العربي الكائن في شارع " السلط " لتعبئة نماذج التعيين والاطلاع على بعض شروط العمل والتعليمات الخاصّة بموظفي البنك .

اننا بانتظار حضوركم او ردكم العاجل في حالة عدم قبولكم هذا العرض .

واقبلوا الاحترام

(التوقيع)

مدير البنك العربـــي

أ. المفردات والتعبيرات المفيدة

with reference to	بالأشارَةِ إلى
the main branch	الفَرْع الرَئيسي
monthly salary	راتب شَهري
located on	الكائِن في
to fill out the appointment forms	لِتَعْبِئَة نَماذج التعيين
in case	في حالَة
this offer	هذا العَرْض

ب. اسئلة عامة

١.   ما نوع الرد الذي تسلّمه السيد رمزي ناصر ؟

٢.   وما نوع الوظيفة التي عرضها البنك عليه ؟

٣.   لماذا طلب مدير البنك العربي من السيد رمزي ناصر الحضور الى الفرع الرئيسي للبنك ؟

جـ. تدريبات للقراءة والمحادثة

١.   استعمال المفردات والتعبيرات المفيدة

وَظائف شاغِرَة
كيف تُعلن الجامعات عن الوظائف الشاغرة لَدَيها ؟

إجادَة الفَرنسيَة والانجليزية
كم لغة تُجيد الى جانب الانجليزية ؟

وَفَّرَ الفُرصَة
كيف تعمل الحكومة على تَوْفير فرص العمل للخريجين الجدد ؟

على استعدادِ
هل أنت على استعداد للاشتراك مع آخرين في مشروع مفيد ؟ ما هو هذا المشروع ؟

راتب شَهري
كم يبلغ الراتب الشهري الذي يحصل عليه خِرّيج الجامعة في امريكا ؟

في حالَةِ
ماذا يجب ان يفعل الانسان في حالة عدم نجاحه في الحصول على عمل معين ؟

152

٢. **الاختيار من متعدّد**

أ) **توجد الوظيفة الشاغرة**

١) في قسم المحاسبات بالبنك العربي

٢) في كلية ادارة الاعمال

٣) في جريدة البلاد

ب) **المتقدم للوظيفة**

١) أردُنِي يريد العمل في سوريا

٢) جنسيته غير عربية

٣) ________________

جـ) **حصل السيد رمزي ناصر على خبرته العملية من**

١) الدراسة في كلية ادارة الاعمال

٢) اجادته الانجليزية والفرنسية

٣) عمله في شركة سياحة وسفر

د) **ارفق كاتب الطلب بخطابه**

١) صورا عن شهادته وخبرته في العمل

٢) الشهادة الاصلية من جامعة دمشق

٣) ________________

هـ) **السيد رمزي يعمل حاليا**

١) في وظيفة بقسم المحاسبات في بَنك سوري

٢) في شركة الوفاء للسياحة والسفر

٣) في كلية ادارة الاعمال بدمشق

و) **كان رد البنك على السيد رمزي**

١) بالموافقة على تعيينه

٢) بالرفض لانه تأخر في تقديم طلبه

٣) ________________

ز) **طلب البنك من السيد رمزي الحضور**

١) لِملء بعض النماذج

٢) لِمقابلة موظفي البنك

٣) لِقبول العرض

٣. ملء الفراغات

تقدّم الاستاذ رمزي ناصر وهو سوري ———— بطلب للعمل في البنك العربي بعد ———— على اعلان في جريدة البلاد ———— الوظائف الشاغرة في ———— المحاسبات ، ويبلغ السيد رمزي الخامسة والعشرين من ———— ، وهو حاصل على شهادة البكالوريوس في ———— ———— ، واثناء دراسته الجامعية ———— دروسا في المحاسبة و ———— على الآلة ———— و ———— ، كما تمكّن من ———— اللغتين الفرنسية والانجليزية قراءةً و———— ———— العربية . وهو الآن يعمل في شركة لـ ———— والسفر ، وهذا العمل قد ———— له الفرصة للسفر الى الخارج . وقد ارفق السيد رمزي بطلبه صورا ———— عن شهاداته العلمية وخبرته في ———— وعبّر عن ———— لتزويد البنك بأية ———— او معلومات اضافية . وقد وافق ———— البنك على تعيينه ———— براتب شهري ———— ٢٥٠ دينارا . وطلب منه الحضور الى ———— الرئيسي ———— في شارع " السلط " لكي يملأ ———— التعيين ويطّلع على ———— العمل و ———— الخاصة بموظفي البنك ، كما طلب منه ان يرسل له ———— في حالة عدم قبوله ذلك ————.

٤. مناقشة

أ) تحدث عن العناصر الرئيسية لطلب الوظيفة من حيث

١) البدايــة
٢) المعلومات الخاصة بالمرسل إليه
٣) الإشارة
٤) المؤهلات العلمية
٥) الخبرة العملية
٦) مرفقات الطلب
٧) النهايــــة

ب) تكلم عن ردّ البنك على السيد رمزي ناصر من حيث

١) مقدّمة الرد
٢) الموافقة وشروطها
٣) طلبات اضافية لإكمال التعيين
٤) تحية النهاية

د. النشاطات الكتابية

foreign minister for Egypt — as a translator

استخدم العناصر التالية في كتابة طلب العمل كمترجم في وزارة الخارجية المصريّة

١. التاريخ — ٢. التحية greeting
٣. السن tooth age — ٤. العمل work
٥. الحالة الاجتماعية social situation? single — ٦. المؤهّل qualifications

٧. الوظيفة   ٨. الخبرة

٩. تحية النهاية   ١٠. التوقيع

هـ. النشاطات الشفوية / الكتابية

١. اقرأ الطلب التالي استعداداً لمناقشته شفويا في الصف .

٢. تصوّر أنك وزير التربية والتعليم الأردني ، اكتب رداً بالايجاب على طلب السيد خالد محمود سالم .

الشركة العربية للهندسة والمقاولات

ص. ب ٥٨٢

شارع السلط – عمان

١٢– ٥ – ١٩٩٤

معالي وزير التربية والتعليم الأكرم

وزارة التربية والتعليم

عمّان – الأردن

تحية وبعد ،

قرأت في الصحف المحلية التي صدرت أمس أنكم بحاجة الى عدد من المدرّسين للعمل في المدارس الحكومية ودور المعلمين . لذا فإنني أتشرف بتقديم هذا الطلب ، على أمل أن يحظى بقبولكم.

لقد أكملت دراستي الابتدائية في مدرسة قريتنا ثم انتقلت بعدها الى مدرسة عمّان الثانوية. و بعد الحصول على شهادة الدراسة الثانوية تابعت دراستي العالية في الجامعة الأردنية بعمّان حيث حصلت على شهادة بكالوريوس في التربية عام ١٩٨٣.

وبعد تخرّجي من الجامعة حتى الآن عملت محاسباً في الشركة العربية للهندسة والمقاولات بعمّان، حيث توفرت لي الفرصة للقيام بعدّة رحلات بريّة وجويّة الى أوربا والشرق الأوسط . هذا بالاضافة الى ممارستي اللغتين الانجليزية والفرنسية بجانب اللغة العربية .

تجدون طيّه صورا عن شهاداتي المدرسية وبعض الوثائق المصدّقة من مدير الشركة التي عملت فيها تشهد بكفاءتي واخلاصي في العمل وحسن سلوكي .

وتفضلوا بقبول فائق احترامي وتقديري .

(التوقيع)

خالد محمـــود سالـم

٤. طلب بضاعة (نموذج ١)

الوكالــــة العامّــة للســــيّارات
شارع السلط
ص . ب ٨٩ – عمّـــان ١١٢٤٥
ت : ٧١١٥٥٧ ، تلكس : ٤٨٩٠٧٨ ، فاكس : ٧١١٥٩٤

الرقم : ٧٥١٢ / م
التاريخ : ١٩٩٢/٢/١٨

السيد مدير وكالة شيفورليه للسيارات
ص . ب ٩٤
الرياض – السعودية

تحية وبعد ،

أرجو من سيادتكم تَلبِية الطلبات المذكورة أدناه وتأمين شحنها بالسرعة (quickly) الممكنة . كما أرجوكم ارسال فاتورة الحساب كاملة مع الشحن . طلباتنا هي :

٥ سيارات شحن
١٢ سيارة تاكسي شيفورليه

هذا وأتقدم اليكم سلفا بالشكر الجزيل واتمنى لشركتكم مزيدا من التقدم والازدهار .

وتفضلوا بقبول فائق الاحترام.
(التوقيع)
ســــامي حــــداد
مدير المبيعات

أ.   المفردات والتعبيرات المفيدة

وَكالة – وَكالات	agency
بِضاعة – بضائع	merchandise
طَلَب بِضاعة	an order for merchandise
تَلْبِيَة	filling; compliance
المَذكورَة أدْناه	mentioned below
تَأمين شَحنها	insuring their shipment
بالسُّرعَةِ المُمْكِنَة	in the fastest possible way
فاتورَة الحِساب	the bill, invoice
سَلَفـاً	in advance
الشُكْـر الجَزيل	many thanks
التقدّم والازدهار	progress and prosperity

ب.   اسئلة عامة

١.   اين يسكن السيد سامي حداد ؟

٢.   الى من أرسل طلب البضائع ؟

٣.   ما الطلبات التي يريدها ؟

٤.   ماذا تَمَنّى السيد سامي للشركة في نهاية طلبه ؟

٥.   من أي وكالة للسيارات اشتريت سيارتك ؟

٦.   أين توجد وكالة لسيارات شيفورليه في المدينة التي تسكن فيها ؟

٥. تلبية طلب البضاعة

وكالة شيفورليه للسيارات

ص . ب ٩٤ – الرياض ١٣١٥٤

ت : ٥٢١٤٦٧١ ، تلكس : ٨٦٢٤٩٢١ ، فاكس : ٥٢١٤٥٧٤

التاريخ : ١٩٩٢/٣/٢٤

الرقـم : ١١٧/ م

الموضوع : تلبية طلب البضاعـــــة

حضرة السيد سامي حداد المحترم

الوكالة العامّة للسيارات

عمّان – الأردن

تحية وبعد ،

نشكركم على كتابكم رقم ٧٥١٢/م المؤرخ في ١٨ شباط (فبراير) ١٩٩٢ والذي طلبتم فيه ارسال ٥ سيارات شحن و ١٢ سيارة تاكسي شيفورليه .

ويَسُــرّنا ان نعلمكم انه بتاريخ هذه الرسالة قُمنا بِشَحن وتأمين السيارات لكم بالباخرة . ونرفق لكم طيّه الفاتورة بالثمن الكلي للسيارات مع مصاريف النقل . راجين اعلامنا حالا باستلام السيارات بعد وصولها، وارسال حوالة مالية لنا بالمبلغ المذكور في الفاتورة . وبهذه المناسبة نغتنم الفرصة لتقديم الشكر الجزيل لكم على ثقتكم الغالية بشركتنا . ونحن على استعداد لتلبية طلباتكم دومـاً .

مع التقدير والاحترام.

(التوقيع)

مدير وكالة شيفورليه للسيارات

أ. المفردات والتعبيرات المفيدة

بالباخِرَة	by boat
الثَمَن الكُـلّي	the total price
مَصاريف النَقل	transport expenses
بِهذه المُناسبَة	on this occasion
نَغتَنِمُ الفُرصــة	we take the opportunity
الثِقَة الغالِيَة	utmost confidence

ب. اسئلة عامــة

١. ما موضوع الرسالة ؟

٢. متى طلب السيد سامي حَـدّاد السيارات ؟

٣. ما نوع وعدد السيارات التي طلبها ؟

٤. متى تَمّ شحن السيارات من الرياض ؟

٥. عَلامَ تحتوي الفاتورة ؟

٦. ماذا طلب مدير الوكالة من السيد سامي حدّاد ؟

٧. هل عندك خبرة في بيع السيارات وشحنها ؟

٨. تكلم عن نوع العمل الذي تقوم به وخبرتك في هذا المجال .

جـ. تدريبات للقراءة والمحادثة

١. استعمال المفردات والتعبيرات المفيدة

تَلبِيَة الطَـلَبات

ماذا تفعل اذا لَم تتمكن الشركة من تلبية طلب البضائع الذي ارسلته لها ؟

فاتورَة الحِساب

متى تطالب الجامعة طلاّبها بدفع فاتورة الحساب ؟

تَأمين

لِماذا تقوم الشركات أحيانًا بالتأمين على البضائع عند شحنها ؟

بالباخِرة

أيّـهما أرخص شحن البضائع بالطائرة ام بالباخرة ؟

اغتَنَمَ الفُرصَـة

ما رأيك في الشخص الذي يغتنم فرصة انخفاض اسعار التلفزيون فيشتري خمسة أجهزة ؟

٢. الاختيار من متعـدّد

أ) طلب سامي حدّاد من وكالة شيفورليه للسيارات
١) ارسال بيانات عن السيارات الامريكية التي تبيعها
٢) تلبية طلب معين بالسرعة الممكنة
٣) شحن البضائع المتأخرة

ب) طلب المشتري بالاضافة الى شحن السيارات المطلوبة بسرعة
١) تخفيض الثمن
٢) تقديم بيانات عن الانواع الاخرى
٣) ________________

جـ) (اجمـالي) مجموع السيارات المطلوبة هي :
١) ٥
٢) ١٢
٣) ١٧

د) سيقوم المشتري بسداد الثمن
١) قبل استلام السيارات
٢) بعد شراء حوالة مالية
٣) ________________

هـ) قامت الشركة السعودية بشحن السيارات
١) في ٢٤ آذار (مارس) ١٩٩٢
٢) في ١٨ شباط (فبراير) ١٩٩٢
٣) بعد أسبوع من استلام طلب البضاعة

و) تـمّ شحن السيارات المطلوبة
١) (بالبحر) بطريق البحر
٢) (بالبرّ) بطريق البر
٣) ________________

ز) تشمل فاتورة الحساب ما يلي :
١) الثمن الكلي للسيارات
٢) تكاليف الشحن
٣) الثمن الكلّي بالاضافة الى مصاريف النقل

ح) طلبت وكالة شيفورليه من العميل السيد سامي حدّاد

١) اعلامها بالاستلام مع دفع الفاتورة كاملة

٢) اعلامها حالا باستلامه السيارات

٣) ____________________

٣. اكمال

أ) نرجو من ________ تلبية الطلبات المذكورة وتأمين ________ كما نرجو ارسال ________ الحساب كاملة مع ________ الشحن .

٢) أتقدّم لكم بالشكر ________، واتمنّى لشركتكم ________ من التقدم ________ وتَفَضّلوا بـ________ .

٣) نشكركم على ________ رقم ________، المؤرخ ________ ونرفق لكم ________ الفاتورة بالثمن ________ للسيارات مع مصاريف ________، راجين اعلامنا ________ السيارات بعد وصولها ، وارسال ________ ماليّة بـ________ المذكور في الفاتورة .

٤) وبهذه ________ نغتنم ________ لتقديم الشكر الجزيل على ________ الغالية بشركتنا، ونحن دائما على ________ لتلبية ________.

٤. مناقشـــة

أ) تَكَلّم بايجاز عن مُكَـــوّنات طلب البضائع من حيث

١) التاريخ والعنوان

٢) التحية والمقدّمة

٣) تفاصيل البضائع المطلوبة

٤) طريقة شحنها

٥) اي طلبات اخرى

٦) تحية الختام

ب) أذكر العناصر التي تحتوي عليها الاقسام التالية من خطاب تلبية طلب البضائع

١) الجزء الاول

٢) الجزء الاوسط

٣) الختام

د. النشاطات الكتابية

اكتب خطابا لشركة " مرسيدس بنز " في بيروت تطلب فيه شحن بعض السيارات لأحدى الشركات التي تعمل مديرا لها .

هـ. النشاطات الكتابية/الشفوية

المطلوب إعداد ترجمة لطلب البضائع وتلبية الطلب في هذا الدرس، استعداداً لقراءة الترجمة في الصف.

٦. استعلام عن بضاعة (نموذج ١)

شركة قطر الوطنية للأستيراد والتصدير
ص . ب ٢٧٣ – الدوحة ٢١٥١٠
ت : ٣٢٠٢٧٥ ، تلكس : ٢٦٤٠٦١ ، فاكس : ٣٢٠٨٦٧

التاريخ : ١٧ كانون ثاني (ديسمبر) ١٩٩٦

الرقـــم : ٤١٨/م

الموضوع : طلب بضاعـــــة

حضرة السيد المدير العام المحترم

الشركة التجارية لبيع الفواكه والخضروات بالجملة والمفرّق

ص . ب ٣٦٤

بيروت – لبنان

تحية واحتراماً وبعد ،

نرجو التكرم بارسال قائمة بالفواكه والخضروات المتوفّرة لديكم واسعارها بأسرع وقت ممكن .

وتفضلوا بقبول خالص الشكر والتقدير .

(التوقيع)

مدير شركة قطر الوطنية للاستيراد والتصدير

أ. المفردات والتعبيرات المفيدة

inquiry	استِعلام
import	استيراد
export	تَصدير
fruits	فَواكه
vegetables	خُضرَوات
wholesale	بالجُملة
retail	بالمُفَـرَّق
list of	قائمة – قوائم
available at your place	المُتوفِّرة لديكم
in the shortest time possible	بأسرع وَقتٍ مُمكنٍ

ب. اسئلة عامّة

١. ماذا نُسمّي هذا النوع من الرسائـل التجاريّة ؟

٢. ما عنوان الشركة التجارية لبيع الفواكه والخضروات ؟

٣. كيف بدأ مدير شركة قطر الوطنية للاستيراد والتصدير رسالته ؟

٤. أذكر باختصار موضوع هذه الرسالة .

٥. هل تعتقد أن الردّ على هذا الاستعلام سيكون بأسرع وقت ممكن ؟ ولماذا ؟

٦. من أي الاسواق تشتري عادة الفواكه والخضروات ؟

٧. طلب بضاعة (نموذج ٢)

شركة قطر الوطنية للأستيراد والتصديـر

ص . ب ٢٧٣ – الدوحة ٢١٥١٠

ت : ٣٢٠٢٧٥ ، تلكس : ٢٦٤٠٦١ ، فاكس : ٣٢٠٨٦٧

التاريخ : ٢٠ شباط (فبراير) ١٩٩٦ الرقم: ١٠٧٨/م

الموضوع : طلب بضاعـة

حضرة المدير العام المحترم

الشركة التجارية لبيع الفواكه والخضروات بالجملة

ص . ب ٣٦٤

بيروت – لبنان

بعد التحية ،

نود ان نشكركم على ردكم العاجل المتضمن قائمة بأسعار الفواكه والخضروات المتوفرة لديكم . وبعد الاطلاع على الردود وقوائم الاسعار التي وصلتنا من بعض الشركات الاخرى التي نتعامل معها في امريكا وأوربا والعالم العربي وجدنا اسعاركم معقولة جدا . ولذا نرجو التكرم بتزويدنا في أقرب فرصة ممكنة بما يلي:

تفاح احمر	٢٠٠ طن
برتقال	٢٠٠ طن
بصل	١٠٠ طن
باذنجان	٢٠ طن
فلفل بارد	١٥ طن
فاصوليا	٥٠ طن
جزر	٥٠ طن

يرجى شحن الكميات المطلوبة في بواخر مُبَرّدة مع تأمينها ، عِلْمًا بأننا نرغب دفع نصف ثمن البضاعة المطلوبة نقدا عن طريق فرع " البنك العربي " في الرياض وتسديد النصف الاخر على اقساط شهرية لِستة شهور بعد استلام البضاعة .

وتفضلوا بقبول فائق الاحترام

(التوقيـع)

مدير شركة قطر الوطنية للاستيراد والتصدير

أ. المفردات والتعبيرات المفيدة

prompt	عاجِل
containing	مُتَضَمِّن
very reasonable	مَعقولة جِدًا
supplying us with	تَزويدنا بِـ
refrigerated ships	بَواخِر مُبَرَّدَة
payment	تَسْديد
in monthly installments	على أقساط شهرية

ب. أسئلة عامة

١. ماذا تعرف من هذا الخطاب عن حجم الشركة التجارية لبيع الفواكه والخضروات ؟

٢. هل يستطيع الشخص العادي ان يشتري كيلوغراما او اثنين من خضروات الشركة ؟ لماذا ؟

٣. ما رأي مدير شركة قطر الوطنية في اسعار الشركة التجارية ؟

٤. كيف توصّل مدير شركة قطر الى هذا الرأي ؟

٥. هل يمكن وصف هاتين الشركتين بأنهما من شركات الاستيراد والتصدير ؟ لماذا ؟

٦. ما اجمالي كمية الفواكه التي تتطلبـها الشركة القطرية ؟

٧. ما هي البضاعة التي يُطلَب منها اقـل كميّة ؟ واكبر كميّـة ؟

٨. ما هما الشرطان الاساسيان اللذان تشترطهما شركة قطر في شحن طلبها ؟

٩. هل تنوي الشركة تسديد الفاتورة كاملة ام على اقساط ؟ وما مدة هذه الاقساط ؟

جـ. تدريبات للقراءة والمحادثة

١. الاختيار من متعدد

أ) تبيع الشركة التجارية الفواكه والخضروات

١) بالمُفَرَّق فقط

٢) بالجُملة فقط

٣) ─────────────

ب) كانت الشركة القطرية قد كتبت قبل ذلك

١) تطلب قائمة بالاسعار

٢) تطلب كميات صغيرة من الفواكه

٣) تشكر الشركة التجارية على ردّها العاجل

جـ) وجدت الشركة المشترية اسعار الشركة التجارية معقولة جدا

١) بالمقارنة بالشركات اللبنانية والعربية

٢) ─────────────

٣) بالمقارنة بغيرها من الشركات اللبنانية فقط

د) يُعتَبر الفلفل والبصل من
١) الخضروات
٢) الفواكه
٣) ______________

هـ) عدد الفواكه المذكورة في الطلب هو
١) ثلاثة
٢) اربعة
٣) خمسة

و) من الضروري شحن الكميات المطلوبة في بواخر مبردة
١) لان الطقس في قطر حارّ
٢) لتوفير جزء من الثمن
٣) للمحافظة عليها وضمان وصولها سليمة

ز) الجزء الذى ترغب الشركة المستوردة في تسديده نَقداً هو
١) إجمالي فاتورة الثمن والشحن
٢) نصف الثمن فقط
٣) ______________

٢. ملء الفراغات

كتب مدير الشركة الوطنية للاستيراد والتصدير يشكر الشركة التجارية على ________. المتضمن ________ بأسعار الفواكه والخضروات ________ لديها . ويبلغها انه وجد ________ معقولة جدا بعد ________ على ردود وقوائم اسعار من الشركات التي ________ معها في امريكا و ________ والعالم ________، و ________ فانه يرجو ________ بتزويده بكميات من ________ و ________ في ________ فرصة ________ ، ويذكر المدير في طلبه رغبته في ________ الكميات المطلوبة في بواخر ________. ، كمـــا يُعبّر عن رغبته في ________ نصف ثمن البضاعة المطلوبة ________. بعد ________. البضاعة ، والنصف الاخر على ________ شهرية لمدة ________ ________ .

٣. ملاءمة

م)	يشكر كاتب الخطاب الشركة	بأنها معقولة جدا بالمقارنة بغيرها
ب)	كان الردّ يتضمن	ارسالها في بواخر مبردة
ح)	تمتاز اسعار الشركة التجارية	قوائم بأسعار البضائع المتوفرة
د)	من الضروري عند شحن الفواكه	بالتقسيط لمدة طويلة
هـ)	كثير من الناس يشترون بيوتهم وسياراتهم	على ردّها العاجل

د. النشاطات الكتابية

يرجى الرد على شركة قطر الوطنية للاستيراد والتصدير بصفتك المدير المسئول عن الشركة التجارية لبيع الفواكه والخضروات .

هـ. النشاطات الشفوية

أدرس الاستعلام عن بضائع (نموذج ٢) وأعدّ ترجمة له بالانجليزية لتقديمها شفويا في الصف.
استعمل القاموس العربي – الانجليزي عند الضرورة .

173

٨. استعلام عن بضاعة (نموذج ٢)

مكتبة القدس الوطنية

٢١٦ شارع الرشيد

ت : ٩٨١٠١٥ ، تلكس ٤٥٢٦١١ ، فاكس ٩٨١٢١٧

التاريخ ١٨/٧/١٩٩٣

العدد : م ٩/٢٠٧٤

سعادة المدير المحترم

مكتبة الشروق

١٨ شارع طلعت حرب

القاهرة – جمهورية مصر العربية

السلام عليكم ورحمة الله وبعد ،

الرجاء تزويدنا بقائمة الكتب والقواميس العربية في موضوع المراسلات التجارية مع أسعاركم المخفّضة للمكتبات العربية .

مع الشكر والتقدير .

(التوقيع)

مدير المبيعات والمشتريات

٩. طلب بضاعة (نموذج ٣)

الشركة الوطنيّة للتجهيزات البيتيّة

ص . ب ٢١٢

مسقط – عُمان

التاريخ : ١٩٩٦/٣/١٥ الرقم : ١٧١/م

سعادة المدير العام المحترم

مؤسسة النصر التجارية – وكيلة ناشيونال للاجهزة المنزلية

ص . ب ٨٤

الدوحة – قطر

تحيةً و احتراماً،

بعد الاطلاع على " الكاتالوج " الذي تكرمتم بارساله الينا بناء على طلبنا ، نفيدكم بأننا أُعجِبنا كثيرا بالموديلات الحديثة المختلفة الأحجام والأنواع والألوان . ونظراً لِحاجتنا في الوقت الحاضر لِبَيع وتسويق بعض الأجهزة الواردة في " الكاتالوج " ، نرجوكم تزويدنا بالانواع التالية مع قطع التبديل الخاصة بكل نوع :

النوع	الكمية
ثَلاّجة	٢٠ من مختلف الانواع
عَصّارة	٢٥
مكنَسة كهربائية	١٥
مُجَفِّفَة لِلشعر	٢٠
مِكواة	٥٠
غَسّالَة مَلابس	٢٥
آلة حِلاقَة	٥٠
مَروحَة طاوِلة	٢٠
مُكَيِّف هواء	٢٠
مَدفأة كهربائية	٢٠
مَدفأة غاز	٢٠

واقبلوا الاحترام ،

(التوقيع)

مدير الشركة الوطنية للتجهيزات البيتية

أ. المفردات والعبارات المفيدة

after looking at, after perusing	بَعدَ الاطِّلاعِ عَلَى
you kindly sent	تَكَرَّمتُم بارساله
per our request	بناءً على طلبنا
new models	الموديلات الحديثة
of various sizes, types and colors	المختَلِفَة الأحْجام والأنواع والألوان
spare parts	قِطَع التَبديل (قطع الغيار)

ب. أسئلة عامة

١. كيف سمع مرسل الخطاب بالاجهزة التي تبيعها مؤسسة النصر؟

٢. ما الذي اعجبه في الكاتالوج ؟

٣. هل يذكر سببا لطَلَبه هذا العدد الكبير من البضائع والمنتجات ؟

٤. ما نوع الاجهزة التي يطلبها ؟ كيف تصف هذه الاجهزة ؟

٥. ماذا يطلب مع كل نوع ؟

٦. كيف سيقوم بتسديد قيمة الفاتورة ؟

٧. سمِّ بعض الأجهزة المنزلية الموجودة في بيتكم أو شَقَّتكم ؟

٨. من اين تشتري الأجهزة المنزلية عادة ؟

ج. تدريبات للقراءة والمحادثة

١. استعمال المفردات والتعبيرات المفيدة

– بَعدَ الاطلاعِ على

ما رأيك في هذا الطلب بعد الاطلاع عليه ؟

– الموديلات الحَديثَة

أذكر بعض البلدان المشهورة بانتاج احدث الموديلات من السيارات .

– قطَع غَيار

لماذا تعتبر قطع الغيار هامة ؟

– عَصّارَة

ما انواع العصارات التي تعرفها ؟

– آلَة حِلاقَة

ما نوع آلة الحلاقة التي تستعملها في بيتك ؟

– مُكَيِّف هَوَاء

178

– مُكَيِّف هَواء

متى يستخدم الناس مكيّفات الهواء ؟

٢. ملاءمة

أ) آلات الحلاقة والمكاوي هي	وكيلة شركة ناشيونال في دولة الامارات
ب) مؤسسة النصر التجارية هي	بعد اطلاعه على الكتالوج الذي ارسل اليه
جـ) قام مدير الشركة الوطنية بطلب الاجهزة	الاجهزة التي يطلب اكبر كمية منها
د) اقل كمية مطلوبة من الاجهزة هي	الغيار مع الاجهزة المطلوبة
هـ) يطلب صاحب الخطاب تزويده بقطع	المكانس الكهربائية

٣. مناقشة

أ) أذكر ما تعرفه عن مؤسسة النصر من هذا الطلب

١) مكانها

٢) الشركات الاجنبية التي تمثلها

٣) الموديلات الموجودة لديها

ب) صِف باختصار الطلب الذي قرأته من حيث

١) نوع الأجهزة المطلوبة

٢) كَمّياتها

٣) غير ذلك

د. النشاطات الكتابية

أكتب ردًا على طلب الاجهزة المنزلية الذي ارسله سالم بدران مُتَّبعا النقاط التالية :

١. التاريخ والعنوان
٢. التحية
٣. الشكر والاشارة
٤. بيان الاجهزة المرسلة مع اسعارها
٥. طريقة الشحن والتاريخ
٦. الفاتورة وطريقة دفعها
٧. تحية الختام والتوقيع

هـ. النشاطات الشفوية

ضع طلب البضاعة في هذا الدرس باللغة الانجليزية استعدادا لتقديمه شفويًا في الصف .

١٠. شكوى عن تأخير إرسال بضاعة

الشركة الوطنية للخدمات الالكترونية

ص . ب ٨٢٦٤ عمّـان

ت : ٦٧٣٤٥٢ ، فاكس : ٦٧٣٣٧٠

التاريخ : ١٩٩٦/٤/١٢

الرقم : ٣٤٦/م

السيد المدير المسؤول

المركز العالمي للحاسب الالكتروني

ص . ب ٢٣٥ – الرياض ١١٤٨٤

تحية واحتراماً وبعد ،

نشير إلى طلبنا بتاريخ ١٩٩٥/١١/١٨ بخصوص إرسال ٨ أجهزة كومبيوتر ماكنتوش س ٣٠ مع ٨ أجهزة ليزر رايتر سلكت ٣١٠ . ونظراً لأن الطلبية لم تصلنا حتى الآن فاننا نرجوكم الاسراع في شحنها خلال أسبوع . وفي حالة عدم تمكنكم من ذلك نرجوكم إلغاء الطلب .

مع الاحترام والتقدير .

المخلص

(التوقيع)

مديـر المبيعـات

أ. المفردات والتعبيرات المفيدة

complaint	شكوى – شكاوٍ
delay	تأخير
electronic services	الخدمات الالكترونية
computer	الحاسب الالكتروني
we refer to	نشير إلى
order	الطَلَبِيّة
cancellation	إلغاء

ب. أسئلة عامة

١. مَن أرسل الشكوى ؟ وما وظيفته في الشركة ؟

٢. ما المشكلة بعد قراءتك الرسالة ؟

٣. صف الأجهزة المطلوبة .

٤. ماذا طلب صاحب الشكوى في نهاية الرسالة ؟

٥. ماذا سيكون الرد على الشكوى في رأيك ؟

١١. الردّ على الشكوى

المركز العالمي للحاسب الالكتروني

ص . ب ٢٣٥ – الرياض ١١٤٨٤

ت : ٦٣٨١١٧٣ – فاكس : ٦٣٨٢١٥٤

التاريخ : ١٩٩٦/٤/٢٤

الرقم : ٢١١٦/م

السيد مدير المبيعات

الشركة الوطنيّة للخدمات الالكترونية

ص . ب ٨٢٦٤ عمّـان

تحية وبعد ،

استلمنا خطابكم المؤرّخ في ١٩٩٥/٤/١٢ المتعلق بارسال أجهزة الكومبيوتر والطابعة .

أولاً نعتذر على التأخير وثانياً يؤسفنا أن نعلمكم بأننا لن نتمكن من تلبية الطلب في خلال أسبوع لظروف صعبة تمرّ بها شركتنا .

نرجوكم قبول اعتذارنا ونسأل الله أن نكون عند حُسن ظنكم في المستقبل .

وتفضلوا بقبول فائق الاحترام .

المخلص

(التـوقيـع)

مدير المركز

أ. المفردات والتعبيرات المفيدة

concerning, regarding	المُتَعَلِّق بـ
we apologize	نَعتَذِر
we are sorry to inform you	يُؤسِفنا أن نعلمكم
for difficult circumstances	لظُروف صَعبَة
our company is passing through	تَمرُّ بها شركتنا
trusted by you, in your good opinion	عِندَ حُسن ظَنِّكُم

ب. أسئلة عامة

١. هل كان الردّ بالإيجاب أم النفي ؟

٢. هل توقّعت أن يكون الردّ بهذا الشكل ؟

٣. ما مشكلة المركز العالمي للحاسب الالكتروني ؟

٤. ماذا طلب مدير المركز من مدير المبيعات في الشركة الوطنية للخدمات الالكترونية في آخر رسالته ؟

٥. ما رأيك في الرد على الشكوى ؟

ج. تدريبات للقراءة والمحادثة

١. استعمال المفردات والتعبيرات المفيدة

شكوى
اذكر احدى الشكاوي التي مرّت في حياتك .

الخدمات الالكترونية
سمِّ بعض الشركات التي تتعامل بالخدمات الالكترونية .

إلْغاء
كيف يمكنك إلغاء طلب قدّمته إلى احدى الشركات للعمل فيها ؟

مُتَعَلِّق بـ
أذكر بعض الأمور المتعلقة بالحصول على تأشيرة سفر .

يُؤسِفُني أن
استخدم عبارة " يُؤسِفُني أن " للإعتذار عن عدم حضورك الاجتماع .

ظُروف صَعْبَة
أذكر بعض الظروف الصعبة التي مرّت بها الولايات المتحدة .

185

عندَ حُسْنِ ظنْك

كيف تقول لصديقك بلغتك " إن شاء اللّه أكون عند حسن ظنّك " .

٢. مناقشة

أ) تحدّث عن " المركز العالمي للحاسب الالكتروني "

١) عنوانه

٢) نوع البضاعة التي يتعامل بها

٣) أوضاعه الحالية

ب) لخّص الشكوى التي قدّمتها الشركة الوطنية للخدمات الالكترونية والرد عليها

١) التأخير في ارسال الأجهزة

٢) إلغاء الطلب

٣) إعتذار مدير المركز العالمي للحاسب الالكتروني

د. النشاطات الكتابية

أنت مدير المبيعات في شركة النصر للأجهزة الكهربائية والمنزليّة في مدينة الدوحة بقطر . أكتب رسالة شكوى لممثل شركة " ناشيونال " في القاهرة لعدم ردّهم على طلب شركة النصر بارسال ١٠ مكيّفات هواء و ٨ غسّالات .

هـ. النشاطات الشفوية

أدرس الرد على رسالة الشكوى التالية استعداداً للمناقشة الشفوية في الصف .

مكتبة الشروق
شارع الحجاز – القاهرة
ت : ٢٣١٨ – ٢٧٥ ، فاكس : ٤١١٣ – ٢٧٥

التاريخ : ١٨ / ٦ / ١٩٩٧ **الرقم : ٤٨ / م**

السيد مدير المكتبة العالمية
ص. ب. ٢١٩
عمّان – الأردن

تحية واحتراماً وبعد ،

تسلّمنا شكواكم المؤرّخة ٢٥ / ٥ / ١٩٩٦ بخصوص تأخير شحن الكتب التي طلبتموها. فلقد تأخّرت المطبعة التي نتعامل معها عن تسليمنا جميع الكميّة من الكتب المطلوبة ، ووعدونا ان تصل الشحنة القادمة بعد اسبوع من الآن.

نرجوكم ان تتفهّموا موقفنا تحت هذه الظروف ، مع تقديم اعتذارنا واسفنا لعدم تمكنّنا من تلبية الطلب في حينة.

مع الشكر والتقدير.

المخلص
(التوقيع)
مدير المبيعات

١٢. طلب حجز في فندق _reservation_

جامعة الملك سعود

كلية العلوم الادارية

ص.ب. ٢٤٥٩ – الرياض ١١٤٥١

المملكة العربية السعودية

الرقم ١٣١٥/ق التاريخ : ٢ محرّم ١٤١٥

المواقف : ٢٣ مايو ١٩٩٤

السيد مدير الادارة المحترم

فندق الهلتون

ص.ب. ٢٠٨

القاهرة – جمهورية مصر العربية

السلام عليكم ورحمة الله وبركاته وبعد ،

تقوم كلية الاقتصاد والتجارة بجامعة الملك سعود حاليًا بتنظيم رحلة سياحية الى القاهرة وأسوان . سنصل القاهرة في ١٠ آب (أغسطس) ١٩٩٤ ونبقى فيها ثلاثة أيام .

نرجو التكرّم بحجز ٢٥ غرفة درجة أولى في الفندق لمدّة ٣ ليال تبدأ مساء السبت ١٠ آب (أغسطس) وإفادتنا حالاً حتى نتمكن من إتخاذ الاجراءات المالية لتأكيد الحجز .

مع الشكر والامتنان

(التوقيع)

سكرتير عميد كلية الاقتصاد والتجارة

أ. المفردات والتعبيرات المفيدة

Faculty of Economics and Commerce	كُلِّيَّة الاقتصاد والتجارة
making arrangements for a tour	تنظيم رِحلَة سياحِيَّة
informing us	أفادَتنا
making the financial transactions	اتِّخاذ الإجراءات المالية
to confirm the reservation	لِتأكيد الحَجز
with thanks and gratitude	مع الشكر والامتنان
dean	عميد – عُمَداء

ب. أسئلة عامة (صواب/خطأ) صَحِّح الخطأ

١. كاتب هذه الرسالة هو عميد كلية العلوم الإدارية بجامعة الملك سعود .

٢. موضوع الرسالة حجز غرف في فندق الهلتون بالقاهرة .

٣. سيبقى المشاركون في الرحلة السياحية ثلاثة أيام في مصر .

٤. عدد المشاركين في الرحلة السياحية ٢٥ .

٥. سيتمُّ تأكيد الحجز بعد اتِّخاذ الاجراءات المالية الضرورية .

190

١٣. تلبية طلب الحجز

فندق الهلتون

ميدان التحرير / القاهرة

التاريخ : ١٩٩٤/٥/٢٩

الرقم : ٧/٤٤٦ت

الموضوع : تلبية طلب الحجز

السيد سكرتير عميد كلية الاقتصاد والتجارة المحترم

جامعة الملك سعود – الرياض

ص.ب ٢٤٥٩ الرياض

تحية طيّبة وبعد ،

بالاشارة إلى طلبكم بتاريخ ٢٣ مايو ١٩٩٤ رقم ١٣١٥/م يسرّنا أن نفيدكم بأننا قمنا بحجز ٢٥ غرفة درجة أولى في الفندق ابتداء من ١٠ آب ١٩٩٤ ولغاية ١٣ آب ١٩٩٤ .

نرجوكم تأكيد الحجز بارسال شيك أو حوالة مالية بمبلغ ٥٠٠ جنيه مصري ، واهلاً وسهلاً ومرحباً بكم في مصر ، أمّ الدّنيا .

واقبلوا الاحترام

(التوقيع)

مدير قسم المبيعات

ص.ب ٢٠٨ القاهرة ، ت ٦٨١٢٤٠ ، تليكس ٤١٥١٨ ، فاكس ٦٨١٨١٦

أ. المفردات والتعبيرات المفيدة

بالإشارة إلى	with reference to
حوالة مالية	money order
لغاية	until

ب. أسئلة عامة

١. ما موضوع هذه الرسالة ؟

٢. من كاتبها ؟

٣. أذكر تواريخ الحجز في الفندق .

٤. ما رأيك في بداية الرسالة ونهايتها ؟

جـ. تدريبات للقراءة والمحادثة

١. استعمال المفردات والتعبيرات

اختر أحد الزملاء أو الزميلات في الصف وحاولا معا استخدام التعبيرات التالية في أسئلة وأجوبة .

ا) تنظيم رحلة سياحيّة

ب) اتّخاذ الاجراءات الماليّة

جـ) تاكيد الحجز

د) حوالة ماليّة

هـ) كلية الاقتصاد والتجارة

٢. مناقشة

لخّص طلب الحجز مستعيناً بما يلي :

١) سكرتير عميد كلية الاقتصاد والتجارة

٢) مدير الادارة بفندق الهلتون

٣) رحلة سياحية إلى القاهرة

٤) حجز ٢٥ غرفة

٥) تقديم الشكر

ب) ماذا كان ردّ فندق الهلتون على طلب الحجز ؟

١) الموافقة

٢) تاكيد الحجز

٣) الترحيب

د. النشاطات الكتابية

لقد طلب منك مدير الشركة التي تعمل فيها أن تقوم بحجز ٥ مقاعد درجة أولى على طائرة " السعودية " من واشنطن إلى جدّة . اكتب رسالة أو فاكس لشركة " السعودية " في واشنطن بخصوص الحجز .

هـ. النشاطات الشفوية

أدرس خطاب الحجز التالي والردّ عليه :

شركة الامانة للسياحة

ص. ب. ٢٨

القاهرة – جمهورية مصر العربية

١٩٩٦/٥/١.

حضرة السيد مدير مطعم الهلال المحترم

شارع الثورة – الإسكندرية

بعد التحية ،

نقوم شركة الامانة للسياحة بتنظيم رحلة سياحية إلى الإسكندرية ل ١٠٠ (مائة) سائح أمريكي. ويتضمن برنامج الرحلة تناول الغداء في أحد مطاعم الدرجة الأولى المشهور بتقديم الأطعمة العربية.

نرجو التكرم بإعداد غداء لـ ١٠٠ شخص وذلك يوم الخميس ١٦ يوليه ١٩٩٦ الساعة الثانية بعد الظهر وافادتنا بتأكيد الحجز.

مع الشكر والتقدير .

(التوقيع)

مدير شركة الهلال للسياحة

مطعم الهلال
شارع الثورة – الإسكندرية
جمهورية مصر العربية

١٩٩٦/٥/١٥

حضرة السيد مدير شركة الامانة للسياحة المحترم

أطيب التحيات وبعد ..

استلمنا خطابكم المؤرخ في ١٩٩٦/٥/١٠ بخصوص حجز غداء ل ١٠٠ (مائة) سائح أمريكي بعد الظهر يوم الخميس ٦ يوليه ١٩٩٦ ، و يسعدني ان أعلمكم بأننا قمنا بالحجز حسب طلبكم.

وترحيبا بكم في الإسكندرية فقد قررت إدارة المطعم إعطائكم خصم ١٥٪ وأهلا وسهلا بكم.

مع وافر التقديم والاحترام

(التوقيع)

مدير سان جيوفاني

١٤. مصطلحات تجارية مفيدة

useful *expressions, idioms*

with reference to your order	بالأشارة إلى طلبكم
I enclose herewith	أُرفق طيّه *to accompany*
I should be grateful if you would be kind enough to send me	أكون شاكرا لو تكرّمتم بارسال
kindly send us samples of	الرجاء التكرّم بارسال عينات من *samples* *please*
kindly reply at your earliest convenience	يُرجى الرّد في أقرب وقت ممكن
we acknowledge with thanks and gratitude	تسلّمنا بمزيد الشكر والامتنان
your letter no. ... dated ...	خطابكم رقم ... المؤرخ في ...
price list	قائمة الاسعار
we thank you for your enquiry	نشكركم على استفساركم / استعلامكم
because you have not paid the bill, we shall take legal measures against you	ونظرا لعدم تسديد الحساب سنتّخذ ضدّكم الاجراءات القانونية
enclosed herewith is a statement of your account	مُرفق طيّه بيان بحسابكم
we enclose herewith a bill for	نُرفق طيّه فاتورة بمبلغ
we regret cancelling the order because	يؤسفنا إلغاء الطلب نظرًا
the shipment has not yet arrived	لعدم وصول الشحنة حتى الآن
please inform us about the conditions of payment	الرجاء إعلامنا عن شروط الدفع
please reserve, kindly reserve...	يُرجى التكرّم بحجز
please confirm the reservation and inform us immediately.	الرجاء تأكيد الحجز وإعلامنا فورًا
I am pleased to inform you	يسرّني / يُسعدني احاطتكم علمًا / أفادتكم
we wish to call to your attention	نَوَدّ أن نُلفت انتباهكم / اهتمامكم
we sent you the parcel by registered mail	ارسلنا لكم الطرد بالبريد المسجّل

١٥. نماذج برقيّات / فاكسات تجارية

١. الرجاء شحن ٥٠ سيارة " بويك " بالشروط المتفق عليها .
٢. ارسلوا البضاعة المطلوبة فورًا ، رجاءً .
٣. يرجى ارسال عيّنات من الملابس الرجالية والنسائية المعلن عنها في الكاتالوج .
٤. سيتأخر موعد الشحنة بسبب اضراب العمّال .
٥. يرجى الغاء الطلب الأخير .
٦. وصلتنا البضائع المرسلة وشكرا .
٧. يرجى اعلامنا برقيا عند استلام البضاعة .
٨. لم نستلم البضاعة حتى الآن ، أفيدونا برقيا .
٩. لم تصلنا الحوالة المالية ، نرجو الاجابة فورا .
١٠. نأسف لعدم تمكننا من تلبية طلبكم بالسعر الوارد في برقيتكم .
١١. نوافق على الطلبيّة الخاصّة بشحن السيارات . وسنبدأ بالتنفيذ فورًا .

المفردات والتعبيرات المفيدة

فَوْرًا	immediately
عَيِّنات (جمع عينة)	samples
مَوعِد الشَحْنَة	shipment date
إضراب العُمّال	workers' strike
إلغاء الطَلَب	to cancel the order
بَرقيًا	by telegram, by wire
أفيدونا	inform us
السِّعْر الوارِد	the listed price
التنفيذ	fulfillment

النشاطات الكتابية

اكتب برقيّة مِن شركة الحربي للسيارات في الكويت لشركة سالم الغانم وأولاده على العنوان البرقي ص.ب ٩٨٠ ، أبوظبي تطلب منهم : ارسال ٥ سيارات " مرسيدس " موديل ٥٠٠ و٤ سيارات " تويوتا " موديل " كامري " وأسعارها بالدولار .

الوحدة الخامسة

الحقيبة الاقتصادية والتجارية

١. أخبار قصيرة

٢. فرص تعاون تجاري وصناعي ومشاريع مشتركة

٣. نشاطات تجارية واقتصادية

٤. مقالات تجارية واقتصادية

١. أخبار قصيرة

جاء في تقرير لمنظمة العمل الدولية، أن الدول الافريقية تعاني من أزمة اقتصادية حادة منذ ما يقرب من عقدين مما أثر على معدلات البطالة بها. وقد زادت الديون الخارجية لهذه الدول بنسبة ٢٥٠٪ خلال الفترة من عام ١٩٧٣م إلى عام ١٩٩٢م.

دلة البركة؛ والتي يرأسها رجل الأعمال السعودي صالح عبد الله كامل؛ افتتحت مكتب لعملياتها الاستثمارية في دبي، وهو الأول في دولة الامارات العربية المتحدة، لتمويل المشاريع الانمائية. يذكر أن مجموعة دلة البركة تمتلك ٢٦٠ شركة تجارية وصناعية و٢٢ مصرفاً في ٤٣ دولة. ويدور حجم تعاملاتها المالية والاستثمارية حول ٧ مليار دولار.

ووبي؛ وزيرة التجارة الخارجية والتعاون الاقتصادي بالصين، صرحت أن الصين ستستورد ٣.٥ مليون طن من البترول سنوياً من المملكة العربية السعودية ابتداءً من عام ١٩٩٥م.

زاد حجم التبادل التجاري بين مصر والولايات المتحدة الأمريكية خلال العامين الأخيرين، حيث وصل إلى ٣.٥٦٣ مليار دولار عام ١٩٩٣م مقابل ٣.٥٢٢ مليار دولار عام ١٩٩٢م. كما زادت الصادرات الأمريكية إلى مصر من ٣.٠٨٧ مليار دولار عام ١٩٩٢م إلى ٣.٠٩٧ مليار دولار عام ١٩٩٣م. جاء ذلك في التقرير الاقتصادي الذي أعدته السفارة الأمريكية في القاهرة.

نبه تقرير لمنظمة العمل الدولية ان هناك مشكلة كبيرة تواجه العالم وهي مشكلة البطالة المزمنة. حيث أوضح التقرير أنه مع بداية عام ١٩٩٤م بلغ عدد العاطلين نحو ٣٠٪ من القوى العاملة فى العالم، أي نحو ٨٢٠ مليون شخص. وذلك يعد أسوأ أزمة بطالة عالمية تجتاح العالم منذ أزمة الكساد العالمي في الثلاثينات.

صادرات مصر إلى بريطانيا ارتفعت من ١٣٧ مليون جنيه استرليني عام ١٩٩٢م إلى ١٨٨ مليون جنيه استرليني عام ١٩٩٣م. وقد ذكر جيمس آدامز رئيس الغرفة التجارية المصرية - البريطانية ان الصادرات البريطانية إلى مصر ارتفعت من ٢٥٠ مليون جنيه استرليني (٣٧٥ مليون دولار) عام ١٩٩٢م إلى ٣٣٧ مليون جنيه استرليني (٥١١ مليون دولار) عام ١٩٩٣م.

قدمت الدار السعودية للخدمات الاستشارية بالرياض في الفترة من أواخر ديسمبر وحتى أوائل فبراير الماضيين ١٩٨ فرصة استثمارية بالمملكة العربية السعودية شملت الصناعات الغذائية والكيماوية والبتروكيماوية والهندسية.

ثري من هونج كونج دفع مبلغ ١.٦٧ مليون دولار مقابل الحصول على لوحة سيارة تحمل رقم (٩) الذي يعتقد أنه يجلب الحظ الحسن.

منحت حكومة إمارة دبي في دولة الإمارات العربية المتحدة شركة (ABB) أحد فروع مجموعة ،آسيا براون بوفري، السويسرية للهندسة الكهربائية عقداً قيمته ٨١ مليون دولار لتطوير توربين للغاز بمحطة E للطاقة بدبي.

- بلغت أرباح شركة ،جنرال الكتريك، الأمريكية بنهاية عام ١٩٩٣م ١٨.٠٨ مليار دولار.

- بلغت ودائع الدول العربية لدى مؤسسات مصرف التسويات الدولية ١٨١ مليار دولار بنهاية عام ١٩٩٣م.

من : عالم الاقتصاد ، العدد (٢٨) ، ١٩٩٤م

الغرفة
تشرح مزايا الاستثمار
في عجمان لوفد بريطاني زائر

بحث محمد بن عبدالله الحمراني
مدير عام غرفة تجارة وصناعة عجمان
مع السيد "كين اندرو" رئيس وفد رابطة
المصدرين في جنوب انجلترا سبل تعزيز
وتنمية العلاقات التجارية والاقتصادية بين
البلدين، حيث اكد مدير عام الغرفة خلال
الاجتماع الذي حضره السيد "رون
هوليز" مدير اللجنة المختصة بالتجارة في
الشرق الاوسط والسيد "فيشر" السكرتير

الاول التجاري في السفارة البريطانية في
دبي على ان المناخ الاقتصادي الذي
توفره القوانين التجارية في الامارات
يعتبر بيئة مناسبة لاستقطاب رؤوس
الاموال لاقامة المشاريع الصناعية وجذب
الخبرات في مختلف المجالات التجارية
والمالية.

كما قدم مدير عام الغرفة للوفد الزائر
شرحا مفصلا عن التسهيلات والمزايا

التي تقدمها حكومة عجمان من خلال
الدوائر المحلية للمصانع والشركات
التجارية العاملة في الامارة.

من جانبه اشاد رئيس الوفد
البريطاني بالعلاقات التي تربط بلاده مع
دولة الامارات في مختلف المجالات مشيرا
الى ان موقع الامارات الاستراتيجي جعل
منها مركزا اقليميا لاعادة التصدير الى
اسواق الشرق الاوسط.

من : عالم الاقتصاد ، العدد (٢٨) ، ١٩٤٤م

ب.المفردات والتعبيرات الأساسية

World Labor Organization	مُنَظّمَة العَمل الدوليّة
suffers from	تُعاني مِن ؛ مُعاناة
severe economic crisis	أزْمَة اقتصاديّة حادّة
average unemployment	مُعدّلات البَطالَة
foreign debts	دُيون خارجيّة
name of a Saudi investment incorporation	دلّة البَرَكة
volume of financial operations	حَجم التعامُل المالي
billion, billions	مليار، مِليارات
facing; in return for	مُقابل
to warn, caution	نَبّه ، يُنَبِّهُ ، تَنبيه
chronic unemployment problem	مُشكلة البطالَة المُزمنَة
the world recession crisis	أزْمَة الكَساد العالمي
Chamber of Commerce	الغُرفَة التجاريّة
Saudi House for Consulting Services	الدار السعوديّة لِلخَدمات الاستِشاريّة
rich, wealthy	ثَري – أثْرياء
license plate	لَوحة سَيَّارَة
will bring good fortune	يَجلِب الحظّ الحَسَن
the profits reached	بلَغَت الأرباح
deposits	وَدائِع (جمع : وديعة)
International Equalization Bank	مَصرف التسويات الدوليّة
Ajman (one of the seven emirates in the United Arab Emirates)	عَجْمان
League of Exporters	رابطة المصدّرين
ways, means	سُبُل (جمع : سبيل)
to polarize investment	لاستِقْطاب رؤوس الأموال
he praised the ties	أشاد بالعلاقات
regional center	مركز إقليمي

جـ. أسئلة عامّة

١. ما هو السبب الرئيسي في زيادة الديون الخارجية للدول الأفريقية ؟ وما هي نسبة الزيادة ؟

٢. ماذا تعرف عن مجموعة " دَلّة البركة " وما هو الغرض الأساسي من انشائها ؟

٣. ماذا فهمت من تصريح " ووبي " وزيرة التجارة الخارجية بالصين ؟
٤. علام يشتمل التقرير الاقتصادي الذي اعدّته السفارة الأمريكية في القاهرة ؟
٥. ما هي المشكلة الكبيرة التي نبّه اليها تقرير منظمة العمل الدولية ؟
٦. ماذا تعرف عن الصادرات بين مصر وبريطانيا في عام ١٩٩٣ حسب تصريح رئيس الغرفة التجارية المصرية – البريطانية ؟
٧. أذكر أهم الأعمال التي قامت وتقوم بها الدار السعودية للخدمات الاستشاريّة بالرياض ؟
٨. ما رأيك بالعمل الذي قام به الرجل الثريّ من هونج كونج ؟
٩. ما موضوع الخبر الصادر عن حكومة إمارة دبي ؟
١٠. تحدّث عن أرباح شركة " جنرال الكتريك الأمريكية : وودائع الدول العربية كما جاء في الخبرين الأخيرين في الصفحة الأولى من الأخبار .
١١. ماذا تمّ في الاجتماع بين مدير عام غرفة تجارة وصناعة عجمان ورئيس وفد رابطة المصدّرين في جنوب انجلترا ؟
١٢. أذكر بعض المزايا التي تقدّمها حكومة عجمان لتشجيع إقامة المشاريع الصناعية في إمارة عجمان .

د. تدريبات محادثة وقراءة

١. اختر أحد الزملاء أو الزميلات في الصف لاستخدام التعبيرات التالية في أسئلة وأجوبة :

أ) منظّمة العمل الدولية
ب) ديون خارجية
جـ) الغرفة التجاريّة
د) لوحة سيّارة
هـ) يجلب الحظّ الحسن
و) استقطاب رؤوس الأموال

٢. قراءة الأخبار والإجابة عن أسئلة الدارسين

هـ. النشاطات الكتابية

اختر ثلاثة من الأخبار التجارية والاقتصادية في هذا الدرس لترجمتها إلى اللغة الانكليزية .

و. النشاطات الشفوية

اقرأ الأخبار الاقتصادية والتجارية التالية استعداداً لمناقشتها في الصف .

يقال إن

■ يقال إن بعض دول الخليج منعت استيراد بعض أنواع السمن النباتي.. والمصنع في بعض الدول الآسيوية!!

ويقال إن أسباب المنع عائدة إلى أن طرق تصنيع هذا المنتج تؤثر على بعض صفاته الفيزيائية - والكيميائية.. والتي بدورها تسبب بعض المشاكل الصحية؟!!

قرأت

■ قرأت ان التبغ (الدخان) يقتل ٣ ملايين شخص على الأقل في أنحاء العالم كل عام.. ويتسبب التدخين في ٩٠٪ من الوفيات نتيجة للاصابة بسرطان الرئة و٣٠٪ من جميع أنواع السرطانات وما يزيد على ٨٠٪ من الالتهاب الشعبي الحاد وانتفاخ الرئة، وما بين ٢٠ - ٢٥٪ من أمراض الشريان التاجي بالقلب والسكتة القلبية، وتتراوح آثار التدخين الضارة على الحمل بين نقص وزن المواليد والاجهاض المفاجيء والولادة المبكرة وولادة جنين ميت كما ان له آثارا بعيدة المدى على الأطفال من حيث النمو البدني والذهني.

سمعت

■ سمعت: ان وكالات السيارات تفرض رسوماً اجبارية على طالبي «التسعيرة» بمعنى ان الوكالة لا تمنح قائمة بأسعار بعض القطع المطلوبة لتقديمها «للمرور» دون فرض رسوم.. السؤال.. الى متى يستمر مسلسل التلاعب من الوكالات دون أدنى عقاب يذكر؟.

رأيت

■ رأيت في أحد أسواق الخضار والفاكهة ذات يوم فرار عدد كبير من الباعة.. وبعضهم ترك المكان الذي يقف به!!

وعندما تساءل الجميع لماذا؟ ماذا حصل؟! لماذا الهروب الجماعي؟

جاءت الاجابة «بلدية».. بلدية.. وظل عدد من المتسوقين الذين ارتبطوا مع هذا العامل أو ذاك في انتظار عودته!

وبعد دقائق.. وإذا بشخص يقبل على (السوق) وتبين من خلال الانظار الموجهة اليه انه مندوب (البلدية)..

كم نتمنى ان تختفي هذه الأساليب! وان تكون الرقابة فجائية! وعبر مراقبين عدة حتى لا يُعرف المراقب!!

أربعون ألف دولار ثمن ثوب بطلة «ذهب مع الريح»

لوس انجليس (الولايات المتحدة) - أ.ف.ب:

■ تم بيع ثوب ارتدته فيفيان لي في فيلم «ذهب مع الريح» بمبلغ ٤٠٢٥٠ دولارا وذلك في مزاد علني لبيع تذكارات هوليوود جلب اجمالا مبلغ ٣١٧ الف دولار.

كما بيع ثوب «جين» رفيقة طرزان الذي ارتدته مورين اوسوليفان في فيلم «طرزان» بمبلغ ١٠٩٢٥ دولارا.. وبيع مضرب بيسبول استخدمه روبرت ريدفورد في فيلم «ذي ناتيورال» بمبلغ ٥٤٦٢ دولارا.

وبيع ايضاً في المزاد اوسكار افضل دور ثان للرجال منح لتشارلز كوبورن سنة ١٩٤٣ بمبلغ ١٤٩٥٠ دولارا.

مبلغ كبير يبحث عن صاحبه

■ عثر إمام جامع الأمير عبدالله بن عبدالعزيز على مبلغ كبير من المال بعد أداء صلاة عيد الاضحى المبارك من العام الماضي، وقد تم توزيع نشرات في أرجاء الجامع تفيد بوجود المبلغ. وقال إمام الجامع الشيخ سعيد بن راشد اليمني انه منذ ذلك الوقت لم يسأل أحد عن المبلغ رغم حجمه الكبير وانه يوجد لدي مضيفاً أنه يتمنى أن يقرأ صاحب المبلغ هذا الخبر ومن ثم يراجعه لاستلامه.

يبحث توسيع التبادل التجاري بين البلدين
حث رجال الأعمال الكنديين على الاستثمار في سورية

قام وفد تجاري من مجلس الأعمال الكندي العربي برئاسة السيد لامبرت توبين، رئيس المجلس بزيارة غرفة تجارة دمشق الساعة الثانية عشرة من ظهر يوم الثلاثاء الواقع في ١٩٩٤/١/١٨ والاجتماع بالسادة نائب رئيس وأعضاء مجلس إدارة الغرفة وحضور سعادة السفير الكندي بدمشق السيد جون ماكني.

ورحب السيد بديع فلاحة نائب رئيس غرفة تجارة دمشق بالوفد الكندي الضيف وعلى رأسه السيد سفير كندا في دمشق، ونوه بأن السيد السفير يرغب في توطيد وتعزيز العلاقات السياسية والتجارية بين البلدين.

وأجاب السيد السفير منوهاً بأهمية وفد مجلس الأعمال الكندي العربي، وقال أن هذا المجلس هدفه تقوية وتوسيع العلاقات مع الوطن العربي، وأعضاء الوفد يمثلون جل القطاعات الكندية من الصناعيين ورجال الأعمال، وقد تأسس المجلس في عام ٨٣ من رجال الأعمال الذين لهم صلة بالوطن العربي.

ثم قدم كل من أعضاء الوفد الكندي نفسه مع لمحة عن أعمال الشركة أو المؤسسة التي يمثلها وهم: لامبرت توبين رئيس شركة للخدمات القانونية، اتكنسن ممثل شركة للاستشارات والتمويل، محمد خير الزيبق ممثل الشركة الكندية للتسويق، محمد عزام ممثل شركة ب ان ب ناشيونال لتصدير الورق، بسام نحاس ممثل شركة لصناعة الألومنيوم، نيكسون ممثل شركة لمعدات المشافي، رياض سمعان، سيمون كويمت، ليلى غريفوري، ا.ل. وهبة، طريف قربي.

وعقب السيد نائب رئيس الغرفة على أقوال الوفد قائلاً: إن الميزان التجاري بين البلدين لصالح كندا، والرقم الذي سجلته الصادرات السورية إلى كندا متواضع جداً وتمنى أن تتطور هذه العلاقات إلى المستوى المطلوب. كما طالب بتسهيل منح تأشيرات الدخول للسوريين إلى كندا.

وقال الدكتور عبد الرحمن العطار إن زيارة الوفد جاءت في الوقت المناسب لسورية التي تعيش مرحلة من الانفتاح الاقتصادي، ولديها مجالات كثيرة للعمل كالنفط والكهرباء، أما في مجال التجارة فإن من الأفضل إيجاد وكلاء سوريين مختصين للعمل في كل قطاع حسب اختصاصاتهم، وأعرب عن طموحه لتعزيز العلاقات الاقتصادية بين البلدين.

وأشار السيد بهاء الدين حسن عضو مجلس الادارة إلى فرص الاستثمار الهامة في سورية، وحثَّ رجال الأعمال الكنديين على الاستفادة من مزايا قانون الاستثمار السوري الذي يسمح لكل مواطن وكل أجنبي بإقامة مشروع استثماري في سورية منفرداً ودون شريك والتصرف بأرباحه بحرية كاملة، مع الاعفاء التام من الضرائب والرسوم عدة سنوات، وأكد أن الاستثمار في سورية يتمتع بربحية عالية.

واقترح السيد برهان عودة زيادة الاستيراد الكندي من سورية مؤكداً تقدم صناعات النسج والألبسة والكيماويات السورية وجودة إنتاجها الذي يصدر إلى الأسواق الأوروبية، وأكد أهمية أن يكون بين أعضاء الوفد ممثلو شركات استيراد لتكون العلاقات التجارية على خطين أحدهما للتصدير والآخر للاستيراد ليزداد حجم التبادل بين البلدين.

وأكد السيد بديع فلاحة أن صناعة النسيج متقدمة جداً في سورية وتستطيع تصدير المنسوجات القطنية الجيدة إلى كندا، غير أن قوانين جديدة صدرت في كندا تحدد البضائع المستوردة ضمن كوتا. وقد حددت حصة سورية بـ ٧٥ ألف دولار.

٢. فرص تعاون تجاري وصناعي ومشاريع مشتركة

تعاون تجاري وصناعي ومشاريع مشتركة

* شركة فرنسية ترغب في تعيين وكيل لها في الاردن لتسويق اشباه الموصلات (Semi - Conductors).
Philippe Cochetel
Texas Instruments - France
Bp 67 78141 Velizy
Villacoublay
Tlx: Texas 6798707 F

* تلقت غرفة صناعة عمان دليل المشتري «مس» ١٩٩٠ ـ ١٩٩٢ ويشمل الدليل اسماء وعناوين مصنعي المعادن في تركيا بمختلف انواعها.
مكتبة غرفة صناعة عمان.

* تلقت غرفة صناعة عمان من القسم التجاري في السفارة الامريكية كتاب نظام الاستيراد في الولايات المتحدة الامريكية (Importing into United States) ويشتمل الكتاب على الانظمة الجمركية والتجارية السارية في الولايات المتحدة الامريكية.
مكتبة غرفة صناعة عمان

* وصل مكتبة غرفة صناعة عمان كتيب عن وضع الصناعات الصغيرة في كوريا (The Status of Small Business in korea). والصادر عن الاتحاد الكوري للصناعات الصغيرة.
مكتبة غرفة صناعة عمان.

* شركة المانية ترغب باستيراد المواد التالية من الاردن:ـ زيت الزيتون، الاسمنت، البوتاس، الفوسفات، الورق، السجاير.
Cottfried Kiefl
Import - Export GMBH
BRD - 8491, Pemfling
Telefax (09971) 40182
Telefon (09971) 2348

* شركة المانية تنتج مكائن التعبئة وتصنيع المواد الغذائية ترغب بالتعاون مع المصانع الاردنية في هذا المجال.
Messrs
Coutinho, Caro and CO
Remscheid Gmbh
P.O.Box 100261
D / 5630 Remscheid
F.R of GERMANY

استعلامات ـ عروض ـ مؤتمرات ـ معارض

استعلامات وعروض

* ترغب شركة ايطالية باقامة مشاريع مشتركة او تقديم المعرفة في المجالات الصحية والمختبرات والبيئة وتنقية المياه والصرف الصحي وحفظ الطاقة والصناعات الزراعية.
INTERNATIONAL DEV. BUSINESS
GALLERIA PASSARELLA, 2
20122 MILANO
ITALY
FAX 0039. Z. 76000167

* شركة المانية ترغب بتقديم المعرفة الفنية لاقامة مشاريع متكاملة في الصناعات الدوائية والاجهزة والمعدات الصحية.
L.G. ELCHE
EXPORT PROMOTION
SENICES
CHOPIN STR. 7
800 MUNCHEN 69
F. R. OF GERMANY
FAX (089) 8344150

* شركة بريطانية لديها الرغبة في تصدير منتجات الحديد والصلب واقامة علاقات تعاون مع الشركات والمؤسسات الاردنية.
BOCAM LTD
7 ROEBUCK HOUSE
PALACE STR.
LONDON SWIE S B A
ENGLAND

* شركة بريطانية للتصدير والاستيراد موردة للمنتجات والاجهزة الطبية والمكتبية تريد تصدير منتجات هذه الاجهزة واستيراد المنتجات الاردنية المختلفة.
M.A. JABBAR
IMPORT / EXPORT QYENT
105 LONSDALE STR.
BRAD FORD
WEST YORKSHIRE BD3 OAP
ENGLAND

* شركة المانية تعمل في مجال انتاج معدات النجارة والتجليخ ترغب في التعامل مع المؤسسات والشركات الاردنية المهتمة.
Messrs Stehle Gmbh and Co.
Postfach 1865
D / 8940 Memmingen 1
West Germany

* شركة سويسرية تعمل في مجال انتاج معدات البناء الخفيفة ترغب باقامة مشروع مشترك أو ترخيص شركة مع الاردن.
ADS Holding AG
Grossmatt 6
CH - 6052 Hergiswil
SWITZERLAND

* شركة من تايوان ترغب في تصدير خيوط البوليستر للاستعمال الصناعي والمنزلي.
Crown - Winn Enterprises Co. Ltd.,
26 - 321 Taipei (10674)
Taiwan

مِن : رسالة الصناعة ، عدد : ٢٤٤ ، ١٩٩١م

فرص تعاون صناعي ومشاريع مشتركة

تود غرفة صناعة عمان ان تلفت انتباه السادة اصحاب الشركات والمؤسسات الصناعية الى انها غير مسؤولة عن النتائج المترتبة عن هذه الاعلانات، ويجب ان يطلب الصناعيون ايضاحات عن السمعة الادبية والمالية لهذه الشركات والمصانع قبل التعاقد معها.

شركة بريطانية: تود تصدير صفائح الزنك الى الأردن، على من يهمه الأمر الاتصال بالعنوان التالي:-

Hazel Import Export Ltd.
201 Newport Road
Leyton London E10 6PF
England

شركة تجارية كندية: تسعى الى توسيع علاقاتها التجارية مع الأردن، وترغب باستيراد مختلف انواع البضائع، على من يرغب بالتصدير الاتصال مباشرة مع الشركة.

Hadleigh Marketing Corp
M.P.O. Box 2044 Vancouver
B.C. V6B 3R6. Canada
Zurich
Tlx: 04-508818

شركة تايوانية: مصنعة ومصدرة لمختلف انواع المنتجات الطبية كالابر، والقفازات الجراحية، وغيرها كما ان لديها الامكانية في تزويد المصانع الطبية بالخبرة ونقل المعرفة التقنية في هذا المجال، تود الاتصال بمصانع المواد الطبية والأدوية في الأردن.

Taiwan Disposable Products Corp
P.O. BOX 55-907 Taipei
Taiwan. china
TLX: 23359 Ttcinc

شركة تجارية من بنغلاديش: ترغب باستيراد مواد كيماوية من الأردن، على من يهمه الأمر من مصنعي مثل هذه المواد الاتصال بالعنوان التالي:-

Bauer International
56-57 Motijheel Commercial Ares. Shareif
Mansion (Top Floor) Dhaka-2 Bangaladesh
P.O.BOX GO3373
TLX: 642567 ABL BJ

شركة ايطالية: هدفها تشجيع التبادل التجاري بين ايطاليا وبقية الدول. ترغب بالتعرف على الشركات الأردنية المهتمة في الاستيراد من او التصدير الى ايطاليا.

Compagnie Internationale Pour LE Barter
VIA G. Jervis 77. 10015 Iurea (Torino)
Italy TLX: 210176 Seco I

شركة صناعية تونسية: تعمل في مجال صناعة ال CORN FLAKES ترغب باستيراد المواد الخام المستعملة في هذه الصناعة مثل زيت الفستق، مستخلصات الشعير النقي السائل، البروبالين، الكرتون الأشرطة اللاصقة وغيرها.

Al-Shurooq Foods Industry Co. Ltd
Hay Al-Wahda. Mahala 902.
Zokak 27. No. 17.
Baghdad. Iraq

شركة امريكية: تعمل في مجال تقديم الخدمات للمشاريع الصناعية من خدمات ادارية، وتخطيطية، وهندسية، وتزويد معدات، وصيانة... الخ.

Plant Engineering International
44 Coach Road Cheraw. South Caroline
29529 U.S.A.

اسم الجهة	السلع المطلوبة
محلات الخير **صاحبها: عبد الملك يحيى حنش** تلفون: ٠٥/١٥٢٨٥ خمر ٢٣٥٠٥٩ ـ صنعاء ص . ب: ٣٠٠٧٠ صنعاء	ـ منتجات علاجية ـ ادوية بشرية وبيطرية
مخازن بلقيس للأدوية **المسؤول: سالم عبدالله صالح باماج** تلفون: ٢٧٢٢٧٤ ص . ب: ٣٠٥ تلكس: ٢٦٧٣ صنعاء	ـ منتجات علاجية: ادوية بشرية وبيطرية ـ اسمدة ـ زيوت معدنية ـ مواد اولية ووسيطة كيماوية ـ منظفات كيماوية ومشتقاتها
ياسين عبده سالم تلفون: ٢١٧٥١٢ ص . ب: ٣١٢٧ تلكس: ٥٥٣٦ الحديدة.	ـ حديد التسليح والبناء ـ بلاط ـ رخام طبيعي وصناعي ـ انابيب فولاذية (المطلوب بـ ٢٠٠ر٠٠٠ دولار)
معرض العيسائي **لصاحبه: صالح ثابت العيسائي** تلفون: ٢٧٢٥٢٨ ص . ب: ١٥٤٠ صنعاء ـ شارع الزبيري	ـ منتجات الصناعات الهندسية، معدنية وكهربائية بمختلف انواعها.
مؤسسة جمعان للتجارة والصناعة **المسؤول: محمد احمد جمعان** تلفون: ٢٧٢٢٣٣، ٢٧٢٢٣٤، ٢٧٢٢٣٢ ص . ب: ٢١٣ تلكس: ٢٢٥٥ صنعاء ـ شارع علي عبد الغني	ـ ادوية بيطرية ـ اسلاك وكيبلات كهربائية

اسم الجهة	السلع المطلوبة والخدمات
محمد محمد العزيزي تلفون: ٢٤٥١٦٦ ص . ب: ١٦٩١٢ صنعاء ـ شارع تعز ـ حديقة الصفاء	ـ منتجات علاجية: ادوية بشرية وبيطرية
مركز الشرق المحدود **المسؤول: هاشم محمد طالب** تلفون: ٢٢٣٥٥٥ ص . ب: ٧٧٨ تلكس: ٢٨٢٦ صنعاء ـ شارع المطار	ـ مطلوب مشارك لصناعة الأثاث والديكور
الفاروق للتجارة **لصاحبها: فاروق الحروي** تلفون: ٢٤٧٩٧٣ ص . ب: ١٣٧٢ صنعاء.	ـ منتجات الاثاث والمطابخ والأبواب الخشبية والمعدنية.
غالب يحيى نزار تلفون: ٢٧٢٥٥٥، ٢٧٢٢٣٣، ٢٤٤٨٨٨ ص . ب: ٢٦٧٥ صنعاء ـ شارع تعز	ـ بلاط ـ رخام طبيعي وصناعي ـ انابيب وانظمة ري بالتنقيط
مصنع الأهدل **لصاحبة: هاشم صادق الأهدل** تلفون: صنعاء : ٢٣٩٣٤٦ تعز : ٢٢٦٠١٨ الحديدة: ٢١٠٦٠٦ تلكس: الحديدة: ٥٥٥٦ تعز ـ شارع عصفرة	ـ جميع انواع منتجات الصناعات الغذائية والتموينية.
مؤسسة الجيل للتجارة **المسؤول: محمد سالم علي الزغير** تلفون: ٧٦٣٨٧ ص . ب: ٢٤٣٤ تلكس: ٢٤٤١ ـ الخير صنعاء.	ـ حديد التسليح والبناء ـ الاسمنت ـ جميع منتجات الطباعة والورق واللوازم المكتبية

ا. المفردات والتعبيرات الأساسية

١. تعاون تجاري و صناعي و مشاريع مشتركة

وَكيل - وُكلاء	agent, representative
دَليل المُشتَري	buyer's guide
الأنظمَة الجُمْرُكِيّة	custom laws
سارٍ	in force, valid
مَكائِن التَعْبِئَة	bottling machines, packing machines

٢. استعلامات، عُروض، مُؤتمرات، معارض

عُروض (جمع عَرض)	offers, tenders
معارِض (جَمع مَعرض)	exhibitions, shows
تَنْقية المِياه	water purification
الصرَّف الصّحي	sanitary drainage
الصناعات الدَوائية	curative industries
الصلُب	steel
النِّجارَة	carpenting
التَجْليخ	sharpening, honing

٣. فرص تعاون صناعي و مشاريع مشتركة

تُلْفت إنْتِباه	to draw the attention
مُتَرَتِّبة عَن	resulting from; based on
سُمْعة أدبية ومالية	ethical and financial reputation
صفائح الزنك	zinc sheets
مُصَنِّع و مُصَدِّر	manufacturer and exporter
إبَر (جمع إبْرة)	needles; pins
قَفّازات جراحيّة	surgical gloves
زَيت الفُستُق	pistachio oil
مُستَخلصات الشَعير	barley extracts
أشرِطة لاصِقَة	band aid

٤. أسواق و تصدير

مُنْتَجات علاجيّة	therapeutic products
أدوية بَشَرية	human medicine
بَيطَري	veterinary
أسْمِدة	fertilizers

mineral oils	زُيوت مَعْدَنِيّة
raw material	مَواد أوّلِيّة
chemical cleaners	مُنَظِّفات كيماوِيّة
reinforcement iron	حَديد التسليح
floor tiles	بَلاط
natural marble	رُخام طَبيعي
irrigation	رَيّ

ب. تدريبات محادثة و قراءة

١. استخدم التعبيرات التالية في مواقف حوار مع بعض الزملاء أو الزميلات في الصف.

ا) سُمعة ادبية ومالية

ب) قَفّازات جراحية

حـ) الانظمة الجمركية

د) مَعارض

هـ) مُنْتَجات علاجيّة

و) أدوية بَشَرِيَة وبيطرية

ز) رُخام طبيعي

حـ) زُيوت مَعدَنية

ط) مكائن التعبئة

٢. قراءة الاعلانات و العروض و الاجابة عن اسئلة الدارسين

جـ. النشاطات الكتابية والشفوية

١. اكتب باخْتِصار عن الأعمال التي تقوم بها الشركات التالية استعداداً لمناقشتها شفوياً في الصف.

ا) فرص تعاون صناعي ومشاريع مشتركة

الشركة	الاعمال التي تقوم بها
الشركة البريطانية	تصدير صفائح الزنك
الشركة التجارية الكندية	
الشركة التايوانية	
الشركة التجارية البنغلاديشية	
الشركة الايطالية	
الشركة الصناعية التونسية	
الشركة الأمريكية	

ب) تعاون تجاري و صناعي ومشاريع مشتَرَكَة

الشركة الفرنسية

الاتّحاد الكوري للصناعات

الشركة الألمانية Messers

حـ) استعلامات و عروض

الشركة الإيطالية

الشركة الألمانية

الشركة البريطانية للتصدير

الشركة السويسريّة

الشركة التايوانية

د) أسواق التصدير

محلاّت الخير

مخازن بلقيس

معرض العيسائي

مؤسّسة جمعان

مركز الشرق المحدود

مصنع الأهدل

مُؤسّسة الجيل للتجارة

٢. اِختر اعلانين من اعلانات الاستيراد والتصدير والمعارض التالية استعداداً للتحدث عنها شفوياً في الصف

WORLD WIDE ENTERPRISES ,
5365 RHEA AVENUE ,
TARZANA , CA 91356 ,
U.S.A.

٢٤٦٠

● يرغبون باقامة علاقات تجارية متبادلة مع الشركات التي تتعامل بالمنتجات التالية :-

- مواد خام ، (مواد كيماوية ومعادن) .
- مستلزمات بناء .
- منتجات طبية وصيدلانية .
- الآت ومعدات .
- اجهزة الكترونية واجهزة اتصالات .
- منتجات اخرى متنوعة .
- استشارات دولية في مجال منح القروض .

كذلك يرغبون بالتعامل مع وكلاء بيع وشراء .

VICE PRESIDENT (MARKETING) ,
FIVE STARS INTERNATIONAL TRADERS COMPANY ,
P.O. BOX 738 ,
FULLERTON , CALIFORNIA 92632,
U.S.A.

٦٤٦٢

● منتجات صيدلانية وطبية واجهزة خاصة للمعالجة السنية .

- مستلزمات البناء .
- اجهزة ومعدات ثقيلة .
- اجهزة اتصالات ، واجهزة الكترونية .
- كيماويات ومواد خام .
- بضائع عامة متنوعة وبخاصة الجديده منها .

كذلك يرغبون بالتعامل مع وكلاء بيع وشراء محليين .

MARKETING DIRECTOR ,
AMRON INTERNATIONAL , INC. ,
P.O. BOX 1285 ,
UPLAND , CALIFORNIA 91786 ,
U.S.A.

٦٨٠٦

● مواد خام وتشمل كيماويات ، معادن ، خردوات .

- مستلزمات البناء .
- منتجات صيدلانية وطبية .
- الآت واجهزة .
- اجهزة اتصالات واجهزة الكترونية .
- بضائع عامة وخاصة الحديثة منها .

كذلك يرغبون بالتعامل مع وكلاء بيع وشراء .

EXECUTIVE DIRECTOR ,
BAJKA INTERNATIONAL TRADING, INC. ,
1920 NICE DRIVE , UNITE 208 ,
CORONA , CALIFORNIA 91720 ,
U.S.A.

٦٧٤٤

● يرغبون باقامة علاقات تجارية متبادلة ضمن مختلف المجالات .

EXECUTIVE DIRECTOR ,
B.T. INTERNATIONAL ,
P.O. BOX 37632 ,
CINCINNATI , OHIO 45222 ,
U.S.A.

٢٧٢٧

● يرغبون باقامة علاقات تجارية متبادلة مع الشركات التي تتعامل بالمنتجات التالية :

- مواد خام (مواد كيماوية ، معادن) .
- مستلزمات ومواد بناء .
- منتجات بيئية .
- منتجات طبية وصيدلانية .
- الآت واجهزة .
- اجهزة الكترونية واجهزة اتصالات .
- وبضائع اخرى متنوعة .

كذلك يرغبون بالتعامل مع وكلاء بيع وشراء .

DIRECTOR ,

معارض

المانيا

٢٨٤

● معارض كولون / المانيا
KALN TRADE FAIRO CERO
CERMANY 94

ستقام في مدينة كولون / المانيا المعارض التالية :-

- المعرض الدولي لاجهزة ومعدات اعادة تدوير المواد التالفة في مجال الصناعة ومواد البناء والبيئة / انتسورغا ١٧-١٩٩٤/٥/٢١ .

لمزيد من المعلومات يرجى الاتصال بمؤسسة المهند للتنمية والتجارة
KOLN MESSE
هاتف : ٦٩٤٤٣٦ - ٦٩٢٩٤٧
فاكس : ٦٩٢٩٤٧

٦٥٣٢

● معرض برلين الدولي ١٩٩٤ وسيقام خلال الفترة ٨-١٩٩٤/٦/١١ . سيكون التركيز في هذا المعرض على المنتجات النسيجية والبضائع الجلدية والادوات المنزلية والاثاث والهدايا .

للاتصال والاستفسار يرجى مراسلة منظمي المعرض .

M/S. GESELLSCHAFT FUER TECHNISCHE ZUSAMMENARBEIT,
DAG - HAMMERSKJOELD - WEG 1-5,
65760 ESCHBORN 1,
FEDERAL REPUBLIC OF GERMANY.

الامارات العربية

٧٢٦٥

● المعرض العربي الدولي لصناعة البلاستيك .

سيقام في دبي / الامارات العربية المتحدة خلال الفترة من ١١/٢٧ - ٩٤/١٢/١ .

لمزيد من المعلومات يرجى مراجعة السيد عبد اللطيف البواب ،
القنصل العام ،
القنصلية العامة للمملكة الاردنية الهاشمية - دبي ،
ص.ب ٢٧٨٧ ، دبي ،
الامارات العربية المتحدة

ايران

٥٥٠

● سيقام المعرض التجاري الاسلامي الخامس في طهران خلال الفترة ١٦-١٩٩٤/٧/٢٠ والدعوة موجهة الى كافة التجار الاردنيين للمشاركة في هذه الفعالية الاقتصادية .

ولمزيد من المعلومات يرجى مراجعة مكتبة غرفة تجارة عمان او الاتصال بادارة المعرض على العنوان التالي :

طهران - تجريش - ص.ب ١١٢٨
هاتف : ٢١٩١١
فاكس : ٢٩٢٨٥٨

البحرين

٦٥٧٥

● سيقام معرض الشرق الاوسط لتكنولوجيا المعلومات انفوتك ٩٤ .
بمركز البحرين الدولي للمعارض في الفترة ما بين ٣٠ ايار - ٢ حزيران ١٩٩٤ .

على الراغبين بالحصول على المعلومات عن كيفية الاشتراك مراجعة مكتبة غرفة تجارة عمان او الاتصال بـ.

SALES MANAGER,
ARABIAN EXHIBITION MANAGEMENT WLL,
P.O. BOX 20200,
MANAMA - BAHRAIN.

البرازيل

● " المعرض الدولي الصناعي الثالث لشمال بارانا " سيقام خلال الفترة ٢٤ الى ٢٩ / ايار ١٩٩٤ .
وسيشارك في هذا المعرض قطاعات

٣. تَرجم اعلانين من الاعلانات التي قراءتها في هذا الدرس او صَمّم اعلانين باللغة العربية شبيهين بها.

٣. نشاطات تجارية واقتصادية

٩,٧ مليارات جنيه استثمارات سعودية في مصر حتى يونيو الماضي

القاهرة ـ مكتب «الرياض» ـ محمود عبدالباري:

■ ثمن الدكتور ابراهيم فوزي رئيس الجهاز التنفيذي للهيئة العامة للاستثمار المصرية العلاقات الاقتصادية التي تربط المملكة العربية السعودية وجمهورية مصر العربية، مؤكدا انها تعتبر نموذجا للعلاقات بين الدول العربية خاصة في المجالات الاستثمارية والتبادل التجاري بين البلدين.

واشار في تصريحات لـ «الرياض» الى عمق العلاقات التي تربط البلدين في شتى المجالات خاصة الاستثمارية منها، حيث تأتي المملكة العربية السعودية في مقدمة الدول العربية التي لها استثمارات في مصر وهذا يعطي اكبر الدلائل على مناخ الثقة الذي يحيط رجال الاعمال السعوديين والمصريين وكذلك المؤسسات الاستثمارية في كلا البلدين.

واضاف الدكتور ابراهيم فوزي بان نسبة الاستثمارات السعودية في مصر حتى نهاية يونيو الماضي بلغت ٤٠٪ من اجمالي الاستثمارات العربية حيث وصل عدد المشروعات الاستثمارية التي تشارك فيها المملكة ٣١٣ مشروعا بتكاليف استثمارية تصل الى ٩ مليارات و٧٧٧ مليون جنيه مصري، رأس المال المصدر منها يصل الي ٦ مليارات و٤٧٦ مليون جنيه وقيمة المساهمة تصل الى مليارين و٤٤٩ مليون جنيه مصري.

وتتركز المشروعات الاستثمارية التي تشارك فيها المملكة في مصر داخل البلاد حيث بلغ عدد المشروعات المنفذة داخل البلاد ٢٩٦ مشروعا مقابل ١٧ مشروعا في المناطق الحرة.

وقال الدكتور ابراهيم فوزي: اللجنة المشتركة واللجنة الفنية بالهيئة العامة للاستثمار، وافقت في اجتماعها الاخير الذي عقد نهاية الاسبوع الماضي على انشاء ثلاث مشروعات جديدة صناعية برأسمال ٥٢ مليوناً و١٥ ألف جنيه واستثمارات تصل الى ٥٥ مليوناً و٥١٥ ألف جنيه، ويأتي في مقدمة هذه المشروعات مشروع مصري سعودي لانتاج الوصلات المرنة وخلاطات المياه والمحابس ومستلزمات الأدوات الصحية ويقع على مساحة ٩٥٥٠ متراً مربعاً بالمنطقة الصناعية الأولى بمدينة برج العرب الجديدة برأسمال قدره ٢٨ مليون جنيه وتقدر استثماراته بمبلغ ٣٠ مليون جنيه ويصدر المشروع ٥٠٪ من انتاجه للدول العربية والافريقية وبعض دول اوروبا ويتيح المشروع ٢٥٠ فرصة عمل جديدة.

والمشروع الثاني لتصنيع الشرائح والألواح المصنوعة من البلاستيك والمستخدمة في العزل او كمانع لنفاذ الماء ومعالجة النفايات ومياه الصرف والمجاري المائية واحواض تربية الاسماك والمناجم وردم البرك والمجالات الاخرى التي تتطلب غشاء للعزل ويقدر رأسمال المشرع المصدر بمبلغ ٢٢ مليوناً و٥١٥ الف جنيه ورأسمال المرخص به ٥٠ مليون جنيه وتقدر التكاليف الاستثمارية بمبلغ ٢٢ مليون و٥١٥ الف جنيه، والمشروع الثالث لمحطات تحلية مياه البحر وتعبئتها وهومشروع مصري الماني بمدينة الغردقة ويقع على مساحة ٢٠٠٠ متر مربع ويقدر رأسماله بمبلغ ١,٥ مليون جنيه مصري.

واكد الدكتور ابراهيم فوزي ان الهيئة تدرس حاليا موضوع السماح للمشروعات الاستثمارية بتنفيذ التركيب المتكامل لمنتجاتها مع بعض المكونات الصغيرة من انتاج الغير بشرط الا يدخل هذا النشاط في مجال المقاولات الذي لا تسري عليه الاعفاءات والمزايا المنصوص عليها في القانون رقم ٢٣٠ لسنة ١٩٨٩.

مِن جريدة الرياض
١٩٩٦/٨/٢٦

ا. المفردات و التعبيرات الأساسية

ثَمَّنَ	he put a high value on
الجِهاز التَّنْفيذي	the executive committee
تُعْتَبَر نَموذجاً	to be considered a model
عُمق العلاقات	the depth of relations
في شَتّي المجَالات	in various areas
مَناخ الثِّقة	the climate of confidence
إجمالي الإِستثمارات	total investments
المشروعات المُنَفَّذة	the projects implemented
الوَصلات المَرنة (جَمْع وَصْلَة)	elastic joints
خَلاَّطات المياه (جَمْع خَلاَّطة)	water mixing machines
المحابِس (جَمْع مَحبَس)	shutoff valves
الأدوات الصِحيَّة	sanitary apparatus
يُتيح المشروع	the project provides
مانِع لنَفَاذ المِياه	insulator
مُعالجة النُّفايات	processing waste materials
المجاري المائيَّة	sewage system
احواض تربية الأسماك	fish tanks
رَدْم البِرَك	filling up of ponds
تَحلية مياه البَحر	desalination of sea water
المقاولات (جَمْع مُقاولة)	contracted agreements
لا تَسْري عَلَيه	does not apply to it
الإعفاءات (جَمْع إعفاء)	exemptions
المَنْصُوص عَلَيها	stipulated, laid down in writing

ب. اسئلة عامة

١. مَن هو الدكتور ابراهيم فوزي؟

٢. صِف لنا العلاقات الاقتصادية التي تربط بين المملكة العربية السعودية و جُمهورية مِصر العربية كما جاءت في تصريحات الدكتور فوزي، مُستعيناً بالنقاط التالية:

– نَموذج جَيِّد

– مَناخ الثِّقة

– عدد المشروعات و تكاليفها

٣. تَحَدَّث باختصار عن المشروعات الثلاثة الجديدة التي وافقت عليها الهيئة العامة للاستثمار

قريباً .. قطر تبدأ انشاء مشروع بتروكيماويات بقيمة ٤٢٥ مليون دولار

دبي - رويتر:

■ قال مسئول أمس الاربعاء ان شركة (تشيودا) اليابانية ستنهي الشهر المقبل اجراءات عقد بقيمة ٤٢٥ مليون دولار لبناء مصنع للبتروكيماويات في قطر وستسعى لارساء اعمال مقاولات خلال تعاقدات من الباطن.

وقال مسؤول في الشركة القطرية العامة للبترول «ستنهي الاجراءات في سبتمبر ويمكن لشركة تشيودا بعد ذلك وضع حجر الأساس وطلب عروض لاعمال مقاولات من الباطن».

وقال: من المتوقع ان تبدأ (تشيودا) اعمال البناء الشهر المقبل وسيستغرق ذلك حوالي ٣٢ شهراً.

ويشمل العقد بناء مصنع للميثانول وثلاثي المثيل بيوتيل الاثيري (ام.تي.بي.اي) ضمن مشروع متكامل بتكلفة ٦٠٠ مليون دولار.

واصدرت شركة قطر لمضافات الوقود المكلفة بالمشروع الذي يهدف لانتاج ٨٥٠ ألف طن سنوياً من الميثانول و٦٢٠ ألف طن سنوياً من مادة (ام.تي.بي.اي) خطاب نوايا لتشيودا في يونيو - حزيران الماضي.

وسيتم تمويل المشروع بواسطة تسهيلات صادرات وقروض مصرفية بترتيب من شركاء اجانب.

وتتوزع حصص الشركاء الاجانب في المشروع بنسبة ٢٠ في المئة لشركة (تشاينيز بتروليوم) المملوكة لحكومة تايوان وبنسبة ١٥ في المئة لكل من شركة (انترناشيونال اوكتان) المحدودة الكندية وشركة (لي تشانغ يونغ كيميكال اندستري) الخاصة.

وتملك (المؤسسة القطرية العامة للبترول) نسبة ٥٠ في المئة من المشروع.

وسيستخدم المشروع حوالي ١٠٠ مليون طن يومياً من غاز حقل الشمال و٥٠٠ ألف طن سنوياً من البوتان ستوفرهما المؤسسة القطرية العامة للبترول.

وقال الشركاء التايوانيون: انهم سيأخذون ثلث الانتاج بالاضافة إلى حصتهم من المشروع.

ومن المقرر ان يبدأ الانتاج في المصنع في بداية عام ١٩٩٩.

مِن جَريدة الرياض
١٩٩٦/٢٢/٢٩

ا. المفردات و التعبيرات الأساسية

petro-chemicals	بتروكيماويات
contract transaction	إجراءات عَقد
from within (the country)	مِن الباطن
laying the corner stone	وَضع حَجَر الاساس
fuel	الوَقود
a letter of intent	خِطاب نَوَايا

ب. أسئلة عامة

تَحدَّث عن مشروع البترو كيماويات الذي قرأت عنه في هذا الخبر:

– البلدان المساهمة في المشروع

– قيمة المشروع

– بدء العمل علي المشروع والإنتهاء منه

– أنواع المواد المنتجة وبدء عملية الإنتاج

– تمويل المشروع وتوزيع الحِصَص

المملكة وايطاليا توقعان على اتفاقية لتشجيع وحماية الاستثمارات بين البلدين

الرياض ـ فهد الزومان:

■ تم أمس التوقيع على اتفاقية بين المملكة العربية السعودية وجمهورية ايطاليا حول التشجيع والحماية المتبادلة للاستثمارات، وتهدف هذه الاتفاقية الى تكثيف التعاون الاقتصادي بين البلدين والى تهيئة ظروف مواتية للاستثمارات من قبل مستثمري اي من الدولتين، في الدولة الاخرى، والى تشجيع مبادرات القطاع الخاص على القيام بالاعمال الاستثمارية وزيادة الرفاه الاقتصادي لكلا البلدين.

وتنص هذه الاتفاقية على قيام كل دولة بمنح استثمارات مستثمري الدولة الاخرى معاملة الدولة الاولى بالرعاية، والمعاملة الوطنية وفقا لانظمتها وقوانينها. وتمتع هذه الاستثمارات بالحماية والأمن الكاملين في الدولة الاخرى.

كما تنص هذه الاتفاقية ايضا على ضمان كل دولة لمستثمري الدولة الاخرى، التحويل الحر للمدفوعات المتعلقة باي استثمار.

وقد وقع الاتفاقية كل من معالي وزير الاقتصاد الوطني الدكتور ابراهيم العساف ومعالي وزير الخارجية الايطالي لامبرثوردينى وذلك في مكتب معالي وزير المالية بجدة وقبل التوقيع استعرض الوزيران في اجتماع حضره صاحب السمو الملكي الأمير محمد بن نواف بن عبدالعزيز سفير خادم الحرمين في ايطاليا، استعرضا التعاون الاقتصادي بين البلدين.

ويصل عدد الشركات السعودية الايطالية المشتركة العاملة بالمملكة الى (٥٣) شركة معظمها في قطاعي البناء والتشييد والتصنيع، وايطاليا هي ثاني دولة من دول الاتحاد الاوروبي بعد المانيا التي توقع معها المملكة اتفاقية للتشجيع والحماية المتبادلة للاستثمارات، والمباحثات جارية مع عدد من الدول الاخرى لتوقيع اتفاقيات مماثلة واتفاقيات اخرى لتفادي الازدواج الضريبي.

من جريدة الرياض
١٩٩٦/٩/١١

١. المفردات و التعبيرات الأساسية

intensifying relations	تَكثيف التَّعاوُن
preparing favorable condition	تَهيئة ظُروف مُواتية
private sector initiatives	مُبادرات القِطاع الخاص
economic welfare	الرُّفاه الاقتصادي
free transfer of payments	التَّحويل الحرّ للمَدفوعات
to avoid double taxation	تفادي الازدِواج الضَّريبي

ب. أسئلة عامة

١. صِف لنا الاتفاقية الموقَّعة بين المملكة العربية السعودية وجُمهورية ايطاليا، مُستعيناً بالنقاط التالية:

– اهداف الاتفاقية

– نُصوص الاتفاقية/موادّها

– الموقِّعُون على الاتفاقية

٢. تَحَدَّث عن التعاون الاقتصادي بين السعودية وايطاليا بشكل عام بَعد قراءة هذا الخَبَر.

جـ. النشاطات الشفوية والكتابية

١. النشاطات الشفوية

اختر واحداً من الخَبَرين التاليين استعداداً للتحدث عنه شفوياً في الصف.

٧٥٪ من انتاجها يصدر للأسواق العالمية

١٩ مصنعاً لسابك تنتج ٢٢ مليون طن متري

الجبيل الصناعية - ابراهيم الغامدي:

■ تمكنت الشركة السعودية للصناعات الاساسية «سابك» عبر مصانعها الضخمة المتعددة البالغة ١٩ مصنعاً في كل من المدينتين الصناعيتين الجبيل وينبع والدمام وجدة والبحرين من فرض منتجاتها المتنوعة في الأسواق العالمية بثقة وثقل كبير ونجحت خلال العام الماضي ١٩٩٥م من تصدير ٧٥٪ من اجمالي منتجاتها إلى الأسواق العالمية.

وبيّن تقرير صدر عن (سابك) مؤخراً بان أسواق جنوب شرق آسيا والشرق الأقصى قد حظيت بـ(٤٦,٩٪) من اجمالي نسبة مبيعات سابك بينما حظيت أسواق أمريكا بـ(١٣,٩٪) وأسواق أوروبا بـ(٩,٩٪) وبلغت نسبة المبيعات في أسواق الشرق الأوسط (٣,٥٪) وفي اسواق افريقيا بلغت (٢,٥٪) بينما تم تسويق (٢٣,٤٪) من المنتجات في الأسواق المحلية وذلك للايفاء بمتطلبات الصناعات التحويلية في المملكة حيث تشكل منتجات سابك مواد أساسية لقيام صناعات تحويلية عديدة.

ونسبت سابك انجازاتها التسويقية إلى شركة (سابك للتسويق المحدودة) التي تولت العمليات التسويقية في أكثر من ٧٥ بلداً في العالم وتمكنت هذه الشركة من احراز شهادة الجودة العالمية ايسو ٩٠٠٢ مؤكدة جودة عمليات وخدمات سابك التسويقية إلى جانب جودة ورقي منتجاتها. وبلغ اجمالي منتجات سابك العام الماضي ١٩٩٥م (٢٢) مليون طن متري من الكيماويات والبتروكيماويات والأسمدة واللدائن «البلاستيك» والحديد والصلب والغازات الصناعية.

وتمثل الكيماويات والبتروكيماويات أعلى نسبة من اجمالي انتاج سابك حيث تم انتاج ١١ مليونا و٧٣٧ ألف طن متري من منتجات بتروكيماوية تشتمل على ١٥ صنفاً كالايثلين والميثانول والبيوتادين والصودا الكاوية والبنزين وغيرها، وتم تصنيع تلك المنتجات في كل من شركة الرازي وصدف وابن سيناء وبتروكيميا وشرق وابن حيان وابن زهر وسماد في الجبيل الصناعية وشركة ينبت في ينبع الصناعية.

وتاتي منتجات الأسمدة في المرتبة الثانية من اجمالي انتاج سابك حيث بلغت ٤ ملايين و١٢ ألف طن متري وتشمل خمسة أصناف هي الامونيا واليوريا والأسمدة المركبة والاسمدة الفوسفاتية والأسمدة السائلة، ويقوم بانتاجها كل من شركة سماد وسافكو وابن البيطار في الجبيل الصناعية والدمام.

وبلغ انتاج سابك من المعادن التي تمثل قضبان حديد التسليح واسياخ حديد التسليح ٢ مليون و٧٧٠ ألف طن متري وتم انتاجها عن طريق كل من شركة حديد في الجبيل الصناعية وشركة صلب في جدة.

أما المنتجات البلاستيكية فبلغت ٢ مليون و٢٤٧ ألف طن متري تمثل ٧ أصناف كالبولي اثيلين والبولي ستايرن والميلامين ونحوها وتصنع تلك المنتجات في كل من شركة ابن زهر وابن حيان وشرق وكيميا وبتروكيميا وسافكو.

أما منتجات سابك من الغازات الصناعية فبلغت مليونا و١٨٤ ألف طن متري تمثل منتجين أساسيين هما الاكسجين والنتروجين ويتخصص في انتاجهما شركة غاز في الجبيل الصناعية.

مِن جريدة الرياض
١٩٩٦/٩/٣

إجمالي الصادرات العربية ١٩٨٠، ١٩٨٧ - ١٩٩٠ (مليون دولار)

الدولة	١٩٨٠	١٩٨٧	١٩٨٨	١٩٨٩	١٩٩٠
الأردن	٥٠٦,٣٨	٨٢٤,٧٣	١,٠٢٠,٠٨	١,٠٩٧,٥٨	٩٢٢,٤٧
الإمارات	٢١,٣٠٥,٨٠	١٥,٩٠٦,٩٠	١٥,٨٠٠,٢٠	١٩,٢٢٨,٩٠	٢٣,٨١٧,٣٠
البحرين	٣,٦٠٩,٩٦	٢,٣٨٦,٧٠	٢,٣٥٦,٦٥	٢,٧١٥,٦٩	٣,٠٣٠,٣٣
تونس	٢,٢١٥,٢١	٢,١٣٥,٠٢	٢,٤٢٤,٧٠	٣,٠٣٤,٤٦	٣,٥٠١,٧٤
الجزائر	١٥,٦٢٢.٥٢	٨,٦٠٥,٨٠	٨,١٩٠,٩٠	٩,٢٦٣,١٠	١٢,٣٤٠,٨٠
السعودية	١٠٠,٢٥٢,٧٠	٢٢,٦٠٢,٠٠	٢٣,٧٣٧,٠٠	٢٧,٧٤١,٠٠	٤٤,٤١٦,٠٠
السودان	٥٣٦,٧١	٤٩٢,١٧	٤٨٩,٩٨	٥٨٦,١١	٥٢٢,١٠
سوريا	٢,١٠٧,٧٣	١,٣٥٣,٣٧	١,٣٤٤,٥٦	٣,٠٠٦,٣٦	٤,٣٣٦,٥٦
الصومال	١٣٢,٥٨	١٤١,٠٧	١٢٦,٠٥	١١٩,٩٠	١٤١,٤١
العراق	٠٠٠	٩,٦١٧,٩٠	٩,٦١٣,٠٠	١٢,١٨٥,٢٠	١٠,٤٤٧,٤٠
عمان	٣,٢٦١,٩١	٣,٤١٤,٩١	٣,٤٩٤,٩٨	٣,٧٤٣,٦٤	٥,٠٩٧,٩٠
قطر	٥,٣١٠,٨٩	٢,٠٤٤,٣٥	٢,٠٩٦,٦٢	٢,٥٥١,٧٤	٣,٢٤٦,٣٠
الكويت	٢٠,٣٩٠,٥٠	١٠,٦٦٣,٠٠	٨,٧٥٥,٥٠	١١,٤٠٠,٨٠	٧,٧١٢,٨٠
لبنان	٠٠٠	٤٧٣,١٦	٦٠٥,٨٣	٤٨٤,٠٩	٤٨٨,٠٦
ليبيا	٢١,٨٨٨,٣٠	٦,٩١٧,١٠	٦,٦٣٣,٩٠	٧,١٨٨,٧٠	١٠,٥٤٤,٩٠
مصر	٢,٩٥٠,٨١	٢,٠٣٧,٢٠	٢,١٢٠,٣٤	٢,٦٤٧,٧٣	٤,٨٨٨,١٥
المغرب	٢,٤٠٣,٦٥	٢,٩٤٥,٤٦	٣,٤٦٣,٧٦	٣,٣١١,٧٨	٤,٣٧١,٩٨
موريتانيا	٠٠٠	٤٢٧,٨٤	٥٠٧,٦٢	٤٥٠,٩٥	٤٨٦,٩٨
اليمن	٢٢,٦١	١١١,١٨	٨٢٩,٠٢	١,٢٠٤,٥١	١,٠٣٧,٨٥
المجموع	**٢٠٢,٥١٨,٢٩**	**٩٣,٠٩٩,٢٦**	**٩٣,٦١٠,٦٩**	**١١١,٩٦١,٩٧**	**١٤١,٨٥١,٠٣**

اوراق اقتصادية: عدد (٢٧) ١٩٩٢م

الأمانة العامة للاتحاد العام لغُرَف التجارة والصناعة والزراعة للبلاد العربية

٢. النشاطات الكتابية

اختر واحداً من الأخبار الاقتصادية الثلاثة التي قرأتها في هذا الدرس وترجمه الى اللغة الإنجليزية.

٤. مقالات تجارية واقتصادية

السوق العربية المشتركة

يقف الوطن العربي اليوم أمام مفترق الطرق في ظرف عالمي بالغ الخطورة ، حيث برزت المشكلة الاقتصادية بأبعاد حادة تنعكس على العلاقات الدولية ، وظهرت الكتل الاقتصادية الكبرى وهي تستقطب أكثر الدول تقدماً وقوة في الغرب والشرق ، أي أن الدول الصناعية المتفوقة وجدت نفسها بحاجة للتكتل مع مثيلاتها المجاورة لها لتجابه متطلبات المنافسة الضارية .

في مواجهة هذه المتغيرات الجارفة يترتب على الأقطار العربية المسارعة إلى الخيار الصحيح ، فأما أن تشرع فوراً في إقامة الكتلة الاقتصادية القومية أو ما سمي بالسوق العربية المشتركة ، وإما أن تدفع غالياً ثمن تعثرها وعجزها عن إقامة هذه السوق في وقت مبكر .

العالم اليوم يعيش طفرة تكنولوجية لم يسبق لها مثيل في التاريخ وقد انتقل إلى أنواع جديدة من ركائز الاقتصاد تقوم على أنظمة إنتاجية مختلفة عمادها المعلومات والحاسبات والبحث العلمي ، وتتطلب أسواقاً واسعة تمحي فيها الحواجز والحدود .

وقد فرض هذا التحول التاريخي الهائل على جميع الدول بما فيها المتقدمة والنامية أن تجتمع في كتل اقتصادية متكاملة قادرة على التعامل المتساوي مع القوى الاقتصادية الكبرى ، وحماية مصالحها التي تشمل وتهم كل مواطن وتتعلق بأسس حياته ومعيشته .

غير أن بعض الدول العربية مازالت غير متحمسة بالنسبة لمشروع السوق العربية المشتركة التي مازالت قائمة من الناحية القانونية فقط ، وهي لم تقم بخطوة ملموسة نحو هذا الهدف المصيري المقرر منذ أكثر من ثلاثين عاماً ، وإذا عدنا إلى تاريخ فكرة السوق واستعرضنا الإجراءات التي تمت أو تراخت في هذا المسار طوال هذه المدة لوجدنا أن الفعاليات الاقتصادية العربية طرحت تحقيق السوق المشتركة في وقت مبكر ، ودأبت منذ ذلك الوقت على إصدار التوصيات والدراسات وطرح الحلول العملية لتحقيقها .

حيث وافق مؤتمر الغرف العربية بتاريخ ١٩٥١/١٢/١٦ على دستور اتحاد الغرف العربية ، وتنص المادة الأولى على التزام بتوثيق عرى التعاون الاقتصادي بين الأقطار العربية عن طريق الدعوة إلى تخفيض وإزالة الحواجز الجمركية عن جميع البضائع التي تنتج في هذه الأقطار ، وتسهيل نظم التحويل النقدي وانتقال الأفراد وتحسين وسائل المواصلات وتوسيعها ، وبشكل عام الدعوة إلى إزالة العقبات في سبيل تبادل السلع والخدمات بين الأقطار العربية والقيام بجميع الإجراءات التي من شأنها زيادة التبادل التجاري بينها .

كما نصت على اتباع سياسة التكامل الاقتصادي العربية ، وتخصص كل قطر من الأقطار العربية بإنتاج ما هو أكثر ملاءمة له بتوحيد نظم الحماية الجمركية وتسهيل انتقال رؤوس الأموال بين الأقطار العربية للقيام بمشاريع مشتركة لاستثمار ثرواتها .

ومن الواضح أن هذا الالتزام يتضمن أهم أسس إقامة السوق العربية المشتركة وقد أوصى مؤتمر الغرف العربية الذي انعقد في الاسكندرية عام ١٩٧٦ ، بإنشاء هيئة عربية عليا تختص بتحديد الأهداف المرحلية للتكامل الاقتصادي العربي ، وقد أعرب اتحاد الغرف منذ تأسيسه عن ضرورة تحرير التبادل التجاري بين الدول العربية من الرسوم الجمركية والقيود الإدارية ، تمهيداً لقيام السوق العربية المشتركة .

وفي مطلع عام ١٩٦٤ أحدث مجلس الوحدة الاقتصادية العربية وأصدر هذا المجلس في دورته الثانية في شهر آب من العام المذكور قراراً بإنشاء السوق العربية

مجلّة غرفة تجارة وصناعة عجمان ، العدد (١٥) ١٩٩٤م

ا. المفردات و التعبيرات الاساسية

to revive	لإحياء
the Arab Common Market	السوق العربية المشتركة
crossing roads	مُفتَرَق الطُرُق
a very dangerous world situation	ظرف بالِغْ الخُطورَة
to polarize	تَسْتَقطب
to face the intense competition	لِتُجابِه المُنافَسة الضاربَة
the sweeping changes	المُتَغَيِّرات الجارفَة
the correct choice	الخِيار الصَحيح
to start immediately	تَشرَع فَوْراً
to pay a high price for its stumbling and inefficiency	تدفع غالياً ثمن تعثرها وعجزها
technological leap	طَفْرة تكنولوجية
tangible step	خَطوة مَلموسة
Arab Chambers of Commerce	الغُرَف العربية
customs barriers	الحواجِز الجُمْرُكيَّة

ب. أسئلة عامة

١. ما الهَدَف من ظهور الكتل الاقتصادية في الغرب و الشرق هذه الايام؟

٢. يدعو الكاتب الدول العربية الى ______________________ .

٣. اذكر بعض الأحداث و التطورات التى أدَّت إلي ظهور فِكرة السوق العربية المشتركة و انشائها

ا) مؤتمر اتّحاد الغرف العربية عام ١٩٥١

ب) مؤتمر الغرف العربية عام ١٩٧٦

جـ) مَجلِس الوحدة الاقتصادية عام ١٩٦٤

جـ. قراءة النص و الاجابة عن اسئلة الدارسين

د. النشاطات الشفوية و الكتابية

١. النشاطات الشفوية

ا) مناقشة مفتوحة حول السوق العربية المشتركة و السوق الاوروبية المشتركة.

ب) اقرأ الخبر التالي استعداداً لمناقشته شفوياً في الصف.

وزراء الاقتصاد والمال العرب بالاسكندرية في سبتمبر

اقرار مشروع انشاء منطقة تجارة حرة عربية

القاهرة - مكتب «الرياض» محمد عبدالرشيد:

■ يعقد المجلس الاقتصادي والاجتماعي بجامعة الدول العربية دورته الثامنة والخمسين بمدينة الاسكندرية خلال الفترة من ١٨ - ١٩ سبتمبر القادم على مستوى وزراء المال والاقتصاد العرب وذلك لمناقشة واقرار مشروع البرنامج التنفيذي لاتفاقية تيسير التبادل التجاري بين الدول العربية استعداداً لاقامة منطقة تجارة حرة والذي اكدته القمة العربية الأخيرة بالقاهرة.

صرح بذلك عبدالرحمن السحيباني الأمين العام المساعد للشئون الاقتصادية بالجامعة العربية قال بان الاجتماع سيناقش بالاضافة الى مشروع اقامة اضخم منطقة للتجارة الحرة بين الدول العربية. تحديد البرنامج الزمني للتنفيذ وتوزيع السلع على جداول التحرير الفوري والتدريجي للسلع المستثناه على ان يتم تحرير جميع السلع الواردة في الاتفاقية خلال ١٠ سنوات.

كما ينص المشروع على ان الهدف يأتي تنفيذا لقرار القمة العربية بالقاهرة وتحقيقاً لرغبة الدول العربية في الحفاظ على المكاسب الاقتصادية الوطنية للدول العربية، والتعامل مع المتغيرات في التجارة العالمية واقامة التكتلات الاقتصادية الدولية والاقليمية.

وأشار الى ان المشروع يقضي بالتزام الدول العربية باستكمال تنفيذ منطقة التجارة الحرة خلال ١٠ سنوات من التاريخ الذي يتفق عليه، على ان تتم مراجعة نصف سنوية لتطبيق البرنامج من قبل المجلس الاقتصادي وانه لا يجوز اصدار تشريع او وضع قاعدة من قبل أي دولة عضو من شأنه ان يعرقل البرنامج، كما ينص على ان السلع العربية التي يشملها التبادل تعامل معاملة السلع الوطنية في الدول الأطراف فيما يتعلق بقواعد المنشأ والمواصفات والمقاييس وشروط الوقاية الصحية والأمنية والرسوم والضرائب المحلية وأضاف السحيباني بأنه سيتم بحث الاستعدادات اللازمة والخاصة بالمؤتمر السابع لرجال الأعمال والمستثمرين العرب المقرر عقده في بيروت خلال الفترة من ١٤ - ١٦ اكتوبر العام القادم تحت اشراف الادارة العامة للشئون الاقتصادية بالجامعة والاتحاد العام لغرف التجارة والصناعة للبلاد العربية والمؤسسة العربية لضمان الاستثمار. واوضح انه سيتم بحث الاجراءات الخاصة باقامة وانشاء شبكة للمعلومات الاقتصادية وشئون الاستثمار في الدول العربية بالاشتراك مع المنظمات العربية والدولية.

من جريدة الرياض
١٩٩٦/٩/١

٢. النشاطات الكتابية

ما هي بعض الطُرُق والوسائل التي يمكن بواسطتها، في نظرك، احياء السوق العربية المشتركة؟

طبيعة النظام الاقتصادى للدول العربية :

تنقسم البلدان العربية إلى ما لا يقل عن ثلاث فئات من حيث طبيعة النظام الاقتصادى ، وبالتالى المصرفى ، فهناك بلدان تتبنى نظاما اقتصاديا متفتحا ، به قيود محدودة على الملكية الفردية والاستثمار الخاص ، وتحويل رءووس الأموال ، وبالتالى فإن مصارفها تتمتع بحرية نسبية فى الاقراض وممارسة النشاطات المصرفية والمالية التى تختارها ضمن التشريعات والحدود الرقابية الموضوعة ، وهى مملوكة بالغالب من القطاع الخاص ، وتنتمى بلدان مجلس التعاون الخليجى ولبنان والأردن إلى حد ما إلى هذه الفئة

أما الفئة الثانية فيطغى عليها القطاع العام ، لكنها تعيش هذه السنوات تجربة مشتركة بين النظامين الاقتصاديين الحر والموجه ، وتعمل فيها مصارف قليلة مملوكة من القطاع الخاص ومصارف ذات ملكية مشتركة بين القطاعين العام والخاص ، واخرى تملكها الحكومة بالكامل وتشكل الغالبية من حيث الحجم والعدد ، وتسير هذه البلدان بإتجاه يسمح بدور متزايد للقطاع الخاص فى ملكية وإدارة القطاع المصرفى ، ومن بين أهم هذه البلدان : مصر ، المغرب ، وتونس .

فى حين أن الفئة الثالثة ، تطبق نظاما اقتصاديا موجها ، ويحاول بعضها في الوقت الحالى الانفتاح تدريجيا ، ويسيطر القطاع الحكومى فيها علي القطاع المصرفى بالكامل تقريبا ، ومن بين هذه الدول : ليبيا – الجزائر – والعراق

وتبقى بعد ذلك المصارف العربية ، والعربية الأجنبية المشتركة التى تشكل فئة بحد ذاتها ، نظرا لخصائصها المعقدة ، والظروف التى تحكم عملها وتطورها ومستقبلها وهى مملوكة بغالبيتها من الحكومات لكنها تعمل على أسس تجارية ، وتملك إدارتها نسبيا حرية القرار ، وتتواجد فى أسواق مفتوحة كالبحرين .

من مقال بعنوان : " نشاط البنوك العربية في عام ١٩٩٢ : عرض وتحليل :
مصطفى علي أحمد
مجلة المال والتجارة ، العدد (٢٩١) ١٩٩٣م

ا. المفردات و التعبيرات الاساسية

groups, factions	فِئات (جَمع فِئة)
consequently, hence	بالتالي
adopt legal regulations	تَتَبَنّى نظاماً اقتصادياً
control limits	الحُدود الرَقابيّة
private sector	القِطاع الخاص
public sector	القِطاع العام
planned economic system	نِظَام اقتصادي مُوَجّه

ب. أسئلة عامة

تَحَدَّث عن الانظمة الاقتصادية التالية للدول العربية مُعطياً امثلة على كل نوع:

١. النظام المتَفَتّح

٢. النظام الحرّ والموجّه

٣. النظام الموجّه

٤. النظام الخاص

جـ. قراءة النص و الإجابة عن أسئلة الدارسين

د. النشاطات الشفوية والكتابية

١. النشاطات الشفوية

مناقشة مفتوحة حول أنظمة الاقتصاد في البلاد العربية ومُقارنتها بالأنظمة الاقتصادية المتّبعة في الغرب.

٢. النشاطات الكتابية

ترجم النص الاساسي في هذا الدرس إلى اللغة الإنجليزية بالتعاون مع بعض الزملاء أو الزميلات.

التحديات التي تواجه المصارف العربية وأبعادها الحقيقية*

بقلم سعادة السيد عبدالله حسن سيف
محافظ مؤسسة نقد البحرين

تكتسب التحديات التي تواجه المصارف العربية أهمية خاصة، وتلعب دوراً بارزاً في مستقبل العمل المصرفي العربي والسياسة المصرفية العربية اللازم إنتهاجها في ظل تلك التحديات، لمواكبة التطورات العالمية في القطاع المالي والمصرفي.

فالكل يعلم أن المصارف العربية في داخل وخارج الوطن العربي تواجه تحديات كثيرة: منها ما يعود سببه الى قيام التكتلات الإقتصادية العالمية الكبرى، ومنها ما هو ناجم عن حملة التمييز التي تتعرض لها المصارف العربية من جرّاء تطبيق مبدأ المعاملة بالمثل الذي أقرته المجموعة الاوروبية تجاه المصارف الأجنبية، ومنها ماله صلة بقرارات لجنة بازل الدولية في شأن الرقابة المصرفية، وإنعكاسات إتفاقية «الجات» وآثارها على المصارف العربية، بالإضافة الى التطورات الدولية على صعيد الصناعة المصرفية ومستحدثاتها الفنية والتقنية. كما أن هناك تحد جديد مصدره هذه المرة من داخل الأمة العربية ومتمثلاً في التوجه نحو إنشاء سوق شرق أوسطية إستعداداً لمرحلة السلام...

ولمواجهة تلك التحديات فقد أصبح لزاماً على الدول العربية وضع وتنفيذ إستراتيجية مصرفية عربية عبر سلسلة من الإجراءات يمكن تلخيصها في خمسة محاور أساسية هي:

المحور الأول: ويتمثل في ضرورة خلق كيان مصرفي أو مجموعة عمل مصرفية موحدة.

ففي ظل ذلك التحدي الذي أصبحت تفرضه التكتلات المالية والمصرفية الدولية فإنه ينبغي على الأنظمة المصرفية العربية أن تفكر في إيجاد إطار موحد للتعاون والتنسيق فيما بينها لمواجهة المستقبل الغامض الذي ينتظرها. وفي هذا الصدد فإنه لابد من إتخاذ خطوات جريئة تجاه إستراتيجية مصرفية عربية تتضمن صيغة ملائمة للتعاون المصرفي العربي، تمهّد لخلق كيان أو مجموعة موحدة تستطيع التعامل مع التكتلات الدولية، والتصدي لما يستجد من أوضاع وممارسات، والعمل على تنمية مقدرة المصارف العربية وتمكينها من مواجهة المنافسة الدولية.

وتجدر الإشارة الى أننا نملك في هذا الصدد من المقومات والإمكانات ما يشكل قاعدة مواتية لجمع المصارف العربية نحو أهداف ثابتة وإستراتيجية واضحة. وأول ما يمكن الإشارة اليه من تلك الإمكانات هو ما نملكه من مؤسسات مالية ومصرفية مشتركة تمثل أرضية صلبة وقطباً يجذب الدول العربية من حوله. حيث تتوافر لدينا ستة صناديق ومؤسسات مالية عربية على رأسها صندوق النقد العربي، والصندوق العربي للإنماء الإقتصادي والإجتماعي، والمصرف العربي لتنمية أفريقيا، والمؤسسة العربية لضمان الإستثمار، والهيئة العربية للتنمية الزراعية، والبنك الإسلامي للتنمية.

وعلى صعيد التكتل الدولي فلدينا كذلك تجربة ناجحة تتمثل في مجلس التعاون لدول الخليج العربية الذي إستطاع حتى الآن أن يحقق الكثير من أهدافه. ذلك إضافة الى القدر الكبير الذي تملكه الدول العربية من الكوادر البشرية المتمرسة في العمل المصرفي والتي تعتبر ثروة قومية نادرة.

فكل تلك المعطيات تمثل قاعدة يمكن الإرتكاز عليها لإيجاد إطار

موحد للتعاون والتنسيق العربي في مجال العمل المصرفي والتنمية الإقتصادية.

أما المحور الثاني لمواجهة التحديات المصرفية فيكمن في ضرورة اللحاق بركب الإندماج العالمي.

فإذا نظرنا لعدد وحجم مصارفنا العربية اليوم، فإن التقديرات تشير الى انها تتراوح بين ٢٥٠ و ٣٠٠ مصرف. ولاشك أن هذا العدد وبكل المقاييس يعتبر كبيراً بالنسبة لكثافة سكانية لا تتعدى مائتي مليون نسمة. أما عن حجم المصارف العربية، فعلى الرغم من أهمية بعضها محلياً الا أنها بالقياس العالمي تعتبر محدودة القدرة والمستوى. ويكفينا برهاناً أنه لا يندرج في الوقت الحالي أي مصرف عربي على قائمة المائة مصرف الاولى في العالم، بل ويعد حجم المصارف العربية في الوقت الحالي عائقاً أمام قدرتها على التعامل في الأسواق العالمية وقدرتها على تقديم خدمات مصرفية متطورة.

ولاشك أن هذا يحتم التوجه نحو الإندماج والتكتل بين المصارف العربية، لخلق تجمعات مصرفية ذات قدرة أكبر وقاعدة أوسع، تسمح لها بإستيعاب التقنيات الحديثة المكلفة، وتؤهلها للمنافسة والإستمرار في الأسواق العالمية. ويكمن دور السلطات النقدية هنا في ضرورة تشجيعها ودعمها لهذا الإندماج بكل ما أوتيت من إمكانيات.

أما بالنسبة للمصارف العربية في الخارج فإن وضعها الضعيف أمام المصارف العالمية العملاقة يجعل خيار الإندماج ضرورة قصوى بالنسبة لها، مالم تتمكن من زيادة رؤوس أموالها وتقوية أوضاعها.

أما المحور الثالث فيكمن في إنتهاج الدول العربية لسياسة الإنفتاح المصرفي وما يترتب على ذلك من تحديث في التشريعات والنظم المصرفية والرقابية.

فإن لم تطور أي من الدول العربية أنظمتها المصرفية وتحسنها لتصل الى مصاف الأنظمة العالمية الأخرى تشريعاً ورقابةً وإنفتاحاً، فسيكون ذلك حكماً مسبقاً يقضي بعزلة إقتصاد ذلك البلد وحرمانه من تدفق رؤوس الأموال العالمية. وذلك لأن المتغيرات الدولية قد باتت تفرض على كل مصرف يرغب في أن يكون له مشاركة في التدفقات النقدية العالمية أن يكون له حضور في تلك الأسواق. وهذا الأمر لم يعد ممكناً الا بإتباع سياسة الإنفتاح المصرفي الواردة بإتفاقية «الجات» أو بقبول مبدأ المعاملة بالمثل الذي أقرته المجموعة الأوروبية.

ولكي تتأقلم مصارفنا المحلية مع مثل هذا الإنفتاح فمن الأجدر أن تبدأ بسياسة الإنفتاح التدريجي على المستوى الإقليمي أو تجاه المستثمرين العرب أولاً، ثم القيام بإنفتاح كلي تجاه الأسواق المالية العالمية. وهذا الأمر يتطلب تغييرات جوهرية في سياسات المصارف المركزية والهيئات الرقابية من ناحية تحرير الخدمات المصرفية من القيود الكثيرة، وإبداء مرونة أكبر في سياساتها المالية والنقدية، والعمل على تطوير مؤسساتها المالية وتحديثها بما يتلائم والتطورات في أسواق المال العالمية.

هذا ويمثل التنوع والتطور الفني في العمل المصرفي محوراً رابعاً هاماً للتصدي للتحديات التي تواجه المصارف وأسواق المال العربية. ففي ضوء التطورات التي تشهدها أسواق المال العالمية فقد أصبح لزاماً بالنسبة للمؤسسات المالية والمصرفية العربية العمل على تقوية دورها في تطوير الأسواق المالية المحلية، وتعزيز قدراتها التنافسية على إستقطاب المدخرات المحلية وإستقطاب الأموال العربية بالخارج. ولذلك بات من واجب المصارف العربية تطوير تشكيلة واسعة من الأدوات والخدمات المالية والمصرفية، وأدوات الإقراض الحديثة. وقد ترى المصارف العربية أن أفضل سبيل لذلك هو إنتهاج أسلوب المصارف الشاملة، وأن تبتعد عن التخصص القطاعي الضيق، بما يضمن لها تنوع وتنمية مصادر الدخل، وتنشيط التداول في أسواق المال العربية، حيث إن كليهما شرط أساسي لإستقرار وتنمية العمل المصرفي والمالي وتطويره.

وهنا يجب التأكيد على الدور الرائد للمصارف الشاملة في تطوير أسواق الأوراق المالية العربية الصاعدة، والتي يمكن أن تشكل مجالاً رحباً ومريحاً للأنشطة المصرفية. خاصة اذا ما إضطلعت المصارف العربية في الترويج والإسهام في الفرص الإستثمارية والإصدارات الجديدة وتسويقها وإسنادها، والإضطلاع بدور الأمناء على الإستثمارات المختلفة، وتشجيع الإقراض بضمان الأوراق المالية، وتوريق القروض المصرفية، وإقامة الصناديق للإستثمار المشترك والأدوات الإستثمارية المتنوعة. فكل ذلك بلاشك سيزيد من إمكانية دخول المصارف العربية في الحقل المالي، وسرعة إنطلاق أسواق الأوراق المالية العربية، لاسيما وأن العديد من الدول العربية تتجه نحو سياسة تخصيص أجزاء واسعة من وحدات القطاع العام، الأمر الذي سيزيد من توسع حجم أسواق رأس المال العربية وحجم السيولة المتداولة فيها.

ولأغراض تعزيز الجهود الرامية لحشد الموارد وإستدراج رؤوس الأموال العربية المغتربة لمواجهة الإحتياجات التمويلية المحلية، فإنه لابد من العمل على تصحيح التوازن المالي للمصارف العربية المتعثرة ومعالجة مشاكل محافظها الإستثمارية وتحسين إدارة الموارد البشرية فيها. ولابد للأجهزة المصرفية العربية من إبداء مرونة أوسع تجاه تحرير أسعار الفائدة وتحرير المحافظ الإئتمانية والإستثمارية للمصارف.

ولقد آن الأوان كي تعمل المصارف العربية وفق إستراتيجية فعّالة، واضحة المعالم، وأن تركز على الإنتشار الإقليمي حتى لا تتيح الفرصة للمؤسسات المصرفية العالمية العملاقة في أخذ مكانها. وفي هذا الإطار فهي مطالبة بإستكمال وتحديث شبكة خدماتها في المنطقة، وإتاحة أموالها لجهود التنمية المحلية، وإيجاد الصيغ المناسبة للتعاون الوثيق مع المؤسسات المالية العربية للمشاركة في عمليات التمويل للتجارة البينية والمشاريع التنموية في العالم العربي. كما عليها أن تسارع في التكيف مع عالم المصارف المتغير دوماً على المستوى العالمي، والإلتزام بمعايير وأسس الرقابة الدولية، وأن تسعى لزيادة القدرة التنافسية بأقل التكاليف لتضمن بقاءها في الحاضر والمستقبل.

أما المحور الخامس والأخير، فيتلخص في ضرورة ترتيب البيت من الداخل إن أردنا التغلب على التحديات الواردة في هذه الورقة. فالقطاع المصرفي العربي يعاني من فجوة ذات ثلاثة أبعاد. فهو يفتقر الى العلاقة بين أجزائه داخل حدود البلد الواحد، والى العلاقة بينه وبين نظراءه داخل حدود الوطن العربي الكبير، والى الحوار البّناء بينه وبين القطاع العام. حيث أن الإفتقار الى العلاقة فيما بين المصارف والى الحوار بينها وبين السلطات المعنية ولّد عامل عدم الثقة بين الجميع. فلم يظهر في القطاع المصرفي العربي أي تكامل فيما

بينه أو تكاتف في سبيل العمل نحو هدف معين. فالقطاع العام يجد نفسه في حرج شديد إن أراد أن يدافع عن مصارفه العاملة في الخارج لما يراه فيها من نقاط ضعف، ولا يستطيع أن يوكل لها أعماله وهي بطبيعتها كبيرة الحجم للسبب ذاته. والمصارف العربية لا تبدو أنها على إستعداد لتضّحي بمصالحها الآنية قصيرة الأجل مقابل مصالحها القومية طويلة الأمد. اذ لا تعمل بدأب لتقوية ذاتها وقاعدتها وتحسين هياكلها فتتمكن من كسب ثقة أقرانها والسلطات المشرفة عليها.

ولهذا فإن التغلب على التحديات لابد أن يسبقه ترتيب للبيت من الداخل - ولا يمكن أن يتم ذلك الا بالحوار الصريح والبنّاء بين المصارف بعضها البعض وبين القطاع العام. وفي هذا الصدد فإنه لابد من حوار مصرفي عربي عام بين ممثلين عن المصارف وإتحاد المصارف العربية والمؤسسات الإقليمية والقطاع العام ذي العلاقة، لمناقشة كل هذه الأمور صراحة وتقديم ما أمكن من حلول وتوصيات.

مِن النشرة الاقتصادية

مؤسسة نقد البحرين

سبتمبر ١٩٩٥

١. المفردات والتعبيرات الأساسية

challenges	تَحَدِّيات (جمع تَحَدٍّ)
true dimensions	أبْعاد حقيقية
written by, by	بِقَلَم
to proceed in accordance with	لِمُواكَبَة
economic blocs	التَكَتّلات الاقتصادية
discrimination campaign	حَملة التَمْييز
reciprocity	المُعاملة بالمثل
the European Union	المَجْموعة الأوربيّة
the Basle Committee	لَجنة بازل
banking supervision	الرَقابَة المَصرفية
effects, reflex actions	انْعكاسات
GATT (the General Agreement on Tariffs and Trade)	أتّفاقِية "الجات"
through a series of measures	عَبْر سِلْسلة من الاجراءات
basic axes or principles	مَحاور أساسيّة
unified banking framework	كِيان مَصرَفي مُوَحَّد
a framework of cooperation and coordination	إطار مُوَحَّد للتَعاون والتنسيق
in this context	في هذا الصدَد
a suitable base	قاعدة مُوَاتِيَة
to represent a solid grounding	تُمَثِّل أرضية صَلْبة
the Arab Monitary Fund	صُنْدوق النقد العربي
the Arab Bank for Economic Development	الصُندوق العربي للإنماء الاقتصادي
the Inter-Arab Investment Guarantee Corporation	المؤسسة العربية لضَمان الاستثمار
the Arab Agriculture Development Organization	الهيئة العربية لِلتَنْمِيَة الزراعية
the Islamic Development Bank	البنك الاسلامي لِلتَنْمِيَة
the Corporation Council of the Gulf Arab States	مجلس التعاون لدول الخليج العربية
manpower cadres	الكَوادِر البَشَرِيَة
joining the cavalcade to an international merging together	اللِّحاق بِرَكْب الاندماج العالمي
population density	كَثافة سُكانية
absorbing modern technology	استيعاب التَقْنيات الحَديثة
huge banks	المصارف العِمْلاقة
open (and liberal) banking policy	سياسة الانْفِتاح المَصْرَفي
to meet the standards	لِتَصل إلى مصاف
economic isolation	عُزْلَة اقتصاد
adapt to	تتأقْلَم مَع
it has become imperative	أصبَح لزاماً

it is the responsibility	باتَ من واجب
narrow sectoral specialization	التَخَصُّص القطاعي الضَيِّق
promoting	التَرْويج
participating	الاسهام
acting as trustees	الاضطلاع بِدَوْر الأُمَناء
encouragement of securitization	تَشجيع الأقراض بضمان الوراق المالية
establishment of collective investment projects	إقامة الصناديق للإستثمار المشترك
the volume of liquidity	حَجم السُيُولَة المُتَداوَلَة
mobilizing resources	حَشْد الموارد
attracting (Arab) capital	اسْتِدْراج رُؤوس الأموال
the unsuccessful banks	المَصارِف المتَعَثِّرة
to remedy their portfolio problems	مُعالَجَة مشاكل مَحافِظِها الاستثمارية
more flexibility	مُرونة أوسع
bank credit and investment (policy)	المَحَافظ الائتِمانية والاستثمارية للمصارف
it is now time	آنَ الأوان
an effective and clearly defined strategy	استراتيجية فَعَّالة واضِحةَ المعالِم
to accelerate the process of adapting to	تُسارِع في التَكَيُّف مع
to comply with international regulatory standards and principles	الالتزام بِمَعايير وَ أُسُسْ الرَقابة الدولية

ب. القراءة الأولى: النقاط الرئيسية

١. اذكر باختصار التحديات الخَمسة التي تواجهها المصارف العربية كما جاء في المقال الذي قرأته

ا) قيام التكتلات الاقتصادية العالمية الكبرى

ب)

جـ)

د)

هـ)

٢. لَخِّص المحاور الخمسة التي قَدَّمها الكاتب لِوَضع و تَنْفيذ استراتيجية مصرفية عربية ناجحة

ا) خلق كيان مصرفي موحّد

ب)

جـ)

د)

هـ)

جـ. القراءة الثانية : التفاصيل الجزئية

مُلاءمة

١.الهَدَف من قيام المصارف العربية بمواجهة التحديات المصرفية	– قاعدة أخرى يمكن الاعتماد عليها لتوحيد المصارف العربية
٢. ان توفّر بعض الصناديق والمؤسسات المالية والمصرفية المشتركة في العالم العربي	– لِتُصبِح قادرة على التعامل في الاسواق العالمية
٣. تُعْتَبَر تجربة مجلس التعاون لدول الخليج العربي وكثرة الكوادر البشرية المؤهلة في الاعمال المصرفيّة	– عَمَليّات التسويق والأقراض وصناديق الاستثمار المشترك والادوات الاستثمارية المتنوعة
٤. بالرغم من توفر حوالي ٣٠٠ مصرف عربي	– حَتّى تمنع المصارف العالمية من فتح فروع لها في البلاد العربية
٥. يقترح الكاتب خلق تجمعات مصرفية داخل الوطن و خارجه	– القدرة على التعامل مع الأنظمة المصرفية العالمية الجديدة

٦. سياسة الانفتاح المصرفي التي يدعو اليها الكاتب معناها

    – توسيع حجم أسواق رأس المال العربية والفرص الاستثمارية

٧. يشجع الكاتب الدول العربية في توسيع عمليّات المصارف الشاملة لتشمل

    – تحرير الخدمات المصرفية من القيود المفروضة عليها

٨. تلعب المصارف الشاملة دوراً فعّالاً في

    – العلاقة بين المصارف داخل البلد العربي الواحد والعلاقة بين المصارف داخل الوطن العربي الكبير والعلاقة بين المصارف والسلطات الحاكمة

٩. يجب على المصارف العربية ان تركز على الانتشار الاقليمي وتحديث خدماتها

    – يشكّل قاعدة جيّدة للتعاون والتنسيق بين المصارف العربية

١٠. القطاع المصرفي العربي في نظر الكاتب يفتقر الى ثلاثة علاقات وهي

    – فانها محدودة القدرة والمستوي مقارنة بالمصارف العالمية

د. مراجعة

١. شرح المفردات والتعبيرات التالية باللغة العربية واستخدامها في مواقف حوار قصيرة بين الدارسين:

- تحديّات كبيرة
- مبدأ المعاملة بالمثل
- تمثّل أرضية صلبة
- صندوق النقد العربي
- مجلس التعاون لدول الخليج العربي
- كثافة سكّانية
- الانفتاح المصرفي
- الكوادر البشرية
- آن الاوان

٢. قراءة المقال والاجابة عن اسئلة الدارسين.

هـ. النشاطات الشفوية والكتابية

١. النشاطات الشفوية

مناظرة بين الداريسن حول التحديات التي تواجه المصارف العربية والطرق التي يمكن اتباعها لمواجهة هذه التحديات.

٢. النشاطات الكتابية

اقرأ الخبر التالي المنشور في القسم الاقتصادي بجريدة الرياض ثمّ اكتب ملخّصاً له بالانجليزية في حوالي ٧٠ كلمة.

الرياض الاثنين ٦ شعبان ١٤١٧ هـ - ١٦ ديسمبر ١٩٩٦م

الأمين العام المساعد للجامعة العربية لـ «الرياض»

الجهاز المصرفي العربي ليس فعالاً في تمويل الاستثمارات العربية

القاهرة - مكتب «الرياض»، محمد عبدالرشيد:

■ يعقد في يناير المقبل اجتماع للجنة الفنية لإعداد قواعد المنشأ العربية وذلك بمقر الأمانة العامة لجامعة الدول العربية بالقاهرة.

وأوضح عبدالرحمن السحيباني الأمين العام المساعد للجامعة العربية للشؤون الاقتصادية لـ «الرياض» ان اللجنة ستبحث معيار نسبة القيمة المضافة كأساس لتحديد قواعد المنشأ للسلع العربية مع جواز الاسترشاد بمعيار تغير التصنيف الجمركي ومعيار عمليات التصنيع والتجهيز.

وقال إن المنتجات المعدنية أو الخامات التي تستخرج من أراض الدول العربية أو مياهها أو قاع بحارها تنطبق عليها قواعد المنشأ العربية وكذلك المنتجات الزراعية التي تجنى أو تحصد فيها أو الحيوانات التي تولد وتربى فيها فضلاً عن المنتجات المتحصل عليها من الحيوانات أو صيد الأسماك والقنص.

وأكد في لقاء «الرياض» معه ان قواعد المنشأ التراكمي ان يعد منشأة الدول العربية والتي يتم فيها شغل المنتج تام الصنع أو تجهيزه شريطة ألا يقل المحتوى الاجمالي الناشيء عن أراض الدول العربية عن ٤٠٪ من القيمة المضافة وأوضح انه يجب ألا تؤدي قواعد المنشأ في حد ذاتها إلى إيجاد آثار سلبية للتجارة الدولية وانه في حال عدم وجود قاعدة منشأ عربية جماعية فإن القواعد التي تطبقها الدول العربية على الواردات والصادرات لن تكون أشد من قواعد المنشأ التي تطبقها لتحديد السلع المحلية.

وقال إن عدداً من الدول العربية يقوم الآن باصلاحات هيكلية بالتعاون مع المنظمات الدولية واصدار هذه الدول قوانين لتشجيع الاستثمارات إلا ان هذا الاتجاه لا يكفي بل يلزم رفع معدلات الادخار الوطنية في الداخل لأنها الركيزة الأساسية للاستثمارات والقاطرة التي تجذب رأس المال الاجنبي إلى الدول العربية..

ونوه إلى ان المعارف العربية في الوقت الراهن ليست فاعلة في نشاط تمويل الاستثمارات والمساهمة للجهاز المصرفي العربي في تمويل الاستثمارات الضعيفة للغاية وان معظم اقراض الجهاز المصرفي التجاري العربي يذهب للائتمان قصير الأجل على حساب الاستثمار متوسط الأجل والذي لا يزيد حجمه عن ١٢٪ من اجمالي موجودات المصارف العربية.

ودعا إلى ضرورة وجود استراتيجية عمل عربية في مجال المصارف لخدمة التنمية في الوطن العربي.

من جريدة الرياض
١٩٩٦/١٢/١١

الوحدة السادسة

استثمارات، آساليب تمويل، اتفاقيات تجارية، إدارة

١. نظام استثمار رأس المال الأجنبي في السُّعودية

٢. مصنع الرياض للأثاث

٣. آساليب التمويل الإسلامي

٤. مصرف قطر الإسلامي

٥. اتفاقية " الجات " والمنظمة العالمية للتجارة الدولية

٦. الإداري الناجح

نظام استثمار رأس المال الاجنبي
الصادر بالمرسوم الملكي الكريم رقم (م/٤)
وتاريخ ١٣٩٩/٢/٢هـ بناء على قرار مجلس
الوزراء الموقر رقم (١٧) وتاريخ ١٣٩٩/١/١٨هـ

المادة الأولى :

يقصد برأس المال الاجنبي في هذا النظام النقود والاوراق المالية والاوراق التجارية والالآت والمعدات وقطع الغيار والمواد الاولية والمنتجات ووسائل النقل والحقوق المعنوية كحق الاختراع والعلامات الفارقة وما ماثل ذلك من القيم متى كانت مملوكة لشخص طبيعي لا يتمتع بجنسية المملكة العربية السعودية أو لشخص معنوي لا يتمتع جميع مالكي حصص رأس ماله بجنسية المملكة العربية السعودية.

المادة الثانية :

مع عدم الاخلال بما تقضي به الانظمة الاخرى يخضع استثمار رأس المال الاجنبي لشرط الحصول على ترخيص يصدر من وزير الصناعة والكهرباء بناء على توصية لجنة استثمار رأس المال الاجنبي متى استوفى الشرطين الآتيين:

١ ــ أن يستثمر في مشروعات التنمية والتي لا تشمل فيما يختص بأحكام هذا النظام مشروعات استخراج البترول والمعادن.

٢ ــ أن يكون مصحوبا بخبرات فنية أجنبية.

المادة الثالثة :

يتم تحديد مشروعات التنمية بقرار يصدر من وزير الصناعة والكهرباء بناء على اقتراح لجنة الاستثمار وذلك ضمن إطار خطة التنمية.

المادة الرابعة :

تـنشأ بوزارة الصناعة والكهرباء لجنة تسمى لجنة استثمار رأس المال الاجنبي وتشكل على النحو التالي :

* وكيل وزارة الصناعة والكهرباء أو من يقوم مقامه أثناء غيابه رئيسا .

* مندوب عن وزارة التخطيط .

* مندوب عن وزارة المالية والاقتصاد الوطني .

* مندوب عن وزارة البترول والثروة المعدنية .

* مندوب عن وزارة الزراعة والمياه .

* مندوب عن وزارة التجارة .

و يشترط أن لا تقل مرتبة أي مندوب من أعضاء اللجنة عن المرتبة العاشرة . و يقوم رئيس مكتب الاستثمار بوزارة الصناعة والكهرباء بأعمال الامين العام لهذه اللجنة ، و يعين لها وزير الصناعة والكهرباء مستشارا قانونيا . ولها أن تسمع رأي من تشاء من الخبراء على أن لا يكون لهم صوت في اتخاذ القرارات ولا تكون اجتماعاتها صحيحة الا بحضور أربعة أعضاء على الاقل من بينهم الرئيس ، وتعتبر مداولاتها سرية وتصدر قراراتها بأغلبية أصوات الحاضرين وعند التساوي يرجح الجانب الذي صوت معه الرئيس . ولا تكون قراراتها نهائية الا اذا صدق عليها وزير الصناعة والكهرباء .

المادة الخامسة :

تختص اللجنة المشار اليها في المادة الرابعة بما يلي :

١ ــ اقتراح ما يعتبر من مشروعات التنمية .

٢ ــ النظر في طلبات الاستثمار .

٣ ــ بحث ما يقدمه المستثمرون الاجانب وغيرهم من ذوى الشأن من شكاوي أو منازعات ناشئة عن تطبيق أحكام هذا النظام و بعث توصياتها في هذا الشأن الى جهات الاختصاص .

٤ ـ التوصية بالجزاءات التي ترى توقيعها على المنشأة التي تخالف أحكام هذا النظام.

٥ ـ النظر في مشروع اللوائح اللازمة لتنفيذ هذا النظام.

٦ ـ النظر فيما يحيله اليها وزير الصناعة والكهرباء من مسائل متعلقة بأحكام هذا النظام.

المادة السادسة :

يقدم مكتب استثمار رأس المال الاجنبي في وزارة الصناعة والكهرباء كافة المعلومات والايضاحات والاحصائيات اللازمة لمن يطلبها من الراغبين في توظيف رأس المال الاجنبي في المملكة كما يقوم المكتب المذكور بتسهيل وانجاز المعاملات المتعلقة برؤوس الاموال الاجنبية التي رخص لها بالعمل. وتمنح وزارتا الخارجية والداخلية المستثمرين وموظفيهم وعمالهم المرخص لهم بموجب هذا النظام تأشيرات الدخول والخروج والتصريح بالاقامة.

المادة السابعة :

ينتفع رأس المال الاجنبي الذي استوفى الشروط المنصوص عليها في هذا النظام بالمزايا الآتية:

(أ) المزايا التي يتمتع بها رأس المال الوطني بموجب نظام حماية وتشجيع الصناعات الوطنية التي بالنسبة للمشروعات الصناعية فقط.

(ب) اعفاء المشروع الصناعي أو الزراعي الذي يستثمر فيه رأس المال الاجنبي من ضرائب الدخل والشركات مدة عشر سنوات واعفاء المشاريع الاخرى من هذه الضرائب مدة خمس سنوات.

وتستفيد من حكم الاعفاء الوارد بهذه الفقرة المشاريع التي تتمتع بالاعفاء وقت العمل بهذا النظام.

ويشترط للاعفاء أن يمتلك رأس المال الوطني نسبة لا تقل عن خمسة وعشرين بالمائة من رأس مال المشروع وأن تبقى هذه النسبة طوال مدة الاعفاء،وتبدأ مدة الاعفاء من تاريخ بدء الانتاج.

ويجوز لمجلس الوزراء تعديل هذه الفقرة.

(ج) تملك العقار اللازم وفقا لنظام تملك غير السعوديين المعقار.

المادة الثامنة :

فيما لا يتعارض مع أحكام هذا النظام تخضع المشروعات المنتفعة باحكام هذا النظام لانظمة العمل والتأمينات الاجتماعية وغيرها من الانظمة المعمول بها في المملكة.

المادة التاسعة :

لا تسري أحكام هذا النظام على المشروعات التي يستثمر فيها رأس المال الاجنبي في الاحوال الآتية:

(أ) اذا كانت قائمة بصورة نظامية قبل نفاذ هذا النظام ومع ذلك فان ممارسة هذه المشروعات لنشاطها أو زيادة رأس مالها تخضع لأحكامه.

(ب) اذا صرح لها بمزاولة نشاطها في المملكة بموجب أنظمة أو اتفاقيات خاصة.

المادة العاشرة :

كل منشأة رخص لها بمقتضى هذا النظام فخالفت أحكامه ينذرها وزير الصناعة والكهرباء باتباع هذه الاحكام خلال مدة يعينها لها، فاذا لم تستجب لهذا الانذار جاز للوزير بناء على توصية لجنة الاستثمار سحب الرخصة الممنوحة لها أو تصفيتها نهائيا.

ويجوز للوزير بناء على توصية اللجنة المذكورة عوضا عن السحب أن يقرر حرمان المنشأة من كل أو بعض المزايا المنصوص عليها في هذا النظام. ويجوز لذوى الشأن التظلم الى ديوان المظالم من قرار الوزير الصادر بالعقوبة خلال ثلاثين يوما من تاريخ تبليغه بالطرق الرسمية و يكون حكم الديوان في التظلم باتا ونهائيا.

المادة الحادية عشر :

يصدر وزير الصناعة والكهرباء اللوائح التنفيذية لهذا النظام وتنشر في الجريدة الرسمية.

المادة الثانية عشر:

ينشر هذا النظام في الجريدة الرسمية و يعمل به بعد ثلاثين يوما من تاريخ نشره و يلغى نظام استثمار رأس المال الاجنبي الصادر بالمرسوم الملكي رقم (٣٥) وتاريخ ١١/١٠/٨٣هـ اعتبارا من نفاذ هذا النظام.

٭ من " دليل الترخيص للاستثمار الأجنبي بالمملكة العربية السعودية
وزارة الصناعة والكهرباء
أمانة لجنة استثمار رأس المال الأجنبي
١٤١٣هـ - ١٩٩٢م

القسم الأول : التمهيد

أسئلة قبل القراءة

١. أذكر ما تعرفه عن استثمار الأموال .

٢. ما هي بعض المشروعات التي يمكنك استثمار أموالك فيها بنجاح ؟

٣. من يقوم عادة بوضع قوانين الاستثمار في البلاد ؟

القسم الثاني : القراءة والاستيعاب

ا. القراءة الأولى : المفردات والتعبيرات الأساسية

Foreign Capital Investment Law	نظام استثمار رأس المال الأجنبي
royal decree	مَرسوم ملَكي
in accordance with	بِناء على
decision, resolution	قَرار – قرارات
Cabinet, Council of Ministers	مَجْلس الوُزَراء
respected	مُوَقّر
currency notes	أوراق ماليّة
equipment, material	مُعَدّات
spare parts	قطع الغيار
raw materials	مَوادّ أوّلية
transportation facilities	وَسائل النّقل
corporate rights	حقوق معنويّة
invention	اختِراع – اختِراعات
trading marks	عَلامات فارقة
a corporate person	شَخص مَعْنوي
a natural person	شخص طَبيعي
share	حِصّة – حِصَص
violation; harm	إخْلال
without prejudice to	مع عدم الإخْلال
permission, license	تَرْخيص – تَراخيص
recommendation	تَوصيَة – توصيات
to fulfill	اِسْتوفى ، يَسْتوفي ؛ اِسْتيفاء
development projects	مَشْروعات التَنمية
accompanied by	مَصْحوباً بِ
within the framework	ضِمْنَ إطار

development plan	خطّة التنمية
to form	شكَّل ، يُشكِّلُ ؛ تَشْكيل
in the following manner	على النحو التالي
Deputy Minister	وَكيل وزارة – وُكَلاء وِزارات
his substitute	مَن يَقوم مقامه
during his absence	أَثْناء غيابة
Ministry of Planning	وزارة التخطيط
representative; delegate	مَندوب – مَندوبون
Ministry of Finance & National Economy	وِزارة الماليّة والاقتصاد الوطني
Ministry of Petroleum & Mineral Resources	وِزارة البترول والثَّروة المعدنيّة
Ministry of Agriculture & Irrigation	وِزارة الزِراعة والمياه
Ministry of Commerce	وِزارة التجارة
rank; grade	مَرْتَبة – مَراتِب
to act on	يَقوم بأعمال
Secretary General	الأمين العام
legal advisor	مُسْتَشار قانوني
passing or adopting resolutions	اتّخاذ القرارات
deliberation; discussion	مُداوَلة – مُداوَلات
the majority vote	أغلبيّة الأصوات
when there is a tie	عِنْد التساوي
to give preference to	يُرَجِّح على
to ratify	صَدَّق ، يُصَدِّقُ على ؛ تَصديق على
who are concerned	مِن ذَوي الشَّأن
complaints	شَكاوي (جمع شكوى)
claims	منازَعات (جمع مُنازَعَة)
resulting from	ناشِئة عن
application of this law	تَطبيق أحْكام هذا النِظام
the competent authorities	جهات الاخْتِصاص
penalties	جَزاءات (جمع جَزاء)
industrial plant; firm	مُنْشَأة – مُنْشَآت
to violate the law	تُخالف النِظام
the necessary procedural rules	اللوائح اللازمة
to turn over, pass on	أحال ، يُحيل إلى ؛ إحالَة
the necessary statistical data	الاحصائيات اللازمة

executing transaction	انْجاز المُعاملات
privileges; merits	مَزايا ، (جمع مَزيّة)
protection of local industries	حمايَة الصناعات الوطنيّة
exemption from fees...etc.	اعْفاء– إعفاءات
income and company taxes	ضَرائب الدّخل والشَركات
social security	التأمينات الاجتماعية (تأمين اجتماعي)
in use; in force; applied	المعمول بها
to be applicable	سَرى ، يَسري ؛ سَرَيان
pursuit of its activities	مُزاولة نشاطها
to warn; call attention	اَنْذَرَ ، يُنْذِرُ ؛ انْذار
to respond to the warning, to heed the warning	تَسْتَجيب للإنْذار
cancellation of the license	سَحْب الرُخصَة
final liquidation (of the establishment)	تَصفْيتها نهائيًا
depriving the establishment of	حرمان المُنشأة من
the concerned parties	ذَوي الشأن
lodging a complaint to the Board of Grievances	التَظلّم إلى ديوان المظالم
punishment	عُقوبة – عُقوبات
from the date of his notification	من تاريخ تَبليغه
the verdict of the board	حُكم الديوان
binding and final	باتًا ونهائيًا
the goverment paper	الجَريدة الرسميّة

ب. القراءة الثانية : الأفكار الرئيسية

إكمال العبارات التالية :

١. إنّ نظام استثمار رأس المال الأجنبي المعمول به في السعودية صادر بموجب ـــــــــــــ ...

٢. من أهم الشروط الضرورية لاستثمار رأس المال الأجنبي الحصول على ـــــــــــــ .

٣. جميع طلبات الاستثمار في السعودية تدرسها لجنة خاصّة اسمها ـــــــــــــ

٤. يحصل المستثمرون الأجانب وعمالهم المرخّص لهم بالعمل على تأشيرات الدخول والخروج من

ـــــــــــــــــــــــ

٥. تُعفى المشاريع الصناعية أو الزراعيّة الموافق عليها من ـــــــــــــ بشرط أن لا تقلّ المساهمة السعودية في رأس المال عن ـــــــــــــ .

٦. في حالة قيام احدى المنشآت المرخّصة بمخالفة أحكام النظام يحقّ لوزير الصناعة والكهرباء

ـــــــــــــــــــــــ

جـ. القراءة الثالثة : التفاصيل

١. تحدث عن نظام استثمار رأس المال الأجنبي في السعودية من النواحي التالية :

ا) نشأته

ب) المقصود منه

٢. ما هي الشروط التي يجب استيفاؤها في رأس المال الأجنبي بموجب هذا النظام ؟

ا) الحصول على ترخيص

ب) ـــــــــــــ

جـ) ـــــــــــــ

٣. صِف لجنة استثمار رأس المال الأجنبي :

ا) أعضاء اللجنة

ب) الأمين العام للجنة

جـ) الأعمال والنشاطات التي تقوم بها

٤. يُمكن الحصول على جميع المعلومات المتعلّقة بالاستثمارات الأجنبية في المملكة العربية السعودية من ـــــــــــــ .

٥. أذكر أهمّ المزايا التي تتمتع بها المشروعات الصناعية ذات الاستثمارات الأجنبية .

ا) ________________ .

ب) ________________ .

جـ) ________________ .

٦. تكلّم عن الخطوات المتّبعة عادة في حالة مخالفة إحدى المنشآت لبعض أحكام نظام الاستثمارات الأجنبي .

ا) إنذار المنشأة

ب) ________________ .

جـ) ________________ .

د) ________________ .

القسم الثالث : المراجعة

١. قراءة الدارسين النص قراءة جهرية والإجابة عن اسئلتهم حول بعض التعبيرات اللغوية أو الحضارية .

٢. ملء الفراغات ببعض المفردات والتعبيرات الأ ساسية .

ان نظام استثمار رأس المال الأجنبي المعمول به في السعودية صادر بموجب ________ رقم م/٤ بتاريخ ١٣٩٩/٢/٢هـ . ومن الشروط الواجب ________ في رأس المال لِيُصبح مُؤَهلا للاستثمار ان يكون استثماره في مشروعات ________ وأن يكون ________ بخبرات فنية اجنبية وان يحصل على ترخيص صناعي من ________.

وفي العادة يُقدّم طلب الترخيص الى مكتب لجنة ________ المكونة من ________ وزارة الصناعة والكهرباء وعضوية مُمَثلين لِخمس ________ اخرى منها وزارة ________ . ووزارة ________. وتقوم هذه اللجنة بالنظر في ________ المُقدّمة اليها ثم إحالتها الى لجنة ________ المنشأة بموجب النظام . ومما يجدر ذكره هنا ان قرارات اللجنة بالقبول او الرفض خاضعة لموافقة ________.

وبموجب نظام استثمار رأس المال الأجنبي تتمتع المشاريع الصناعية والزراعية الموافق عليها بجميع المزايا التي تتمتع بها ________ وتُعفى من ________. والشركات مدة عشر سنوات . وفي حالة قيام احدى المنشآت الصناعية المرخّصة بمخالفة النظام فَإِن لِوزير الصناعة والكهرباء الحق في مطالبتها بتصحيح ________. في مدة معينة . واذا لم يتم ذلك فَلِلْوزير الحق في الغاء الترخيص او ________ نهائيا . ولأصحاب المنشأة الحق في رفع شكواهم من قرار الوزير الى ________.

القسم الرابع : التطبيقات

ا. النشاطات الشفويّة

١. مناقشة عامّة

ا) ما رأيك في نظام استثمار رأس المال الأجنبي المعمول به في السعودية ؟

ب) أذكر ما تعرفه عن نظام استثمار رأس المال الأجنبي في بلدك .

جـ) أعط أسماء الوزارات التي لها مندوبون في لجنة استثمار رأس المال الأجنبي . وما هي الوزارات المشابهة لها في الولايات المتحدة ؟

د) ما هي الوزارات التي يجب على المستثمرين الأجانب التعامل معها في السعودية أو في أي بلد عربي آخر ، ولماذا ؟

٢. اقرأ الاجراءات الخاصّة بالتقدّم بطلب ترخيص وإقامة مشروع استثماري استعداداً لمناقشته شفويا في الصف.

اولا : الاجراءات الخاصة بالتقدم بطلب ترخيص واقامة مشروع استثماري

اولا : تقديم طلب الترخيص :

ا ـ المشاريع الصناعية :

١ ـ على المستثمر الذي يرغب في اقامة مشروع استثماري ان يوضح بايجاز طبيعة المشروع المقترح من حيث المنتجات المقترحة والطاقة الانتاجية والاستثمارات .... الخ ، وذلك لادارة التراخيص الصناعية بالوزارة وان يستفسر عن امكانية النظر في ترخيص المشروع .

٢ ـ اذا كانت هناك امكانية لاصدار ترخيص ، وذلك على اساس الطاقة الانتاجية المركبة بالمصانع التي اقيمت بالفعل ، والواقع السوقي ، وما الى ذلك ، يتم تزويد المستثمر المحتمل بالنماذج من قبل ادارة التراخيص الصناعية بالوزارة للتقدم بالطلب اللازم .

٣ ـ في حالة عدم وجود امكانية للنظر في منح ترخيص ، بسبب عدم وجود اسواق متاحة للمنتجات المقترح تصنيعها ، يتم ارسال خطاب للاعتذار عن امكان اقامة ذلك المشروع .

٤ ـ اذا كان بالامكان النظر في امكانية الترخيص للمشروع ، يتوجب على المستثمر الاجنبي ، وفي حالة المشروع المشترك على الشريك الاجنبي او الشريك السعودي (حسبما يفوض احدهما الاخر) أو على المندوب المفوض بذلك نظاما ، تقديم استمارة طلب الترخيص الى امانة لجنة استثمار رأس المال الاجنبي مع المستندات التالية :

ب. النشاطات الكتابية

المطلوب التعاون مع طالبين أو طالبتين من طلاب وطالبات الصف في تعبئة الطلب المرفق لإقامة مشروع صناعي في المملكة العربية السعودية بموجب نظام استثمار رأس المال الأجنبي.

صاحب المعالي / وزير الصناعة والكهرباء **الموقر**

بعد التحية

أتقدم اليكم بطلب الترخيص لاقامة مشروع مقاولات (   ) انشائية (   ) صيانة وخدمات فنية هندسية ، وسيكون ذلك في التخصصات التالية :

- مشاريع مدنية
(مباني - مطارات - طرق - جسور - سدود - موانىء - شبكات - مجارى - شبكات مياه) .
- مشاريع ميكانيكية .
- مشاريع كهربائية .
(محطات توليد كهرباء - شبكات قفل قوى كهربائية - شبكات توزيع)
أعمال صحية .
- حفر آبار .
- تخصصات اخرى .

في مدينة ....

وارغب في تنفيذه في المملكة العربية السعودية وفقا لأحكام الأنظمة المرعية ، واقر بأن البيانات المذكورة بهذا الطلب ومرفقاته صحيحة ومطابقة للواقع .

تحريرا في   /   / ١٤ هـ

مقدمه :

الاسم :

التوقيع :

ملاحظة هامة :

أ - يجب توقيع مقدم الطلب على كل صفحة من صفحات النموذج وكذلك على أية ورقة اضافية واذا حدث أي شطب أو كشط في الكتابة فيجب التوقيع بجانبه .

ب - ينبغى التأشير بعلامة (   ) أمام كل نشاط يراد القيام به .

١ ـ مقدم الطلب :

أ ـ الاسم : .... ب) الجنسية : ....

ج ـ رقم الحفيظة وجواز السفر وتاريخه ....

د ـ العنوان الدائم .... رقم الهاتف ....

هـ ـ علاقة مقدم الطلب بالمشروع ....

....

٢ ـ وضع المشروع :

أ ـ الاسم التجارى المقترح للمشروع ....

ب ـ المركز الرئيسي المقترح للمشروع ....

ج ـ الكيان القانوني : مؤسسة فردية/شركة تضامن/شركة توصية بسيطة/شركة ذات مسئولية محدودة/شركة مساهمة .

٣ ـ توزيع رأس مال المشروع المقترح :

اسم الشريك	الجنسية	العنوان الدائم	حصته في رأس المال			النسبة
			قيمته			
			نقدى	عيني	مجموع	
١ -						
٢ -						
٣ -						
٤ -						
٥ -						
٦ -						
٧ -						

٤ — أسماء وعناوين الشركاء أو الأعمال الأخرى التي يساهم برأسمالها الشركاء في المملكة .

اسم الشريك	اسم الشركات التي له نشاطات معها	طبيعة عمل هذه الشركات	عناوين هذه الشركات

٥ — بيان المشاريع التي قام بها المستثمر الاجنبي خلال ثلاث سنوات الماضية في المملكة .

المشروع	القيمة (مليون)	تاريخ بدأ المشروع	تاريخ انتهاء المشروع	الجهة التابع لها	الشهادات المؤيدة

٦ ـ بيان المشاريع التي يقوم بها المستثمر الاجنبي في الوقت الحاضر في المملكة :

ملاحظات	الجـهـة التابع لها	تاريخ الانتهاء حسب البرنامج	القيمـة (مليون ريال)	المشروع

٧ ـ بيان المعدات التي يملكها الشريك الاجنبي في الخارج :

ملاحظـات	القيمة	العدد	الطراز وسنة الانتاج	اسم الالة

259

٨ ــ بيان المعدات التي يملكها الشريك الاجنبي في داخل المملكة :

اسم الاله	الطراز وسنة الانتاج	العدد	القيمة	ملاحظات

٩ ــ بيان الجهاز الفني والادارى للشريك الاجنبي في الخارج .

١٠ــ بيان الجهاز الفني والادارى للشريك الاجنبي في المملكة .

١١ــ توضح علاقة الشركة الأم في الخارج والتسهيلات الممكن توفيرها للمشروع المزمع اقامته في المملكة وفق الاتفاق المعقود بين الطرفين السعودى والأجنبي .

مصنع الرياض للأثاث
أثاث الرياض

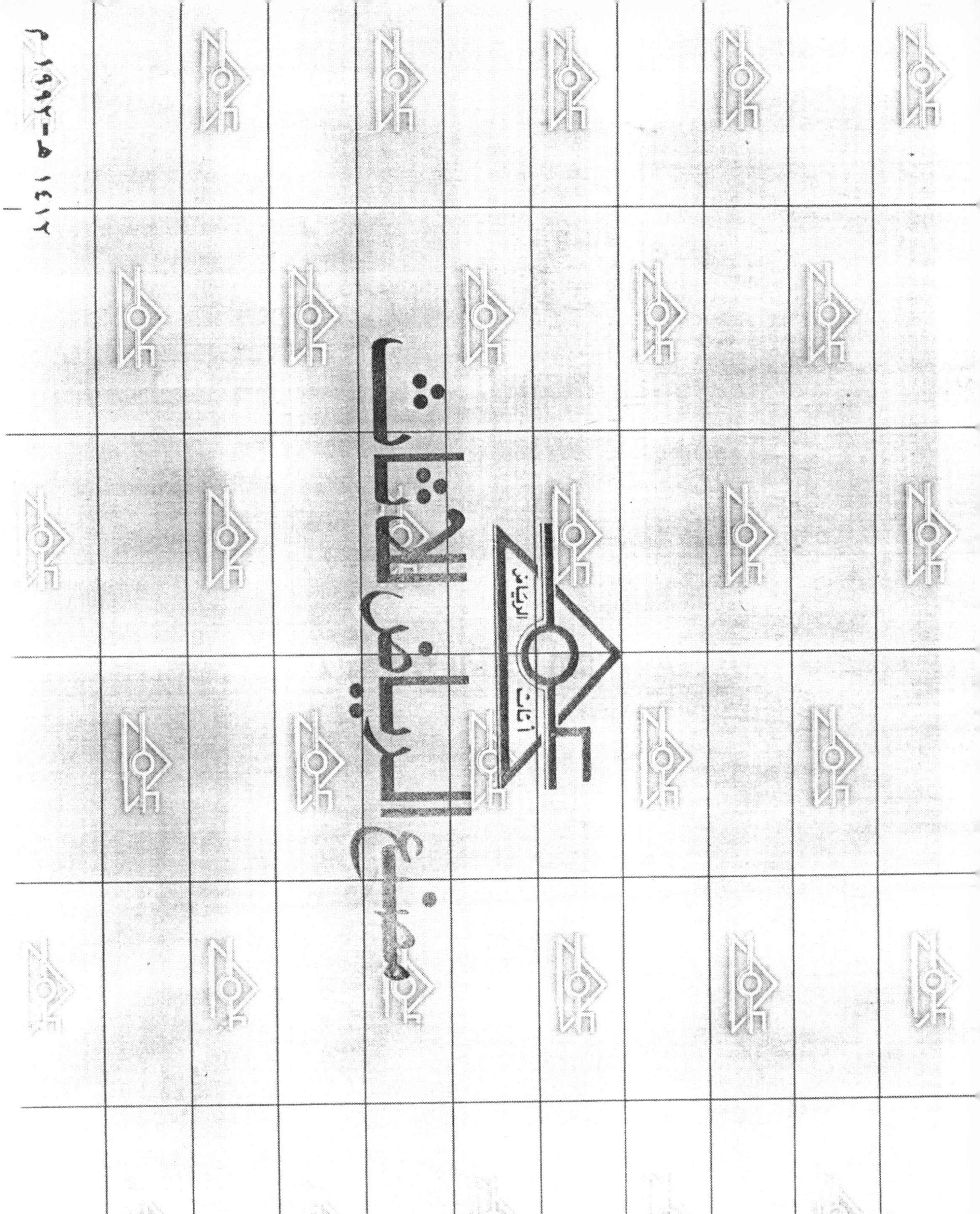

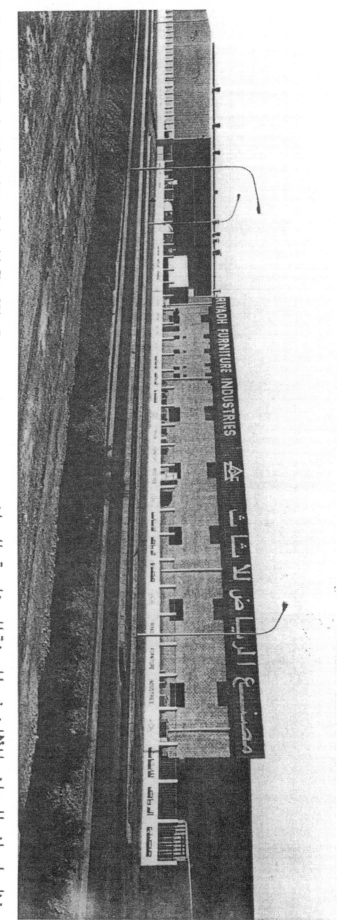

View of Riyadh Furniture Industries at Industrial City of Riyadh

منظر لمصانع الرياض للأثاث في المدينة الصناعية بالرياض

مقدمــــة

مصنع الرياض للأثاث، شركة سعودية ١٠٠٪ ذات مسئولية محدودة رأس مالها المدفوع (٢٥) مليون ريال سعودي وإجمالي المبلغ المستثمر (٩٩) مليون ريـال، تأسس المصنـع سنة ١٣٩٥هـ الموافق لسنة ١٩٧٥م، وبدأ الانتاج التجاري عام ١٩٧٨م، وهو من أنجح الشركات في المملكة العربية السعودية التي تعكس دور القطاع الخاص تجاه عملية التحديث والتطوير في المملكة.

أعضاء مجلس الادارة:

- الشيخ/ عبدالرحمن المحمود
- الشيخ/ محمد العمير
- المهندس/ عمير العمير
- المهندس/ عبدالعزيز العمير

تقع مصانع مصنع الرياض للأثاث ومكاتب الادارة والمعرض في المدينة الصناعية الثانية بطريق الخرج وتبلغ المساحة الكلية (٧١٧٠٠)م٢ والمساحة المبنية (٤٢٢٠٠)م٢

ترخيص المصنـع صادر من وزارة الصناعة والكهرباء تحت رقم ٧٣/ ٥ بتـاريـخ ١٢/ ٦/ ١٣٩٥هـ وآخر تعـديـل له صدر برقم ١٣٥ بتـاريـخ ١/ ٤/ ١٤٠٥هـ، ورقم السجل التجاري ١٠١٠٠٠٨٥٥١ بتاريخ ١٨/ ٨/ ١٣٩٥هـ.

الأثاث المرخص لمصنع الرياض للأثاث إنتاجه

* المقاعد والكراسي المدرسية
* جميع أنواع الكراسي المكتبية
* المكاتب والطاولات (حديد وخشب)
* طاولات الاجتماعات
* دواليب الملفات ودواليب التخزين والدواليب الحائطية
* أسرة وأثاث غرف نوم مختلف
* أسرة وأثاث مستشفيات
* أثاث مكتبات
* أثاث مختبرات
* كراسي بمخدع للكتابة
* كراسي قاعات استماع
* سبورات ولوحات إعلانات

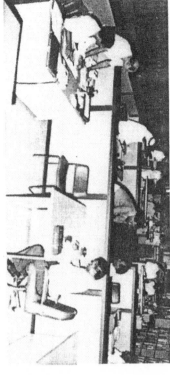

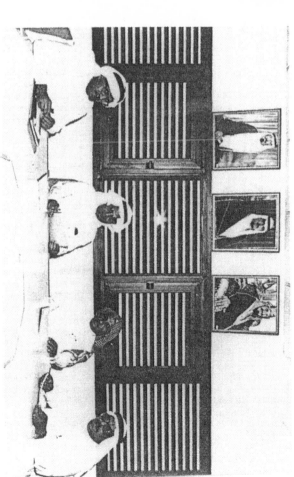

القدرات، المشروعات والانجازات:

إضافة إلى تصنيع الأثاث النمطي، والأثاث المصنع حسب مواصفات العميل والتجهيزات الداخلية، فإن المصنع ينفذ التعاقدات بتوزيع أرقى أنواع السجاد والمفروشات بمئات التصميمات والنماذج والأساليب، الأصص، النباتات، الأسقف المستعارة والانارة، معدات المكاتب وتجهيزات ومعدات المعامل والمطابخ.. الخ.

وفي استطاعة المصنع تنفيذ عقود التصنيع والتوزيع والفرش بأي حجم وكمية وقيمة.

ومن بين مشروعات المصنع الضخمة الناجحة، مطار الملك خالد الدولي بالرياض، مبنى وزارة الدفاع والطيران، المكتبة المركزية بجامعة الملك سعود ومستشفيات وزارة الدفاع بالخرج والظهران ومستشفى قوى الأمن بالرياض.

ومن بين عملاء المصنع البارزين وزراة المعارف، رئاسة تعليم البنات، وزارة الصناعة والكهرباء، وزارة البريد والبرق والهاتف، جامعة الملك عبدالعزيز، جامعة البترول والمعادن، جامعة الإمام محمد بن سعود الإسلامية، الهيئة الملكية للجبيل وينبع، الحرس الوطني، القوات البحرية الملكية، المؤسسة العامة للتصنيع الحربي، أرامكو وغير ذلك من المستشفيات والمكاتب الحكومية والخاصة.

يوجد بالمصنع أكثر من خمسة وعشرين مهندسا يدعمون العمالة التي تزيد على ٤٥٠ عاملا من أعلى الكفاءات والخبرات التي جلبت واستقدمت من عدة دول لتوفير العمالة بأقسامه المتعددة مثل الخشب، الصاج، المواسير، الطلاء بالكهرباء، الدهان، السبورات، التنجيد، التعبئة، الورشة الفنية، جودة الانتاج، الكهرباء، الالكترونيات.

وبالمصنع إدارة للتصميم يعمل بها خمسة عشر من المصممين، الرسامين، موظفي التخطيط، أخصائي الديكور والمهندسين المعماريين والجميع من ذوي الكفاءات والخبرات العالية ولكل سجل حافل في مجال الأثاث.

المصنع

يعمل لدي مصنع الرياض للأثاث أكثر من ٢٥ مهندسًا مدعومين بأكثر من ٦٠٠ عامل مؤهلين ولديهم خبرات عالية ومن مختلف البلدان وذلك للعمل بمختلف أقسام المصنع: الخشب/ دهان الخشب، الحديد/ دهان الحديد/ الطلاء بالكروم، التنجيد/ التجميع/ الاسفنج والبلاستيك/ الصيانة/ ورشة آلات التغليف والشحن/ مراقبة الجودة/ الكهرباء والالكترونيات.

البحوث والتطوير:

- قسم التصميم والتخطيط المجهز حديثًا تم تأهيله بمعماريين ومصممين داخليين ومهندسي ديكور ورسامين ذو تأهيل وخبرات ممتازة.
- وبرئاسة مدير قسم التصميم ومساعده وكلاهما مهندسين مؤهلين تأهيلاً

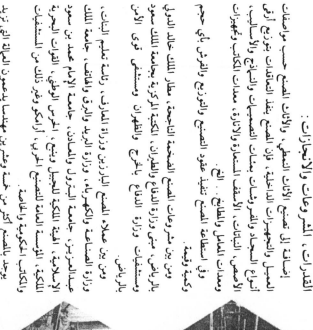

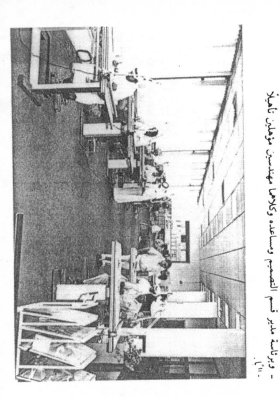

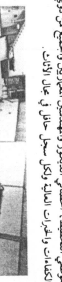

برامج التدريب :

يشجع المصنع طلبة المدارس والكليات (وبصفة أساسية السعوديين) للتدريب بالمصنع ، وكذلك فإن المهندسين والمديرين يتلقون تدريبا بالالتحاق بالدورات التي تنظمها الغرفة التجارية الصناعية وكليات الهندسة بالمملكة . بينما الفنييون يتلقون تدريباتهم على الماكينات الجديدة وخطوط الانتاج المستوردة من أوروبا .

تطور المبيعات :

زودت إدارة المبيعات بمهندسين مؤهلين تأهيلاً عاليا ، وتتلقى مجموعة موظفي المبيعات الدعم اللازم عند الحاجة من القسم الفني فيما يتعلق بالمواصفات . وقد شهد المصنع خلال الاثني عشر سنة الماضية تطورًا ملحوظًا في مجال التقنية .

والمبيعات خلال الاثنى عشر سنه الأخيرة هو مثال جيد للنمو الهائل في مصنع الرياض للأثاث .

رسم بياني يوضح نمو المبيعات

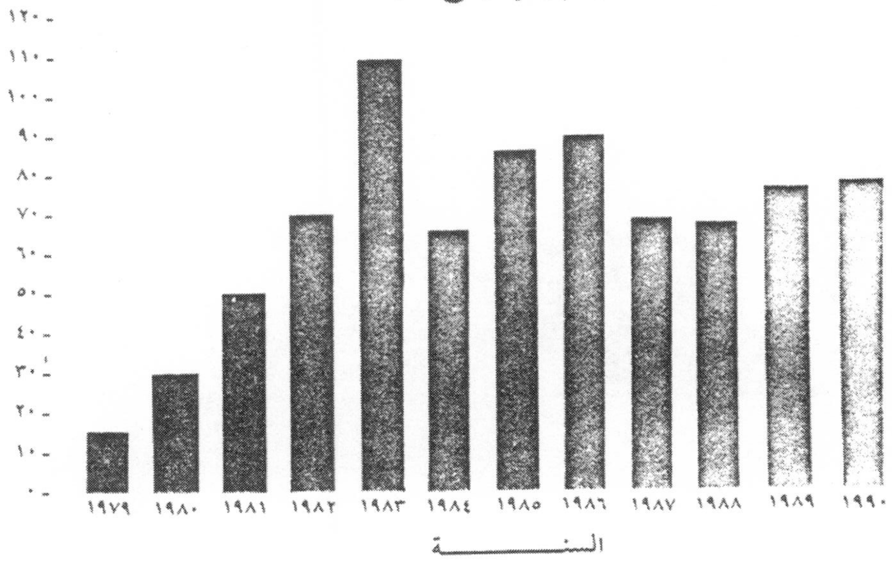

المعـارض :

يرحب مصنع الرياض للأثاث بالزائرين لزيارة معرضه في المنطقة الصناعية الجديدة بطريق الخرج بالرياض للتعرف على منتجاته وامكانياته وطاقته الانتاجية .

تقع مصانع مصنع الرياض للأثاث ومكاتب الادارة والمعرض في المدينة الصناعية الثانية بطريق الخرج وتبلغ المساحة الكلية (٧١٧٠٠)م٢ والمساحة المبنية (٤٢٢٠٠)م٢

عنـوان المراسلــة :

ص.ب ٥٠٣٨
الرياض ١١٤٢٢
المملكة العربية السعودية

هاتف : ٤٩٨٠٨٠٨ - ١ - ٩٦٦
فاكس : ٤٩٨١٢١٦ - ١ - ٩٦٦
تلكس : ٤٠١٤٩٢ RIFI SJ
٤٠٤٦٤٣ FURN SJ
برقيا : رمث

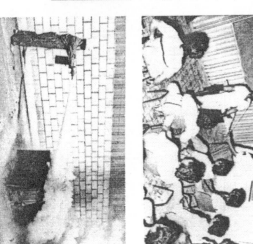

الحلاقة:

تشير الدلائل التاريخية إلى أن الحلاقة لم تعرف إلا متأخرة، ولم تكتشف الآلات الحلاقة الحجرية (A.B.O) في طبقات العصر (الآ) وكذلك (C.O) في الآثار يدل على أن الحلاقة لم تكن معروفة من قبل، ثم أخذت الحلاقة تنتشر بين الناس، إذ عرف الناس الموس، الشفرات، والأدوات الحلاقة.

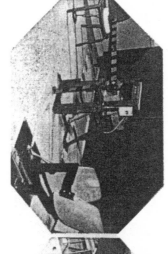

مهنة النجارة والأثاث:

كانت تزخر المدن في العصور القديمة بالنجارين، كما كانت توجد محلات خاصة لصناعة الأثاث والنجارة.

السمكرة والحدادة:

تعتبر مهنة الحدادة من المهن القديمة التي عرفها الإنسان منذ عصور قديمة، حيث كان الحداد يصنع الأدوات المعدنية والزراعية.

القسم الأول : التمهيد

اسئلة قبل القراءة

١. أعط أسماء بعض المصانع التي تعرفها وأهمّ منتوجاتها .

٢. ما أهمية الصناعة في تقدّم المجتمعات ؟

القسم الثاني : القراءة والاستيعاب

أ. القراءة الأولى : المفردات والتعبيرات الأساسية

ذات مسئولِية مَحدودَة	with limited liability
رَأس مال	capital
إجماليّ المبلغ	total sum
تَعْكِس	reflects
دَوْر – أدوار	role
القِطاع الخاصّ	private sector
تُجاه	towards
عَمَلِية التحدْيث	modernization process
عُضو – أعْضاء	member
مَجْلِس الإدارَة	Board of Directors
مَعْرَض – معارِض	showroom
طَريق الخَرْج	AL-Kharj Road
وِزارَة الصِّناعَة والكَهرُباء	Ministry of Industry & Electricity
تَعْديل – تَعديلات	amendment
السجِلّ التِجاري	commercial registration
المُرَخَّص إنْتاجُه	licensed to produce
مَقاعِد (جمع مَقْعَد) مَدرسِيّة	school desks
كراسِي مَكْتَبِيّة	office chairs
حَديد	iron
خَشَب	wood
دَواليب (جمع دولاب)	cabinets
مِلَفّات (جمع مِلَفّ)	files
دَواليب حائِطِيّة	wall cabinets
مُخْتَبرات (جمع مُخْتَبَر)	laboratories

bulletin; boards	سبُورات (جمع سبُورة)
bulletin boards	لَوْحات (جمع لوحة) إعْلانات
capabilities	قُدُرات (جمع قدرة)
achievements	إنْجازات (جمع إنْجاز)
standard furniture	أثاث نَمَطي
custom mode	حَسَب مُواصفات العَميل
interior furnishing	تَجهيزات داخليّة
contract	تعاقُدات (جمع تعاقد)
in hundreds of designs	بِمئات التَصْميمات
patterns	نَماذِج (جمع نموذج)
planters, flowerpots	أُصُص
ceiling	أُسْقُف (جمع سَقْف)
lighting	إنارَة
desk accessories	مُعدّات المكاتب
big projects	مَشْروعات ضَخْمة
King Khaled International Airport	مَطار الملك خالد الدَّولِي
building	مَبْنى – مَبان
Ministry of Defense and Aviation	وِزارة الدِّفاع والطَيران
The Central Library	المكتبة المركزيّة
Security Forces Hospital	مُستشفى قُوى الأمن
supported	مَدعومين
qualified	مُؤَهّلين
wood painting	دِهان الخشب
electroplating	الطِلاء بالكروم
upholstry	التَّنجيد
assembly	التَّجْميع
sponge	الاسْفَنج
plastic	البلاستيك
maintenance	الصِّيانَة
packing & transport	التَّغليف والشَحن
quality control	مُراقبة الجودَة
electronics	الالكْترونيّات
design & planning	قِسم التصميم والتَّخطيط
architects	مِعْماريّين (جمع مِعْماري)
interior designers	مُصَمّمين داخليّين
decor engineers	مُهندسي ديكور
draftsmen	رَسّامين (جمع رسّام)

training program	بَرامِج التَّدريب
to receive training	يتلقّون تدريباً
joining the seminars	الالتحاق بالدَّوْرات
Chamber of Commerce & Industry	الغُرفة التجاريّة الصناعيّة
technicians	فَنّيّون (جمع فَنّي)
machine	ماكينات (جمع ماكينة)
sales	المَبيعات
specifications	مُواصفات
to witness	شَهد ، يَشهَدُ ، شُهود
noticeable growth	تطَوّر ملحوظ
the technology field	مَجال التَقْنية
tremendous growth	نُموّ هائل
illustrative figure; diagram	رَسْم بَياني

أ. القراءة الثانية : النقاط الاساسية

اسئلة عامة

١. أين يقع مصنع الرياض للأثاث ؟

٢. أكمل ما يلي بالمعلومات الضرورية :

أ) رأس مال المصنع ________________.

ب) المصنع مرخّص من ________________.

جـ) نشاهد في الصور على الصفحة الأولى ________________

د) يعمل في المصنع ________ مهندساً وأكثر من ________ عامل

٣. أذكر أهم المشروعات الضخمة التي نفّذها المصنع .

٤. في المصنع أقسام مختلفة منها :

أ) الخشب ودهان الخشب .

ب) ________________.

جـ) ________________.

د) ________________.

٥. في أيّ سنة ارتفع نمو المبيعات ارتفاعاً ملحوظاً ؟ وكم كان إجمالي المبيعات بالريالات السعودية ؟

٦. كيف يمكنك الاتصال بمصنع الرياض ؟

ب. القراءة الثالثة : التفاصيل

١. تحدّث عن المصنع من النواحي التالية :

أ) أعضاء مجلس الإدارة

ب) أنواع الأثاث التي يُنتجها

ج) عدد الجهات التي تم التعاقد معها

د) قسم البحوث والتطوير

هـ) برامج التدريب

القسم الثالث : المراجعة

١. قراءة النص الأساسي قراءة جهرية في الصف والإجابة عن أسئلة الدارسين حول بعض الأمور اللغوية أو الحضاريّة .

٢. استعمال المفردات والتعبيرات

صف مصنعك المفضّل في فقرة واحدة مستخدماً المفردات والتعبيرات التالية :

رأس المال	أقسام المصنع
مجلس الإدارة	مُهندسون وفنّيون مؤهّلون
تَرخيص	مراقبة الجودة
دَواليب	دورات تدريبيّة

قُدرات وانجازات	مبيعات
مَشروعات ضَخْمَة	نموّ هائل

القسم الرابع : التطبيقات

أ. النشاطات الشفوية

١. مناقشة عامة

أ) أذكر الأشياء التي أعجبتك في مصنع الرياض للأثاث .

ب) قارن مصنع الرياض للأثاث ببعض المصانع الأخرى التي تعرفها .

جـ) لو كنت أحد أعضاء مجلس الإدارة في مصنع الرياض للأثاث ، فما هي بعض التعديلات التي ترغب في القيام بها ؟

د) ما هي أنواع الأثاث التي تحتاجها من مصنع الرياض لِتأثيث بيتك أو شقّتك ؟

هـ) ما هي الخطوات التي يجب اتّباعها لفتح مصنع جديد في السعودية ؟

٢. أدرس الإعلانات التالية استعداداً للتحدّث عنها شفوياً في الصف .

290 - RIYADH PLASTIC FACTORY	**٢٩٠ ـ مصنع بلاستيك الرياض**
ABDUL MUHSEN ABDUL AZIZ AL- HUKAIR	**عبد المحسن عبد العزيز الحكير**
- LOCATION : RIYADH	**ـ الموقع :** الرياض
- ADDRESS : P. O. BOX 40814 RIYADH 11511	**ـ العنوان :** ص.ب ٤٠٨١٤ ـ الرياض ١١٥١١
TEL.: 4981391 / 4483344 - FAX.: 4488341	هاتف : ٤٩٨١٣٩١ / ٤٤٨٣٣٤٤ ـ فاكس : ٤٤٨٨٣٤١
TELEX : 406085	تلكس : ٤٠٦٠٨٥
- PRODUCTS : PVC MATERIALS - JERICANS AND BARRELS - REGULAR PLASTIC BAGS - PLASTIC MEDICAL CONTAINERS - PLASTIC HOUSEWARE	**ـ الإنتاج الصناعي :** مواد بي في سي ـ جوالين وبراميل ـ اكياس بلاستيك ـ عبوات ادوية بلاستيكية ـ ادوات منزلية من البلاستيك
- ANNUAL PRODUCTION CAPACITY : PVC MATERIALS (500 TON) - JERICANS AND BARRELS (500 TON) - REGULAR PLASTIC BAGS (4720 TON) - PLASTIC MEDICAL CONTAINERS (500 TON) - PLASTIC HOUSEWARE (500 TON)	**ـ الطاقة الإنتاجية السنوية :** مواد بي في سي (٥٠٠ طن) ـ جوالين وبراميل (٥٠٠ طن) ـ اكياس بلاستيك (٤٧٢٠ طن) ـ عبوات ادوية بلاستيكية (٥٠٠ طن) ـ ادوات منزلية من البلاستيك (٥٠٠ طن)
- TOTAL FINANCE SR. MIL. : 20,50	**ـ إجمالي التمويل بالمليون :** ٥٠ر٢٠
- NO. OF MANPOWER : 101	**ـ عدد العمال :** ١٠١
- LICENSE No. & DATE : 46 14/6/1394	**ـ رقم وتاريخ قرار الترخيص :** ٤٦ص ١٣٩٤/٦/١٤
- PRODUCTION START : 1/1/1394	**ـ تاريخ بدء الانتاج :** ١٣٩٤/١/١هـ

473 - MODERN FACT. FOR HEATERS & WATER COOLERS	**٤٧٣ ـ المصنع الحديث للسخانات والبرادات**
MOHAMMAD ABDUL AZIZ AL-RAJHI	**محمد عبد العزيز الراجحي**
- LOCATION : RIYADH	**ـ الموقع :** الرياض
- ADDRESS : P. O. BOX 5557 - RIYADH 11432	**ـ العنوان :** ص.ب ٥٥٥٧ الرياض ١١٤٣٢
TEL. : 4489868 - FAX .: 4469756 - TELEX : 403904	هاتف : ٤٤٨٩٨٦٨ ـ فاكس : ٤٤٦٩٧٥٦ ـ تلكس : ٤٠٣٩٠٤
- PRODUCTS : WATER COOLERS - COOLERS FOR MACHINES AND ENGINES - GAS FIRE-PLACES - ELECTRIC WATER HEATERS OF VARIOUS SIZES	**ـ الإنتاج الصناعي :** برادات مياه ـ برادات لتبريد المكائن والالات ـ دفاية غاز ـ سخانات مياه كهربائية احجام مختلفة
- ANNUAL PRODUCTION CAPACITY : WATER COOLERS (3600 UNIT) - COOLERS FOR MACHINES AND ENGINES (300 UNIT) - GAS FIRE-PLACES (2500 UNIT) - ELECTRIC WATER HEATERS OF VARIOUS SIZES (110000 UNIT)	**ـ الطاقة الإنتاجية السنوية :** برادات مياه (٣٦٠٠ حبة) ـ برادات لتبريد المكائن والالات (٣٠٠ حبة) ـ دفاية غاز (٢٥٠٠ حبة) ـ سخانات مياه كهربائية احجام مختلفة (١١٠٠٠٠ حبة)
- TOTAL FINANCE SR. : 15	**ـ إجمالي التمويل بالمليون :** ١٥
- NO. OF MANPOWER : 74	**ـ عدد العمال :** ٧٤
- LICENSE No. & DATE : 33 17/5/1391 266 19/5/1410	**ـ رقم وتاريخ قرار الترخيص :** ٣٣ ص ١٣٩١/٥/١٧ ٢٦٦ص ١٤١٠/٥/١٩
- PRODUCTION START : 1/1/1391	**ـ تاريخ بدء الانتاج :** ١٣٩١/١/١هـ

HALAWANI MEAT PLANT		مصنــع حلــواني للحـــوم	
Capital :	9.800.000 SR	٩,٨٠٠,٠٠٠ ريال سعودي	رأس المال
Product :	Meat	لحوم مصنعة ومجهزة	نوع المنتج
Licence No. :	390/S	٣٩٠/ ص	رقم الترخيص الصناعي
Licence Date	22/7/1410	١٤١٠/٧/٢٢	تاريخ الترخيص
Start Up Date	1400 - 1980	١٤٠٠ - ١٩٨٠	تاريخ بدء الإنتاج
Address :	Jeddah	جـــدة	العنوان
P.O.Box :	690	٦٩٠	صندوق بريد
Postal Code	21421	٢١٤٢١	الرمز البريدي
Location :	Al-Thalibah Dist	حي الثعالبة	الموقع
Tel. (1)	6369810	٦٣٦٩٨١٠	هاتف (١)
Tel. (2)	6366496	٦٣٦٦٤٩٦	هاتف (٢)
Fax :	6371905	٦٣٧١٩٠٥	فاكس
Telex :	601118	٦٠١١١٨	تلكس
General Mng. :	Abdul Rahman Abdou	عبد الرحمن عبده	المدير العام
Markiting Mng. :	Waleed K. Al-Hakeem	وليد خالد الحكيم	مدير التسويق
N0. of Employess :	68	٦٨	عدد العمال

SAUDI FACTORY FOR ELECTRICAL APPLIANCES

شركة المصنع السعودي للاجهزة الكهربائية

Capital :	10,567,500 SR	١٠,٥٦٧,٥٠٠ ريال سعودي	رأس المال
Product :	AIR CONDITION	مكيفات ميتسوبيشي	نوع المنتج
Licence No. :	222	٢٢٢	رقم الترخيص الصناعي
Licence Date	2/9/1405	٢/٩/١٤٠٥هـ	تاريخ الترخيص
Start Up Date	1402/1988	١٤٠٨/١٩٨٨	تاريخ بدء الإنتاج
Address :	Jeddah	جـــــدة	العنوان
P.O.Box :	461	٤٦١	صندوق بريد
Postal Code	21411	٢١٤١١	الرمز البريدي
Location :	Indusrial Estate 2nd Stage	المنطقة الصناعية - المرحلة الثانية	الموقع
Tel. (1)	6378417	٦٣٧٨٤١٧	هاتف (١):
Tel. (2)			هاتف (٢):
Fax :	6371551	٦٣٧٩٥٥١	فاكس
Telex :	606947	٦٠٦٩٤٧	تلكس
General Mng. :	MATSOIL	الستر ماتسويل	المدير العام
Markiting Mng. :			مدير التسويق
N0. of Employess :	112	١١٢	عدد العمال

ب. النشاطات الكتابية

تعاون مع أحد الطلاب أو الطالبات في الصف في إعداد ملخّص لمصنع ترغبان في إقامته في المدينة التي تسكنان فيها. المطلوب اعداد الملخص باللغتين العربية والإنجليزية كما في النموذجين المرفقين مع النشاطات الشفوية .

٣. أساليب التمويل الإسلامي

أساليب التمويل الإسلامي

بعد إجراء دراسات الجدوى الاقتصادية المتعلقة بتمويل المشروعات والعمليات التجارية ، وموازنة إحتياجات العميل وقدراته ، يتم تنفيذ تمويل المشروع بناء على عقود نمطية إسلامية للتمويل والإشتراك في الأرباح ، وهذه العقود سبق إقرارها من هيئة الرقابة الشرعية لتطابقها مع أحكام الشريعة الغراء وتولى الإستثمارات في البلدان الإسلامية الأولوية .

وفيما يلي نبذة عن بعض هذه العقود النمطية :

١ ـ المرابحة

هي عقد يرغب العميل بمقتضاه في شراء معدات أو سلع فيتقدم للمؤسسة الإسلامية (وهي هنا الشركة الإسلامية للإستثمار الخليجي) لتقوم بشراء هذه السلع وبعد أن تتملكها المؤسسة تقوم ببيعها له بثمنها وما تكبدته من تكاليف بشأنها بالإضافة إلى ربح معقول يتفق عليه الطرفان ، مع إتفاقهما على شروط السداد .

٢ ـ المشاركة

بمقتضى هذا العقد تقدم الشركة الإسلامية أموالًا تضاف إلى أموال العميل في صورة مشاركة في رأس المال . ويتحمل الطرفان أية خسارة ، كل بقدر نسبة مشاركتة في رأس المال .

أما الأرباح فتوزع على الطرفين بنسبة مشاركة كل منهما في رأس المال أو أي نسبة يتفق عليها الطرفان بعد أن تدفع النسبة المتفق عليها من الربح إن وجدت لأي من الطرفين مقابل الخدمات الإدارية .

٣ ـ المضاربة

المضاربة شرعاً هي عقد على الشركة في الربح بمال من أحد الطرفين وعمل من الطرف الآخر وما يرزق الله به من ربح يكون بينهما حسب إتفاقهما من ربع أو ثلث أو غير ذلك من الأجزاء المعلومة .

وتقوم الشركة الإسلامية للإستثمار الخليجي في هذه المضاربة بدور رب المال ويتم أقتسام الأرباح بالنسب المتفق عليها في عقد المضاربة .

٤ - الإيجار

بموجب هذا العقد تقوم الشركة الإسلامية بتمويل شراء المعدات والمنشآت التي يطلبها العميل على أن يقوم بإستئجارها بعقد يتم الإتفاق عليه بين الطرفين .

٥ - الإيجار والاقتناء

بموجب هذا العقد تقوم الشركة الإسلامية بتمويل شراء المعدات أو المنشآت أو المشروع بأكمله لحساب العميل نظير مبلغ إيجار يتفق عليه ، على أن يتملّكها في الوقت الذي يراه حسب مدخراته . من أجل ذلك يقوم العميل بإيداع أقساط التملك في حساب إستثمار إسلامي لصالحه يؤدي في النهاية إلى إقتناء المعدات أو المشروع حسب تعهده . وما يتجمع من أرباح في حساب الإستثمار يؤول لصالح العميل .

القسم الأول : التمهيد

اسئلة قبل القراءة

١. ما هي أنواع البنوك (المصارف) الموجودة في أمريكا ؟
٢. أذكر أسماء البنوك التي تتعامل معها .
٣. هل تأخذ البنوك فائدة / ربا على الأموال ؟
٤. ما رأيك في نظام الفائدة مقابل أخذ قروض من البنوك ؟

القسم الثاني : القراءة والاستيعاب

أ. القراءة الأولى : المفردات والتعبيرات الأساسية

financing, funding methods; instruments	اساليب التمويل
to conduct	أَجْرى ، يُجري ، إِجْراء
feasibility studies	دراسات الجدوى
balancing, weighing	مُوازَنَة
client	عَميل – عُملاء
typical contracts	عُقود نمطيّة
board; body	هيئة – هَيئات
Religious Supervision	الرّقابة الشرعيّة
conformity with	تطابُق مع
provisions; principles	أحكام (جمع حكم)
the Glorious Shari'a	الشَريعة الغرّاء
small part; summary	نُبْذة – نُبَذ
Murabaha (Islamic law: cost plus profit)	المُرابَحَة
in accordance with	بِمُقْتَضاه
commodities	سِلَعْ (جمع سِلْعة)
profit	ربح – أرباح
to agree upon	يَتّفق على
the two parties	الطرفان
repayment	سَداد
Musharaka (profit-sharing)	المُشاركة
to take upon, assume	تَحَمّلَ ، يتحَمّلُ ، تَحَمّل

loss	خَسارَة
in proportion to his contribution	بِقَدْر نِسْبَة مشاركته
management services	خَدمات إداريّة
Mudaraba	المُضارَبَة
whatever profit God bestows	ما يرزُق اللّه مِن رِبْح
investor	رَبّ المال
Ijar (lease financing)	الإيجار
establishments, facilities	مُنشَات (جَمْع مُنشأة)
Ijar wa-iqtina' (lease-purchase financing)	الإيجار والاقتِناء
in return for	نَظير
savings	مُدّخَرات
depositing payments	إيداع أقساط
investment account	حِساب استِثمار
purchase	اقتناء
to go eventually to the benefit of the client	يَؤول لِصالح العَميل

ب. القراءة الثانية : النقاط الرئيسية

صواب أو خطأ :

١. الهدف من النظام المصرفي الإسلامي هو القيام بأعمال الاستثمار من خلال المشاركة في المشروعات التجارية والصناعية والزراعية والخدمات ـــ الخ .

٢. لا توجد اختلافات كبيرة بين أساليب التمويل الإسلامي وأساليب التمويل في البنوك التجارية .

٣. جميع عقود التمويل الإسلامي تطابق أحكام الشريعة الإسلامية .

٤. يُسمّى عقد التمويل الذي يشارك المصرف والعميل في أسهم رأس ماله وتوزّع الأرباح حسب نسبة المشاركة بعقد المرابحة .

٥. بموجب عقد المضاربة يقدّم المصرف المال ويقدّم العميل العمل وتوزّع الأرباح بين الطرفين حسب الاتفاق.

جـ. القراءة الثالثة : التفاصيل

إكمال

١. أساليب التمويل الإسلامي مُوافق عليها من ______________ .

٢. بمُقتضى عقد المرابحة يشتري المصرف المعدّات أو السلع التي يريدها العميل ثم يبيعها للعميل ______________ .

٣. في عقد المشاركة يُشارك البنك والعميل في رأس المال وتكون الخسارة أو الربح ______________ .

٤. في عقد المضاربة يقوم المصرف بدور ________ والعميل بدور ________ .وتقسم الأرباح ________ .

٥. الفرق بين عقد الإيجار وعقد الإيجار والاقتناء هو ________ .

القسم الثالث : المراجعة

أ. قراءة النص قراءة جهرية والإجابة عن أسئلة الدارسين .

ب. استعمال المفردات والتعبيرات : ملء الفراغات

يتمّ تمويل المشروعات التجارية والصناعية والزراعية حسب خمسة ________ إسلامية مُوافق عليها من هيئة ________ لأنها تسير بموجب أحكام ________ . فهناك عقد ________ الذي بموجبه يشتري البنك / المصرف ما يحتاجه ________ من سلع ثم يبيعها له بثمنها مضافًا إلى ذلك ________ . أما في عقد المشاركة فيقدّم المصرف أموالاً تضاف إلى أموال العميل . و ________ الطرفان الخسارة والربح ________ نسبة مشاركة كل منهما في ________ . وفي عقد ________ يقوم ________ عادة بدور ربّ المال ويقدّم ________ العمل ، على أن توزّع ________ بين الطرفين بالنسب ________ عليها في العقد . وبموجب عقد الإيجار يقوم المصرف بتمويل شراء ________ التي يطلبها العميل بشرط أن يقوم العميل ________ بعقد يتم الاتفاق عليه بين ________ . ويختلف هذا العقد عن عقد الإيجار والاقتناء بأنه في العقد الأخير يجب على ________ ايداع أقساط في ________ إسلامي من أجل تملّك ________ في النهاية .

القسم الرابع : التطبيقات

أ. النشاطات الشفوية

اقرأ أحد الاعلانين التاليين عن الشركة الإسلامية للإستثمار الخليجي وبنك فيصل الإسلامي السوداني وسجّل بعض الملاحظات استعداداً للمناقشة الشفوية في الصف .

الشركة الإسلامية للاستثمار الخليجي

أهدافها

إن الشركة الإسلامية للاستثمار الخليجي هي أول شركة استثمار إسلامية في العالم تقدم لكل مسلم النموذج الأمثل لصور الاستثمارات الإسلامية .

وقد تأسست الشركة بهدف القيام بأنشطة مالية متنوعة ضمن مبادىء وأحكام الشريعة الإسلامية الغراء ، بالاضافة إلى الأهداف الاجتماعية والدينية الواسعة لدعم النظام المالي الإسلامي الذي لا يشوبه الربا .

ولعلنا نستطيع أن نوجز الأهداف بما يلي :

١ ــ رفع بلوى الربا عن الأمة الإسلامية .

٢ ــ تقوية الوحدة الاقتصادية بين الدول الإسلامية .

٣ ــ تقوية الوحدة الدينية والسياسية والثقافية من خلال الوحدة الاقتصادية والمشاركة في المؤسسات المالية الإسلامية .

٤ ــ مساعدة المسلمين في تنمية مشروعاتهم التجارية والصناعية .

الخدمات التي تقدمها الشركة الإسلامية للاستثمار الخليجي :

تقدم الشركة الإسلامية للاستثمار الخليجي الخدمات التالية إلى عملائها :

١ ــ حسابات استثمارية تناسب كافة الدخول .

٢ ــ تمويل التجارة والمشاريع التجارية والصناعية والزراعية .

٣ ــ فتح الاعتمادات المستندية .

٤ ــ خطابات الضمان .

بسم الله الرحمن الرحيم

« واحل الله البيع وحرم الربا »
صدق الله العظيم

بنك فيصل الاسلامي السوداني

شركة مساهمة عامة محدودة

يسر بنك فيصل السوداني أن يعلن إلى الأخوة السودانيين العاملين بدولة الامارات العربية المتحدة عن استعداده لتقديم كافة الخدمات المصرفية المتفقة واحكام الشريعة الاسلامية الغراء ، بما يعود بالربح الحلال ، بعيداً عن شبهة الربا .

ومن الخدمات التي يقدمها بنك فيصل للأخوة المغتربين :

١ ـ الحسابات الجارية للأخوة المغتربين بالعملات الحرة بنفس الامتيازات التشجيعية التي يجدها في البنوك الأخرى مع الخدمة الممتازة عن طريق مراسلينا .

٢ ـ حسابات الاستثمار بالعملات الحرة وهي خدمة مصرفية ينفرد بها بنك فيصل الاسلامي دون سائر البنوك الأخرى العاملة في السودان . وينال هذا النوع من الحسابات ربحاً حلالا بنفس العملة المفتوح بها الحساب في نهاية العام الذي تودع فيه .

٣ ـ حسابات الاستثمار بالعملة المحلية . وتصرف ارباح هذا النوع بالعملة السودانية

٤ ـ حسابات الادخار ويمكن فتح الحساب بايداع جنيه واحد على الأقل ، ويتمتع هذا الحساب بحرية السحب في أي وقت دون قيود وتقدم هذه الخدمة مجانا ولا تعطى عنها أرباح ويكون للمدخرين الأسبقية في الانتفاع بخدمات البنك للجمهور مثل مشروع بيع السلع الانتاجية والاستهلاكية بالاقساط .

٥ ـ بالاضافة إلى الحسابات السابق ذكرها يقدم البنك كافة الخدمات المصرفية الأخرى بطريقة تتمشى مع الشريعة الاسلامية مثل : التحاويل الداخلية والخارجية ـ فتح الاعتمادات المستندية ـ اصدار خطابات الضمان ـ أوامر الدفع المستديمة .... الخ .

أخي المغترب لا تدع فرصة الانتفاع بتلك المزايا وغيرها من المزايا التي ينفرد بتقديمها بنك فيصل الاسلامي السوداني للمغتربين تفوتك وسارع بفتح الحساب الذي يناسبك عـــن طـــريق

(بنك دبـــي الاسلامي)

مراسلنا في دولة الامارات العربية المتحدة

ب. النشاطات الكتابية

اختر استمارتين من الآتية واملأهما بالمعلومات المطلوبة .

مصرف قطر الإسلامي
(شركة مساهمة قطرية)

بسم الله الرحمن الرحيم

عقـد بيـع بالمرابحـة (نهـائـي)

(عمليـات إستـيراد)

في يوم / / ١٤هـ الموافق / / ١٩م بمدينة الدوحة ـ قطر ، حرر هذا العقد بين كل من:

أوّلا : مصرف قطر الإسلامي ويمثله في هذا العقد :

السيد/ السادة : .... طرف أول/ بصفته بائعاً

ثانياً : السيد/ السادة : .... طرف ثان/ بصفته مشترياً

ومقره : ....

وأقر الطرفان بصفتهما وأهليتهما القانونية للتعاقد واتفقا على ما يلي :

البنـــد الأول

تنفيذاً لطلب الشراء رقم ( ) بتاريخ / / ووعد الشراء المؤرخ في / / والذي يعتبر هو وطلب الشراء جزءاً لايتجزأ من هذا العقد. باع الطرف الأول للطرف الثاني القابل لذلك البضاعة المبينة أوصافها وكمياتها أدناه :

وصف البضاعة : ....

....

الكمية : ....

رقم بوليصة الشحن : .... تاريخها: .... رقم الحاوية: ....

السفينة/ الطائرة : .... رقم الرحلة : ....

البنـــد الثـــاني

حدد ثمن البضاعة بمبلغ ....

متضمناً المصاريف وأرباح المصرف. ويتعهد الطرف الثاني بسداد الثمن الاجمالي المشار إليه أعلاه على النحو التالي:

....

....

البنـــد الثالـث

تم التوقيع على هذا العقد من قبل الطرفين المنوه عنهما بالبندين أولاً وثانياً بعد التأكد من حيازة الطرف الأول لهذه البضاعة.

البنـــد الرابـــع

أتفق الطرفان على أن يكون مكان التسليم هو ميناء الوصول، ومن ثم فإن أجور التفريغ والرسوم الجمركية ومصاريف نقل البضاعة من الميناء إلى مخازن المشترى والتخليص عليها لاتدخل ضمن الثمن الاجمالي للبضاعة المشار اليه بالبند الثاني من هذا العقد ويتحملها الطرف الثاني (المشتري وحده) ولا يحسب لها نسبة أو مقدار في الربح.

البنـــد الخامـــس

وافق الطرف الثـاني على تسلم المستندات المتعلقة بالبضـاعة المبينة في هذا العقـد بعد تظهيرها لصالحه من قبل الطـرف الأول ويتعهد بتسلم البضاعة والتخليص عليها بمعرفته وذلك بمجرد تفريغهـا بجهة الوصول ويتحمل الطرف الثاني مصاريف الارضيات وأجور التخزين في الميناء الناشئة عن التأخير في التخليص عن البضاعة محل هذا العقد.

كما يتعهد الطـرف الثاني بـالتخليص على البضاعـة وفق الاجراءات الضروريـة والمطلوبـة من شركات التأمين لضمان حقـوق جميع الاطراف وعلى وجه الخصـوص معاينة البضاعة عنـد التسلم والتأكد من عدم وجود نقص أو تلف فيها وفي حـالة وجود أي نقص أو تلف في البضـاعـة يجب عليـه عـدم أعطـاء أي إيصال أو إخـلاء طـرف خـال من التحفظ والحصـول على شهـادة تفـريـغ بضـائـع

NEW HEAD OFFICE

٤. مصرف قطر الإسلامي

مقدمـــــة

مصرف قطر الإسلامي شركة مساهمة قطرية، انشئت بموجب المرسوم الأميري رقم ٤٥ لسنة ١٩٨٢ كمؤسسة مالية ومصرفية تهدف إلى تقديم الخدمات المصرفية والاستثمارية وفقاً لأحكام الشريعة الإسلامية الغراء، وبالتالي تحقيق المنافع المجزية لجميع المتعاملين مع المصرف من مساهمين ومودعين ومستثمرين، ولتسهم في بناء وتطور اقتصاد البلاد ونموها الاجتماعي.

الأهــداف والوسائـل

* تقديم الخدمات المصرفية المتطورة لجميع المتعاملين ابتداء من حفظ الودائع وفتح الحسابات المصرفية المختلفة وانتهاء بإجراء الحوالات وفتح الاعتمادات المستندية.

* تقديم الخدمات الاستثمارية والمتمثلة في فتح ودائع الاستثمار المخصص بما يكفل تشغيل أموال المودعين في مجالات محددة بذاتها.

* تقديم الخدمات التمويلية اللازمة لتغطية الاحتياجات التجارية أو الاستهلاكية للمتعاملين مع المصرف سواء كانوا مؤسسات أو أفراداً.

* تقديم الخدمات الاستثمارية والفنية المتصلة بالعقارات ودراسات الجدوى الاقتصادية للمشروعات المختلفة.

* المساهمة في دفع عجلة النمو الاقتصادي في الدولة عن طريق تأسيس أو الاشتراك في تأسيس المشروعات الإنتاجية والصناعية وفقاً لمتطلبات خطط التنمية الاقتصادية الوطنية.

* توفير خدمات اجتماعية تسهم في توثيق عرى الأخوة بين أفراد المجتمع وتنمي علاقات التبادل الحميمة فيما بينهم لما فيه مصلحة البلاد وخير الأمة الإسلامية.

الأنشطـة والخدمـات

أولاً : النشاط المصرفي

يقدم المصرف خدماته المصرفية للمتعاملين على النحو التالي :

١ - الحساب الجاري :

وهو في العرف المصرفي، وديعة تحت الطلب للأفراد أو الشركات، والمصرف ملزم بالسداد الفوري متى طلب صاحبها دون أن يكون له حق المشاركة في الربح (أو الخسارة). والحساب الجاري يعتبر شرعاً عقد قرض .

٢ - حساب التوفير :

يمثل هذا الحساب وعاء ادخاريا للمودعين مع تفويض المصرف باستثمار المبالغ المودعة والتي تخضع للربح (أو الخسارة) نتيجةمشاركتها في حوض الاستثمارات العامة للمصرف ويمكن للمودع سحب كل رصيده أو بعضه في أي وقت . ويعتبر هذا الحساب مضاربة شرعية، أو ما يعرف باسم (القراض) .

٣ - حساب الوديعة :

وهو حساب استثماري يتم قبوله بمدد مختلفة (٣ أشهر أو ٦ أشهر أو ٩ أشهر أو سنة)، على أساس المشاركة في الربح (أو الخسارة) . وذلك ضمن الشروط التالية :

- الحد الأدنى للوديعة ١٠,٠٠٠ ريال قطري أو ما يعادلها بالعملات الأجنبية.

- لا يجوز سحب الوديعة أو جزء منها قبل تاريخ الاستحقاق إلا عند الظروف الاستثنائية أو الخاصة، وتتجدد مدة الوديعة تلقائيا ما لم يخطر المستفيد المصرف خطياً بغير ذلك .

- تصرف أرباح الودائع الاستثمارية عند نهاية السنة المالية وبعد اعتماد الموازنة وتحول الأرباح الى حساب المستفيد الجاري .

- يخضع هذا الحساب للضوابط الشرعية للقراض .

ثانياً النشاط الاستثماري

١ - بيـــع المرابحـــة :

رغبة من المصرف في توفير ما يحتاجه العميل من الحصول على بعض السلع أو الأجهزة أو المعدات من الخارج قبل توفر الثمن لديه، يتقدم العميل للمصرف طالبا استيراد سلعة ما مبينا وصفها وكمياتها، فيقوم المصرف باستيرادها من الخارج على أساس الوعد من قبل العميل بشرائها بسعر تكلفتهامع زيادة ربح يتفق عليه للمصرف .

٢ - بيـع المسـاومـة :

يتمثل بيع المساومة في طلب العميل من المصرف أن يشتري لـه سلعـة معينة. يشتريها المصرف من طرف ثالث بسعر لا دخل للعميل في تحديده، وبربح لا يعلمه العميل تبعاً لذلك، ويكون للعميل الحق في قبول السلعة أو رفضها بعد تملك المصرف لها، فاذا قبل العميل البضاعة يقوم بتسديد قيمتها للمصرف بالأقساط على النحو المتفق عليه.

٣ - التمويـل بالمضاربـة :

يقوم مصرف قطر الإسلامي بتنفيذ العديد من عقود المضاربة التي تغطي احتياجات تمويلية مختلفة في مجال استيراد البضائع أو تمويل المناقصات وغيرها.

والمضاربة التي يطبقها المصرف هي عقد على الشركة في الـربح بين رب المال (المصرف) الذي يقدم ماله وبين المضارب (العميل) الذي يقدم عمله، ويد المضارب على المال يد أمانة، وتصرفه في المال تصرف الوكيل، واذا تحقق ربح فالعميل شريك في هذا الربح مع المصرف حسب شروط العقد واذا لم يتحقق ربح فلا شيء للعميل (المضارب)، وذلك أن الخسارة يتحملها رب المال ما لم يثبت تقصير المضارب في أداء واجبه.

٤ - التمويـل بالمشاركة :

يعتبر نظام التمويل بالمشاركة المميز الرئيسي للمصرف الإسلامي عن البنوك التقليدية الأخرى، وهو نظام تمويل مستحدث يقوم على أساس تقديم المصرف للتمويل الـذي يطلبه العميل بقصد إنشـاء مشروع معين أو شراء بضاعة وبيعها دون تقاضي فائدة ثابتة، وإنما يشارك المصرف في النتائج المحتملة (ربحاً أو خسارة) في ضوء قواعد توزيعية يتفق عليها مسبقاً.

وبذلك يعتبر المصرف شريكاً حقيقياً في العمليـات ونتائجها، ويحق لـه التدخل بالقدر الـذي يضمن لـه الاطمئنان إلى حسن سير العملية والتـزام الشريك بالشروط المتفق عليها في العقد.

وتتم المحاسبة في عمليات التمويل بالمشاركة على أساس نسبة ما قدمه كل شريك في رأس المال، وعند قيام أحد الشريكين بإدارة الشركة يخصص لـه نسبة يتفق عليها من صافي الربح.

٥ - الاستصنـاع :

يتمثل أسلوب الاستصناع في قيـام المصرف بتمويل مشروع معين تمويلاً كاملاً عن طريق التعـاقـد مع العميل (المستصنع) على قيـام المصرف بتنفيذ مشروع معين، وتحمل جميع التكـاليف من الخامـات والأجـور، ثـم بيع المشروع وتسليمـه كامـلا بمبلغ محدد وفي تـاريخ معين.

القسم الأول : التمهيد

اسئلة قبل القراءة

١. ما اسم المصرف (البنك) الذي تتعامل معه ؟
٢. هل عندك حساب جار أو حساب توفير أو الاثنين معًا ؟
٣. أذكر بعض الخدمات التي يقدّمها المصرف لزبائنه .
٤. صِف أساليب التمويل التي تقدّمها معظم المصارف في أمريكا .

القسم الثاني : القراءة والاستيعاب

أ. القراءة الأولى : المفردات والتعبيرات الأساسية

the decree issued by the Emir	المَرسوم الأميري
fair benefits	المنافع المُجزية
depositor	مودِع – مودِعون
investor	مُستَثْمِر – مُستثمِرون
starting with	ابتداءً من
ending with	انْتهاءً بـ
specified investment deposits	وَدائِع الاستِثْمار المُخصّص
investing the funds	تَشغيل الأموال
financing services	الخَدَمات التَمويليّة
covering (of expenses)	تَغْطية
accelerating; speeding up	دفْع عَجلَة
strengthening the ties of brotherhood	تَوثيق عُرى الأخوّة
close exchange relations	عَلاقات التبادل الحَميمة
activities	أَنْشطة (جمع نشاط)
banking practice	العُرف المصرفي
on demand	تَحْتَ الطلب
immediate disbursement	سَداد فَوْري
loan contract	عَقد قرْض
deposit account	حساب الوديعَة
exceptional cases	ظُروف استِثْنائيّة
automatically; spontaneously	تلْقائيًا
to notify in writing	يُخْطر خَطّيًا
confirmation of budget	اعْتماد الموازَنَة
legal controls	ضَوابط شَرعيّة
strong guarantees	ضمانات قويّة
by, on behalf of	مِن قِبَل

Musawama (resale of commodities)	بَيْع المُساوَمة
he has the right to interfere	يَحِقّ له التَدَخّل
to be assured of	الاطمئنان الي
things are moving smoothly	حُسْن سَيْر العَمَلِيَّة
Istisna' (manufacturing projects)	الاستِصْناع
raw materials	خامات

ب. القراءة الثانية : النقاط الأساسية

صواب أو خطأ

١. أنشىء مصرف قطر الإسلامي سنة ١٩٨٢م.

٢. الهدف من انشاء مصرف قطر تقديم الخدمات المصرفية والأسهام في تطور دولة قطر من النواحي الاقتصادية والاجتماعية .

٣. لا تختلف أساليب التمويل في مصرف قطر الإسلامي كثيراً عنها في البنوك التجارية في الولايات المتحدة .

جـ. القراءة الثالثة : التفاصيل

١. أذكر باختصار الأهداف الإسلامية الستِّة التي يسعى مصرف قطر الإسلامي إلى تحقيقها .

٢. كيف تختلف أنواع الحسابات التالية التي يقدّمها المصرف بعضها عن بعض ؟

أ) الحساب الجاري

ب) حساب التوفير

جـ) حساب الوديعة

٣. ماذا تعرف عن حساب الاستثمار الخاص ؟

٤. ماهي أوجه الشبه بين مصرف قطر الإسلامي والبنوك التقليدية ؟

٥. تحدّث باختصار عن النشاطات الاستثمارية التالية التي يقدّمها المصرف للعملاء :

أ) بيع المرابحة

ب) بيع المساومة

جـ) عقد المضاربة

د) التمويل بالمشاركة

هـ) عقد الاستصناع

القسم الثالث : المراجعة

أ.   قراءة النص قراءة جهرية والإجابة عن أسئلة الدارسين

ب.   عرّف المصطلحات المصرفية التالية باللغة العربية :

- ودائع الاستثمار
- الحساب الجاري
- حساب الوديعة
- الرّبا
- بيع المرابحة
- بيع المساومة
- عقد المشاركة

القسم الرابع : التطبيقات

أ.   النشاطات الشفوية

مناظرة حول أهداف مصرف قطر الإسلامي والأنشطة والخدمات التي يقدّمها للمتعاملين معه ، يشارك فيها الدارسون تحت اشراف الأستاذ .

ب.   النشاطات الكتابية

اختر موضوعًا واحدًا فقط :

١.   صِف المصرف الذي تتعامل معه : الموقع ، الأهداف ، الخدمات المصرفية والاستثمارية والأنشطة الاجتماعية .

٢.   ترجم أحد الاعلانين التاليين إلى اللغة الإنكليزية .

بنـــــك الريـــــاض

تأسس بنك الرياض في عام ١٣٧٧هـ (١٩٥٧م) كأول شركة مساهمة
مصرفية سعودية ، وقد استمر البنك في توسيع شبكة فروعه التي بدأت بستة
فروع فقط إلى أن بلغ عددها حالياً ١٦٤ فرعاً داخل المملكة وفرعين في لندن
بالمملكة المتحدة ووكالة بنكية في هيوستن بولاية تكساس الأمريكية ، اضافة
إلى مساهماته في عدة بنوك عالمية وارتباطه بشبكة من المراسلين المنتشرين
في جميع أنحاء العالم .

ويعتبر بنك الرياض من أقوى مصارف الشرق الأوسط من حيث القاعدة
الرأسمالية حيث بلغ رأسماله واحتياطياته ما يزيد على أربعة آلاف مليون
ريال .. وعلاوة على ذلك يقدم البنك مجموعة متنوعة من الخدمات
والتسهيلات المصرفية التي تلبي جميع احتياجات عملائه .

البنك الإسلامي الأردني

نمو موجوداته ، ودائعه ، استثماراته و خدماته .

من الإطلاع على التقارير المالية للبنك كمؤشر على تطوره يتبين ان موجودات البنك خلال السنوات العشر الماضية قد تطورت بشكل ملحوظ ، فقد ارتفعت من ١٠٢ مليون دينار الى ٥٢٨,٢٥ مليون دينار . كما ارتفعت الودائع من ٨٢,٨ مليون دينار الى ٤٢٠,٥ مليون دينار . وارتفع حجم التمويل والاستثمار من ٦٣ مليون دينار ليصل الى ٣٠٦,٦ مليون دينار . وقد زادت بالمقابل ارباح الاستثمار كما تبين الجداول المالية من ٤,٦ مليون دينار الى ٢٧,٨مليون دينار . كما ارتفعت حقوق المساهمين من ٤,٧ مليون دينار الى ٣٩,١ مليون دينار .

وتطورت اعداد المودعين خلال العشرة سنوات الأخيرة من٦٠ الف الى أن أصبحت حوالي ٤٠٠ الف مودع وارتفع عدد المستفيدين من التمويل والإستثمار من ٧ الاف الى ان اصبحت حوالي ٥٠ الفا . واستجابة لهذه التطورات فقد ارتفع عددد العاملين في البنك من ٣٥٠ موظفا وموظفة الى ٩١٣ موظفا وموظفة في نهاية عام ١٩٩٣ .

، الأولوية في تعاملنا للبنوك الإسلاميّة .

، شبكة بنوك عالمية مراسلة نتعامل معها وفق أحكام الشريعة الإسلاميّة .

٥. اتفاقية " الجات " و المنظمة العالمية للتجارة الدولية

إضـاءة

الجات والمنظمة العالمية للتجارة الدولية

في الخامس عشر من ابريل ١٩٩٤ شهد ممثلون عن ١٢٥ دولة (من ضمنها دولة قطر) في مراكش بالمغرب ميلاد أهم حدث اقتصادي عالمي وهو التوقيع على قيام المنظمة العالمية للتجارة الدولية والتي سيبدأ العمل بها مع مطلع العام القادم ١٩٩٥ كمنظمة عملاقة موازية لصندوق النقد والبنك الدولي .

وقد كانت البداية عام ١٩٤٧ حيث وقعت ٢٣ دولة اتفاقية «الجات» أو الاتفاقية العامة للتعرفات الجمركية والتجارة والتي اتخذت جنيف مقراً لها وبدأ العمل بها في بداية عام ١٩٤٨ ومع توالي جولات المحادثات حول موضوعات ومبادئ وشروط التبادل التجاري ارتفع عدد الدول الأعضاء في اتفاقية الجات إلى ١١٧ دولة مع انتهاء جولة أورجواي في ديسمبر عام ١٩٩٣ والتي امتدت إلى سبع سنوات وكانت الجولة الثامنة في الترتيب وقد تسبب المد والجزر في التفاوض حول موضوع خفض الدعم للمنتجات الزراعية وخاصة بين الولايات المتحدة وأوروبا إلى إطالة فترة هذه الجولة التي تكللت بالنجاح بعد تعثر طويل .

ويفتح ميلاد هذه المنظمة الدولية عصر تعاون جديد في تاريخ التعاون الاقتصادي الدولي كما وصفه رئيس اتفاقية الجات بيتر سذرلاند مضيفاً إلى أن هذه الاتفاقية ستحقق الكثير من المزايا ومنها تخفيض الرسوم على السلع المصنعة بمقدار ٣٨٪ كما أن منتجات الدول النامية ستدخل للدول الغنية دون ضرائب مما يضاعف كميتها وسيقود هذا إلى ازدهار الصادرات وتخفيض أسعار آلاف المنتجات بدءاً من الأجهزة الالكترونية مروراً بالسيارات وانتهاء بالمواد الغذائية والمنسوجات .

ويقدر المراقبون الفوائد التي ستجنيها دول العالم مجتمعة من وراء تحرير التجارة الدولية بحوالي ٣٠٠ مليار دولار سنوياً ولكن ذلك لن يكون بدون ثمن أو متاعب فسوف تزداد المنافسة العالمية شراسة وتزداد تبعاً لذلك وطأة إجراءات الاصلاحات الاقتصادية وهيكلة الصناعة التي تتطلبها هذه المنافسة وما زال الجدل واختلاف وجهات النظر دائراً حول المكاسب والخسائر المتوقعة من تطبيق هذه الاتفاقية سيما على الدول النامية ولكن يتفق الجميع على أهمية الانضمام إليها والتفاوض من خلالها لأن البقاء خارج النظام التجاري الجديد الذي ستوجده لا يعني سوى الخسائر المؤكدة والمضاعفة .

ويرى أحد الخبراء العرب أن على الدول العربية الا تقف مكتوفة الأيدي أمام الآثار السلبية «للجات» ليس فقط في القطاع الغذائي ولكن في كل القطاعات لاسيما النسيج والنفط والحل يكون باتخاذ خطوات عملية للاعتماد على النفس وخاصة في مجال الانتاج الغذائي وتأمين الاكتفاء الذاتي مرحليا في بعض السلع وتحسين نوعية الانتاج والانتقال بعد ذلك إلى التصدير للخارج .

في حين ترى دراسة صادرة عن جامعة الدول العربية ضرورة تبني الدول العربية خطة متكاملة للتعامل مع الجات تقوم على المرتكزات التالية :

(١) إعادة هيكلة وبناء القطاعات الاقتصادية العربية استعداداً للمنافسة الكاملة عن طريق الاستفادة من السقوف الزمنية المقترحة في جات للدول النامية .

(٢) مراجعة القوانين الاقتصادية والتجارية والمالية والنقدية العربية استعداداً لزيادة الكفاءة الاقتصادية وتحسين المركز التنافسي في مواجهة تحرير التجارة العالمية

(٣) استثناء المنتجات الفكرية العربية من التحرير التجاري

(٤) ترتيب الصف العربي للتعامل مع «جات» كتكل تجاري متكامل وبأسلوب متدرج ومدروس .

(٥) بناء استراتيجيات عربية جديدة للتنمية المتكاملة في كل من الزراعة والأمن الغذائي والمياه وصناعات التصدير والتكامل الصناعي والتنسيق التكنولوجي العربي إضافة لحماية المنتجات الفكرية العربية وتحييدها من التحرير التجاري .

القسم الأول : التمهيد

أسئلة قبل القراءة

١. ماذا تدفع الدول عادة على البضائع المستوردة من الخارج ؟

٢. أذكر بعض المنظّمات الدولية المعروفة .

٣. ماذا تعرف عن اتفاقيّة " الجات GATT " ؟

٤. ما تأثير اتفاقية " الجات " والمنظمة العالمية للتجارة الدوليّة على التبادل التجاري بين الدول ؟

القسم الثاني : القراءة والاستيعاب

أ. القراءة الأولى : المفردات والتعبيرات الأساسية

Clarification	إضاءة
The World Organization for International Trade	المنظّمة العالمية للتجارة الدوليّة
the beginning of next year	مَطْلع العام القادم
giant organization	منظّمة عِمْلاقة
parallel to	موازٍ لـ
monetary fund	صُندوق النقد
World Bank	البنك الدولي
General Agreement on Tariff & Trade : GATT	الاتفاقية العامّة للتعريفات الجمركيّة والتجارة "الجات"
subsequent	توالي
discussion rounds	جوْلات المحادثات
the ebb & flow	المدّ والجزر
to lower the support	خفْض الدّعم
was crowned with success	تكلّلت بالنجاح
a long period of setbacks	تعثّر طويل
will realize a great many advantages	تحقّق الكثير من المزايا
manufactured goods	السّلع المصنّعة
developing nations	الدول النامية
tax free	بدون ضرائب
electronic devices	الأجهزة الإلكترونية
foodstuffs; food	المواد الغذائية
textiles	المنسوجات
by means of; over and above	مِن وراء
billion	مليار
world competition	المنافسة العالمية
The pressure for carrying economic reforms	وطأة اجراءات الاصلاحات الاقتصادية
structuring industry	هيكلة الصّناعة

لا سيّما	especially
تقف مكتوفة الآيدي	stand by helplessly; (stand with tied hands)
الاعتماد على النفس	self-reliance
السّقوف الزمنيّة	deadline
تَحْييدها	keeping them apart

جـ. القراءة الثالثة : التفاصيل

اكمال:

١. لقد سبق قيام المنظمة العالمية للتجارة الدولية في عام ———————— في دولة ————————
——التوقيع على اتفاقية " الجات " أو الاتفاقية ———————————————— في
مدينة ———————— عام ———————— .

٢. من الفوائد التي ستحصل عليها الدول الموقّعة على اتفاقية " الجات " :
   أ) تخفيض الضرائب على البضائع المصنّعة .
   ب) ————————————————.
   جـ) ————————————————.

٣. ستستفيد الدول العربية من الإتفاقية في الأمور التالية :
   أ) إعادة النظر في بناء القطاعات الاقتصادية .
   ب) ————————————————.
   جـ) ————————————————.

القسم الثالث : المراجعة

أ. قراءة النص قراءة جهريّة والإجابة عن أسئلة الدارسين .

ب. شرح المفردات والتعبيرات الأساسية التالية باللغة العربية :
- صندوق النقد الدولي .
- اتفاقية " الجات " .
- الدول النامية .
- المواد الغذائية .
- المنافسة العالمية .
- الاصلاحات الاقتصادية .
- هيكلة الصناعة .
- الاعتماد على النفس .

ب. القراءة الثانية : النقاط الرئيسية

ملاءمة

١. اتفاقية " الجات " التي قامت ١٩٤٧ في مدينة جنيف في المجالات الصناعية	– اتخاذ خطوات عملية للاعتماد على النفس والغذائية .
٢. من الفوائد التي ستحققها هذه الاتفاقية	– بسبب تحرير التجارة الدولية من الرسوم الجمركيّة .
٣. إن تطبيق مباديء وشروط اتفاقية " الجات "	– بوضع خطّـــة متكاملة للتعامـــل مع " الجات " .
٤. ستوفر دول العالم حوالي ٣٠٠ مليار دولار سنويًا .	– تخفيض الرسوم الجمركيّة على البضائع ودخول منتجات الدول النامية للدول المتقدّمة بدون ضرائب .
٥. من الآثار الإيجابية لاتفاقـة " الجات " في البلاد العربية.	– كانت البداية لقيام المنظمة العالمية للتجارة الدولية .
٦. تنصح جامعة الدول العربية الدول العربية	– سيؤدّي إلى زيادة الصادرات وتخفيض أسعار المنتجات الصناعية .

القسم الرابع : التطبيقات

أ. النشاطات الشفوية

١. أدرس المقال التالي ولخّص ما قاله المفكرون الاقتصاديون العرب الثلاثة (الدكتور عَبد الله الأشْعَل والدكتور سَمير أبو الفُتوح والدكتور الغريب زاهر) حول اتفاقية " الجات " وأثرها على اقتصاديات الدول الناميّة استعداداً للمناقشة الشفوية في الصف .

٢. مناظرة يشارك فيها الدارسون تحت إشراف الأستاذ لمناقشة اتفاقية " الجات " .

اتفاقية «الجات» حوت يبتلع الدول النامية

القاهرة - الاقتصاد الإسلامي :

طالب الخبراء وأساتذة الاقتصاد بضرورة التنسيق بين الدول العربية والإسلامية في مختلف المجالات الاقتصادية حتى تتجنب مخاطر اتفاقية «الجات» على صناعتنا الوطنية وأسواقنا المحلية..

وأكدوا على أن الدول الغنية تهدف من وراء هذه الاتفاقية إلى فرض هيمنتها على اقتصاديات الدول النامية وفتح الباب على مصراعيه أمام الشركات الدولية العملاقة للنفاذ لأسواق الدول النامية واكتساح صناعاتها الوليدة.

وأشاروا إلى أهمية اتخاذ الدول الإسلامية لخطوات واسعة لتشجيع التصدير ورفع مستوى جودة السلع المصدرة وتحسين أساليب التعبئة ووسائل النقل.

وطالبوا بإعطاء الإنتاج الزراعي أولوية خاصة من خلال التوسع الرأسي والتوسع الأفقي حتى يمكن للدول الإسلامية تحقيق الاكتفاء الذاتي في مجال الغذاء حماية لإرادتها السياسية.

مثلث الاقتصاد العالمي

في البداية يتحدث الدكتور عبدالله الأشعل أستاذ الاقتصاد السياسي بجامعة القاهرة فيقول: إن كلمة «الجات» مركبة من الأحرف الأولى الانجليزية للاتفاقية العامة للتعريفات والتجارة. وتمثل «الجات» الضلع الثالث من مثلث قيادة

وقعتها ٢٧ دولة غنية نيابة عن ٩٠ دولة نامية !

الاقتصاد العالمي خلال الفترة القادمة. فمن المعروف أن الضلع الأول هو صندوق النقد الدولي الذي أنشئ عقب الحرب العالمية الثانية بمقتضى اتفاقية «بريتون وودز». ومهمة الصندوق وضع القواعد التي تحكم سلوك كل دولة بالنسبة لأسعار الصرف وسياسة ميزان المدفوعات ووسائل تمويل العجز الخارجي. أما الضلع الثاني من مثلث الاقتصاد العالمي فهو البنك الدولي للإنشاء والتعمير

ويضيف الدكتور الأشعل : إن

د . عبد الله الأشعل

المفكرين الاقتصاديين اعتادوا إطلاق مصطلح «نادي الأغنياء» على اتفاقية «الجات»، وهذه التسمية لم تأت من فراغ وإنما أتت من طبيعة العلاقة بين العالم الصناعي المتقدم والعالم الثالث. فمنذ إنشاء الاتفاقية عام ١٩٤٧ والخلافات مستمرة بين الجانبين، ليس على شيء سوى تجديد شكل العلاقة، والالتزامات المفروضة على كل منهم. فرغم مطالبة الدول النامية تطبيق مبدأ المعاملة «التفضيلية» وحجم التنازلات التي يجب أن تقدمها الدول المتقدمة لها كوسيلة لتشجيعها على تحقيق معدل نمو أفضل إلا أنه لم يستجب لمطالبها حتى الآن. ولهذا اضطرت دول العالم الثالث إلى تطبيق سياسات حمائية متشددة للحفاظ على إنتاجها المحلي وتحجيم حجم الاستيراد، ولكنها لم تستطع مع ذلك معالجة الخلل في موازين مدفوعاتها أو تسديد الديون المتراكمة عليها.

ومع نجاح الجولة الثامنة للجات «دورة أورجواي» وتوقيع الاتفاق لأكبر معاهدة تجارية دولية في ١٥ ديسمبر ١٩٩٣ وانضمام بعض الدول العربية إليها كمصر والكويت وتونس والمغرب والبحرين، فإن الأمر يحتم علينا قدراً كبيراً من التنسيق والتعاون بين الدول العربية في مختلف المجالات التجارية والاقتصادية

الاقتصاديون :

مطلوب لتجنب مخاطرها .. رفع مستوى جودة المنتجات وخفض تكاليفها

المتطورة والتي تحقق عائداً مرتفعاً للغاية، وصناعات الخدمات الدولية المالية والاستشارية، وهي نوعية من الإنتاج عوائده أيضاً مرتفعة ولاتحكمه المعايير التقليدية للمكسب والخسارة.

كما أن الفهم الصحيح للاتفاقية لايمكن أن ينفصل عن التقدير السليم لعودة البعد الجغرافي عن البروز، فقد بدأ ظهور التكتلات الاقتصادية العالمية مرتكزة على الجوار الجغرافي كالجماعة الأوروبية وأمريكا الشمالية بقيادة الولايات المتحدة الأمريكية.

خفض تكلفة المنتجات

ويطرح الدكتور أبو الفتوح في ضوء ماسبق تساؤلاً هاماً: ماالذي ينبغي أن تفعله أمتنا لمواجهة مخاطر الاتفاقية في ظل المعطيات الاقتصادية المستجدة؟

ويرد على تساؤله : لابد من وضع استراتيجية صناعية طويلة الأجل ترتكز على رفع جودة المنتج وخفض تكاليفه لأقصى درجة ممكنة. وهذا الخفض في التكاليف لن يتأتى إلا في مرحلة التخطيط للمنتج لأن فرص خفض التكاليف

د . عبدالسلام عويضة

في مرحلة التنفيذ تتضاءل بشكل كبير. وقبل كل ذلك لابد من دراسة السوق دراسة واعية ودقيقة حتى لاندخل في منافسات خاسرة. ولابد من الإسراع في إقامة تكتل اقتصادي إسلامي لأننا سنظل جامدين في أماكننا إن لم نعد للوراء إذا ظل الحال كما هو عليه. فنحن في عصر الكيانات الكبيرة والنذر كلها أمامنا تدعونا لهذا التكتل وتلك الوحدة الاقتصادية.

زيادة الإنتاج الزراعي

أما الدكتور محمد عبدالسلام عويضة أستاذ ورئيس قسم الاقتصاد بجامعة المنصورة فيقول: لاشك أن بعض الدول العربية سيصيبها ضرر بالغ من جراء رفع المجموعة الأوروبية للدعم المخصص لصادراتها الزراعية كمصر والأردن وتونس. وهذا يتطلب إعطاء أولوية خاصة لزيادة الإنتاج الزراعي من خلال التوسع الرأسي والتوسع الأفقي لتوفير حاجاتنا الغذائية، وتوجيه الفائض الذي سينجم عن توقف استيراد السلع الغذائية نحو الاستثمار الصناعي غير التقليدي.

وأكد الدكتور عويضة أن مزيداً

د . الغريب زاهر

من تحرير التجارة الدولية ليس في صالح الدول النامية في الوقت الراهن، وعلى سبيل المثال فإن الكثير من الدول الأجنبية تتجه لسياسة الإغراق وبيع السلعة بأقل من تكلفتها في آخر موسم الإنتاج.. فنحن نعيش اليوم حضارة السوق والدول الكبرى تتنافس للسيطرة على السوق حتى تكون لها الغلبة في النهاية.

صناعة الإلكترونيات

وأخيراً يطالب الدكتور الغريب زاهر مدرس الإلكترونيات بجامعة القاهرة بضرورة دخول الدول العربية مجال صناعة الإلكترونيات باعتبارها أهم الصناعات في العصر الحاضر، بل هي عصب الحياة الحديثة.. ويمكن في هذا المجال الاستفادة بخبرة العلماء العرب الموجودين في أوروبا وأمريكا، على أن تتكامل الدول العربية في مجال هذه الصناعات سواء من حيث الخبراء أو رءوس الأموال. وإذا استطاعت الدول العربية - وهذا أمر ممكن - اقتحام هذه الصناعة خلال السنوات القليلة القادمة فسيكون ذلك أكبر كسب اقتصادي عربي لهذا الجيل وللأجيال القادمة.

●●●

لكي يكون لنا نصيب متميز في حجم التجارة الدولية. وهذا يقتضي أيضاً الارتفاع بمستوى جودة منتجاتنا حتى يمكن لها المنافسة في سوق أصبح مفتوحاً أمام الجميع.

غياب الدول النامية

أما الدكتور سمير أبو الفتوح خبير المحاسبة ونظم المعلومات فيرى أن الهدف الظاهر من اتفاقية تحرير التجارة الدولية «الجات» يبدو هدفاً نبيلاً لخدمة الإنسانية جمعاء بصرف النظر عن الجنسيات والأديان والثقافات، غير أن نظرة متأنية على هذه الاتفاقية التي أذيع أن عدد الدول الموقعة عليها بلغ ١١٧ دولة اشتركت في المفاوضات التي انتهت بالاتفاقية تدلنا على أن القول باشتراكها في المفاوضات هو قول باطل، وأن الذي اشترك في المفاوضات فعلاً وفرض الشروط وتوصل إلى النتائج هو عدد محدود من الدول الغنية تقودها الولايات المتحدة، وتضم المجموعة الأوروبية وبعض دول شرق أسيا الواقعة على المحيط الهادي.. فعدد الدول التي وقعت الاتفاقية وحددت خطوطها العريضة بلغ ٢٧ دولة أما باقي الدول التي وافقت على الاتفاقية فقد وافقت دون أن تستشار، وكلها من دول العالم الثالث التي جرى سلب ثرواتها سابقاً بمعرفة الأغنياء. فالدول الغنية بذلك أهدرت السوابق التي جرى العمل بها في دورات الجات السابقة وهي اتخاذ القرارات الهامة والمصيرية بإجماع الآراء.

كيف نقيم الاتفاقية ؟

ويستطرد الدكتور أبو الفتوح قائلاً: إنه لايمكن حصر خسائر اتفاقية «الجات» الأخيرة ومخاطرها الجسيمة في ضوء ماتضمنته من مواد ونصوص وتوقيتات زمنية ظاهرها الرحمة وباطنها العذاب. فجميع التحليلات تعتمد فقط على النص ولاتتجاوزه لتحليل الإطار العام للمناخ الدولي وحقائقه الجديدة والمتجددة.. حتى التحليلات القائمة فقط على التهليل لانتصار مبدأ حرية التجارة العالمية تؤدي لقصور في تحديد مخاطره الجسيمة على الدول النامية في ظل الواقع الجديد القائل بالاندماج في الاقتصاد العالمي.

فمن الصعب فهم اتفاقية «الجات» في سياق ينفصل عن المفهوم العصري للتخصص وتقسيم العمل بين الدول.. فقد انتهى التقسيم التقليدي القديم الذي كان يقسم العالم لقسمين: عالم منتج ومصدر للسلع الصناعية. وعالم ينتج المواد الخام.

أما اليوم ومع التقدم التكنولوجي المذهل فقد بدأت الدول الصناعية تتخلص من قائمة من الصناعات كثيفة العمالة، والأقل استفادة من مزايا التكنولوجيا المتطورة. وتم أيضاً التخلص من الصناعات الملوثة للبيئة ونقلها لدول العالم الثالث.. وتخصصت الدول المتقدمة في الصناعات التكنولوجية

صناعاتنا تمثل المواجهة لتحقيق اكتفاء ذاتي

الأمل معقود على تكتل اقتصادي إسلامي

د . سمير أبو الفتوح

ب. النشاطات الكتابية

لقد طلب منك صديق عربي يدرس في كلية التجارة والعلوم الإداريّة في جامعة قطر أن تعطيه فكرة عن اتفاقية " الجات " والدور الذي ستلعبه في التبادل التجاري بين دول العالم . أكتب له رسالة تلخّص فيها ما تعلمته عن هذه الاتفاقية التي قامت على أساسها المنظمة العالمية للتجارة الدولية .

٦. الإداري الناجح

الاداري الناجح

ترجمة
تيسير نجاح ابو دلال
الدار السعودية للخدمات الاستشارية - الرياض

تبين من خلال دراسة أجريت على مدى ثمانية عشر عاما ان المدير الكفؤ القادر على انجاز اكبر قدر من الاعمال يكتسب قدراته اكتسابا وليس ولادة خلقية .

فقد تبين ان بعض المدراء يمتلكون قدرات خاصة ويتمتعون بسلوك قيادي يعزز انتاجيتهم ، والكثير منهم يظهرون تحسينات ملحوظة على مستويات أدائهم عن طريق اتخاذ خطوات ناجحة تمكنهم من الحصول على هذه القدرات القيمة . ولعل اكثر المدراء نجاحا من يمتلكون صفات محددة تؤهلهم للقيام بأعمالهم على نحو رائع وهذه الصفات يكتسبونها بالتعلم والممارسات العملية .

وهذا البحث الذي تم بالتنسيق مع معهد علوم الاداء في بيركلي بكاليفورنيا بالولايات المتحدة الامريكية استمر مدة ثمانيه عشر عاما ، وقد أجريت مقابلات شخصية مع ما يزيد على ٣٠٠ اداري من بين ١٥٠٠ شخص يتلكون قدرات فريدة متميزة في انجاز اعمالهم ، وهؤلاء الاداريون تم اختيارهم من تخصصات مختلفة كالطب والعلوم الأخرى والرياضة والفنون . وبعد استعراض النتائج التي تمخضت عنها المقابلات تم التوصل الى ان القدرات الشخصية التي يتمتعون بها مشتركة ومتكررة فيما بينهم .

صفات عامة مميزة

تبين من الدراسة التي أجريت ان اكثر الاداريين نشاطا ونجاحا يتمتعون بعشر صفات ومزايا تساهم بصورة كبيرة في تحقيق نجاحهم وتتلخص في الآتي :

١) بُعد النَظَر والقدرة على تنفيذ خططهم الاستراتيجية الفعالة بغض النظر عن النتائج المكتسبة على المدى القصير على حساب التخطيط بعيد المدى وفي حالة عدم جدوى الخطة الموضوعة يمكنهم البحث عن بديل مناسب .

٢) يُقرّرون مُقدّما من هم الافراد والاجهزة والمعدات والأموال والمصادر الأخرى التي يحتاجون اليها لانجاز مشاريعهم بنجاح ، وهم بهذا يناقضون أولئك الذين يدخلون في مشاريع يكتشفون في منتصفها أنهم بأمس الحاجة لقدرات ومصادر اضافية لانهاء تلك الاعمال والمشاريع .

٣) يرفضون الوقوع في شرك الاستمرار في نفس الوضع لمدة طويلة دون محاولة الارتقاء بمستوياتهم عن طريق تحقيق انجازات رائعة على نحو متزايد اضافة الى الوصول لنقطة النهاية او الاهداف المرجوة .

٤) يَتَمتّعون بقدرات فريدة نحو المجازفة الخلاقة ، وهكذا يخططون المراحل المصحوبة بالخوف من النجاح والفشل الذي يحد من انتاجيتهم وهم لايكتفون بالوقوف عند حد الانجاز المرضي بل يصرون على البحث عما وراء مستوياتهم الحالية .

وهؤلاء المدراء الناجحون يقيمون المخاطر والمسؤوليات المترتبة عليها باستخدام أسلوب يطلق عليه « تقرير حول الاخفاق في الاعمال » او مايطلق عليه « بسيناريو الحالات المتردية او السيئة » ، حيث يتصورون فيه اسوأ

« عالم الصناعة » - العدد الثاني والعشرون - ص ٦٠

النتائج لكل مجازفة او مخاطرة يعتزمون القيام بها . ويسألون انفسهم « ما هو اسوأ شيء قد يحدث ؟ وماهو الاجراء الذي يجب اتخاذه حينئذ ؟ واذا استطاعوا وضع خطة مناسبة تمكنهم من التعامل مع هذه الاحداث فان ذلك سيمدهم بقدرة فريدة على الحد من الانشغال المفرط بتلك المجازفة مما يعزز ثقتهم بأنفسهم .

وهذا هو الاسلوب السليم لصنع القرارات دون الوقوع فريسة للمخاوف التي لاداعي لها والمترتبة على تنفيذ المجازفات .

٥) يظهر المدراء الأكفاء مستويات عالية من الثقة والاعتزاز بالنفس ، ويتعاملون كل اخفاق او رفض على انه انتكاس مؤقت والنقد الخارجي غير البناء يقل تأثيره كثيرا عليهم مما يسببه لغيرهم .

٦) أمر لايدعو للاستغراب ان أولئك القياديون الناجحون في عملهم يحتاجون دوما الى المسؤولية والسلطة الا انهم لايراودهم ادنى خوف في اتخاذ أي اجراء صارم ونادرا ما نجدهم يخضعون لظروفهم الخاصة ويعتمدون كثيرا على الاتصالات العليا وقدرات اللمع والترويج لايجاد خيارات جديدة لحل المشكلات القديمة القائمة .

٧) يتأهبون عقليا ونفسيا لمواجهة أي ظروف ، فقد تبين من الدراسة ان هؤلاء القياديين قبل دخولهم اي اجتماع يتصورون الاسلوب والمجرى ويتوقعون النتائج المرجوة منه وبذلك نجدهم يرسمون في عقولهم الاجراءات والمشاعر التي تصاحبها وتطبع في كيانهم النفسي .

٨) يحبون الارتباط في عملهم فنا وتفاعلا ، يهمهم الهدف والرسالة من ورائه ويتعاملون معها بتفاعل وحماس ولديهم ما يعرف بالواقع الداخلي من الانضباطية ولاينتظرون مدحا او اطراءاً او تقديرا خارجيا لدعم ثقتهم بأنفسهم بصورة متجددة .

٩) يُرَكِّزون على ايجاد حلول للمشكلات القائمة بدلا من القاء اللوم وبالتالي ، يتفادون السلوك الذي يؤدي الى الانهزامية والمردود العكسي ويفعلون ذلك بالبحث عن التعزيز لهدف أسمى وهو التصحيح الذاتي عبر اشخاص لديهم اراء ومرئيات يحترمونها.

وعندما ينظرون في حل أي مشكلة تعترض خط سيرهم نجدهم يبدأون في طرح عدة تساولات رئيسية منها ماهو الوضع القائم ؟ الى اين نحن سائرون ؟ كيفية الوصول ؟ انهم يفضلون التعاون والعمل مع اشخاص اقوياء لايخشون مرئياتهم في حل المشكلات القائمة .

بالمقابل نرى الاداريين الاقل نجاحا يركزون طاقاتهم في البحث عن المسبب والسبب وراء المشكلة ، جارفين اهتمامهم عن الوضع القائم ولايفسحون المجال لهؤلاء الاشخاص الذين يؤكدون لهم جازمين رغبتهم في المساعدة لاعادة الوضع كما كان .

١٠) يسلكون اتجاها نحو امتلاك ارائهم وابداعاتهم ، وهم يفضلون العمل بافكار وآراء درست جيدا ويرتقون بها الى مستويات أعلى دون الدخول في أسلوب الاحتمالية الذي لاينتهي .

من خلال اللقاءات التي أجريت مع بعض المسئولين الذين يتولون مناصب ادارية عليا اتضح الآتي :

- ان هؤلاء الاداريين يثير اهتمامهم نوعية وجودة الأعمال وليس كمياتها وتعدادها .
- يسعون الى زيادة ورفع انتاجيتهم عبر اسلوب تطوير القوى البشرية الفعال وهم ينظرون الى منسوبيهم باعتبارهم كفاءات يمكنهم المساهمة الفعالة والمتميزة في دعم الانتاج بصورة جيدة.
- يتبعون توازنا فعالا بين الاستقلال الذاتي والاتجاه نحو دعم وتشجيع الانتاجية وبهذا الأسلوب يلتزم كل من الرئيس والمرؤس بالعمل معا نحو تحقيق الهدف مع توافر المرونة بالاجراءات والابداع في سبيل تحقيق هذه الاهداف .
- يُوَكِّلون الاشخاص التابعين لهم مسؤولية ادارة وحدات محددة صغيرة مستقلة .
- لايسمحون لانفسهم الوقوف عاجزين امام فكرة الكمال ، وعند تفاعلهم وتعايشهم مع الاحداث نجدهم يلجأون الى اسلوب البحث والمجادلة والتعديل ثم التصحيح او التقويم الذاتي.

القسم الأوّل : التمهيد

أسئلة قبل القراءة

١.   أذكر أسماء بعض الإداريين الناجحين في أعمالهم الذين تعرفهم .

٢.   ما هي في نظرك بعض صفات الإداري الناجح ؟

٣.   هل النجاح في الإدارة يأتي عن طريق التعلّم والممارسة العملية أم يوجد مع الإنسان منذ الولادة ؟

القسم الثاني : القراءة والاستيعاب

القراءة الأولى : المفردات والتعبيرات الآساسية

the successful administrator	الاداريّ الناجح
to become clear	تَبَيَّنَ
for the duration of, during	على مَدى
competent administrator	المُدير الكُفْؤ
acquires his abilities	يَكْتَسِب قُدراته اكتسابًا
support their productivity	يُعَزِّز انتاجِيَّتَهم
in a superb manner	على نَحْو رائِع
in collaboration with	بالتَنسيق مَع
Institute of Scientific Performance	مَعْهَد علوم الأداء
unique capabilities	قُدرات فَريدَة
produced by interviews	تَمَخَّضَتْ عنها المُقابلات
farsightedness	بُعْد النَظَر
regardless of	بِغَضِّ النَظَر عَن
lack of success	عَدَم جَدْوى
suitable substitute	بَديل مُناسب
in advance	مُقَدَّمًا
dire need	بأَمَسِّ الحاجَة
trap	شَرَك – أشراك
the desired objective	الأهداف المرجُوَّة
creative endeavor	المُجازَفَة الخَلاقَة
resulting from it	المُتَرَتِّبَة عَلَيها
failure	الإخْفاق
the action that should be taken	الإجْراء الذي يجب اتخاذه
to limit (falling into) excessive anxiety over	الحَدّ من الانشغال المُفْرِط
to fall prey to one's fear	الوُقوع فَريسَةً للْمَخاوِف
self-confidence and self-esteem	الثِّقَة والاعتزاز بالنَفس
temporary setback	انْتِكاس مُؤَقَّت
does not call for surprise or wonder	لا يَدعو للاستغراب

they do not hesitate	لا يُراوِدُهم أدْنى خَوْف
firm action	إجْراء صارِم
distribution, spreading	التَّرويج
their psychological nature	كيانهُم النَفسي
disciplined behaviour	الانضباطيَّة
casting the blame	إلقاءُ اللَومِ
they avoid the behaviour (that leads to...)	يَتَفادَون السلُوك
defeat	الانهِزاميَّة
which blocks their way	تَعْتَرِض خطَّ سَيْرِهم
on the other hand	بالمُقابِل
paying no attention	جارفِينَ اهتمامَهم
do not give the opportunity	لا يَفسَحون المَجال
probability	الاحتماليّة
sitting on the top	التَّرَبّع على القِمَّة
those working for them	مَنسوبيهم
flexibility	المُرونَة
their adapting to events	تَعايُشُهُم مَعَ الأحداث

ب. القراءة الثانية : النقاط الأساسية

١. أين أُجْرِيت الدراسة حول الإداري الناجح ؟

٢. كم إدارياً شارك في الدراسة ، وما هي تخصّصاتهم ؟

٣. لخّص الصفات العشر للإداريين الناجحين :

أ) بعد النظر والقدرة على تنفيذ الخطط الفعّالة .

ب) ________________ .

جـ) ________________ .

د) ________________ .

هـ) الثقة والاعتزاز بالنفس .

و) ________________ .

ز) ________________ .

ح) ________________ .

ط) ________________ .

ي) يفضّلون العمل بموجب أفكار وآراء مدروسة جيّداً .

جـ. القراءة الثالثة : التفاصيل

١. ملاءمة : اختر العبارات من المجموعة الثانية التي تلائم العبارات في المجموعة الأولى .

المجموعة الأولى	المجموعة الثانية
أ) نفهم من الدراسة التي أجريت على الإداريين الذين عندهم قدرات جيّدة	– في دعـــــم الانتـــــاج وتطويره بصورة مستمرة .
ب) في حالة فشل الخطة الموضوعة	– النوعية وجودة العمل لا الكمّية والعدد .
جـ) يقرّر الإداري الناجح تنفيذ المشاريع	– دون انتظار مدح أو تقدير من الآخرين .
د) لا يقع الإداري الناجح فريسة للمخاوف والفشل في المستقبل	– عند محاولتهم تعديل بعض الأمور أو تصحيحها .
ه) يتفاعل الإداريون الناجحون مع عملهم بحماس	– لثقته بنفسه وقدرته على وضع القرارات السليمة .
و) عند حلّ المشكلات يفضّل الإداري الناجح	– أن التعلم والممارسة هما أساس النجاح في العمل الإداري .
ز) من الأشياء التي تثير اهتمام الإداريين الناجحين	– يضع الإداري الناجح خطّة أخرى
حـ) يعتمد الإداري الناجح على الأشخاص التابعين له	– يبدأ بالتغيير ومحاولة الوصول إلى الهدف الجديد دون أن يضيع وقته في البحث عن الأسباب .
ط) يفضّل الإداريون الناجحون الاعتماد على أسلوب البحث العلمي	– بعد دراسة كل ما يحتاجه من أشخاص ومعدّات وأموال .

جـ. نشاطات كتابية

اكتب موضوعا انشائيا يتناول ادارة الاعمال مستعينا ببعض القدرات الشخصية التي يتمتع بها رجال الاعمال الناجحين كما وردت في المقال الذي قرأته .

د. نشاطات شفوية

المطلوب منك دراسة " نتائج المؤتمر الثاني لرجال الاعمال السعوديين " في الصفحة التالية استعداداً للمناقشة الشفوية في الصف .

القسم الثالث : المراجعة

أ. قراءة النص قراءة جهرية والإجابة عن أسئلة الدارسين .

ب. ملء الفراغات بالمفردات والتعبيرات المناسبة .

١. ملء الفراغات

يتمتع الاداريون ———— بعشر صفات تؤهلهم للقيام بأعمالهم على ———— وهذه الصفات يكتسبونها بالتعلم و ———— العملية . وتتلخص هذه ———— فيما يلي :

أ) بعد ———— والقدرة على تنفيذ الخطط المرسومة ———— النظر عن النتائج المكتسبة ، وفي حالة عدم ———— الخطة الموضوعة يمكنهم البحث عن ———— ———— مناسب .

ب) عند الدخول في مشاريع جديدة يقررون ———— حاجاتهم عن الموظفين والاجهزة والاموال و ———— الاخرى لإنجاز تلك الاعمال والمشاريع ———— .

جـ) يبذلون محاولات مستمرة للارتقاء بـ ———— عن طريق تحقيق الانجازات ———— ———— والوصول إلى الاهداف ———— .

د) لا يقفون عند حد الانجاز المَرْضي بل يخططون لتنفيذ ———— الخلاقة التي يعتزمون القيام بها لتعزيز ———— بأنفسهم . وهذا هو الاسلوب السليم لصنع ———— ———— .

هـ) يعتبرون الاخفاق في الاعمال ———— ولا يتأثرون كثيراً بالنقد الخارجي غير ———— .

و) لا يترددون في اتخاذ ———— الصارمة معتمدين على المسؤولية والسلطة المُخَوَّلة لهم وعلى ———— العليا مع من هم أعلى منهم منصباً .

ز) يتصورون في عقولهم مجرى الاحداث و ———— المرجوة في الاجتماعات المرسومة مما يجعلهم مستعدين عقلياً ونفسياً لمُواجهة أي ———— ———— .

ح) يتعاملون مع عملهم بتفاعل و ———— ويهمهم تحقيق ———— المرسومة معتمدين في ذلك على ———— في السلوك الشخصي والعملي .

ط)   يركزون طاقاتهم في البحث عن ايجاد ——————— للمشكلات القائمة في العمل

ويفسحون ——————— ——————— لغيرهم من الاشخاص الذين لديهم آراء و

لتصحيح الحالات السيئة .

ي)   يفضلون العمل بموجب الاراء والافكار ——————— دراسة جيدة ويحاولون تحقيق

اعمالهم والارتقاء بها الى ——————— أعلى وعلى مدى ——————— .

ك)   يتمتع الاداريون ——————— بعشر صفات تؤهلهم القيام بأعمالهم على ———————

——————— . وهذه الصفات

——————————————————————————————

——————————————————————————————

——————————————————————————————

—————————————————————————— .

القسم الرابع : التطبيقات

أ.   النشاطات الشفوية

١.   تحدث عن الاداري الناجح من حيث الصفات التالية :

أ)   بُعْد النظر في التخطيط البعيد المدى

ب)   احتياجات العمل

جـ)   تحسين مستوى الاداء العملي

د)   البحث فيما وراء المجازفات الخلاقة

هـ)   الثقة والاعتزاز بالنفس

و)   اعتمادهم على المسؤولية والسلطة

ز)   تفاعلهم وتعايشهم مع الاحداث

ح)   التعامل مع العمل والموظفين

ط)   كيفية حل المشكلات

ي)   اسلوب العمل المفضّل لديه

٢.   أذكر الصفات التي تعجبك في الاداري الناجح وسبب اختيارك لهذه الصفات .

٣.   اقرأ قصة نجاح السيد خليفة استعداداً للمناقشة الشفوية في الصف .

المهندس/ عبد المحسن محمد الدريس:

المدير الناجح هو الذي يستفيد من خبرات

مراحل التطور التي مرت بها شركة محمد السعد الدريس وأولاده تجسّد رؤية خاصة في عالم الأعمال يوجزها المهندس عبد المحسن محمد الدريس، المدير العام، في حواره مع **عالم الاقتصاد** بقوله «يجب على المدير الناجح أن ينظر دائماً إلى المستقبل».

● متى بدأت شركة محمد السعد الدريس نشاطها؟

●● بدأت الشركة نشاطها في عام ١٩٣٨م كمؤسسة تجارية فردية في قرية الأرطاوية بمنطقة سدير. وفي أواخر الأربعينات بدأت في مجال جديد خاص بالنقل وكانت البداية بسيارة واحدة من نوع «ستودبيكر». وفي أوائل الخمسينات كانت بداية قطاع المحطات، وفي أواخر الخمسينات أضيف نشاط آخر وهو تجارة قطع غيار السيارات. وفي عام ١٩٥٦م انتقل مقر المؤسسة إلى مدينة الرياض بصفة دائمة، وفي أوائل الستينات تم تعديل الوضع القانوني للمؤسسة إذ تحولت إلى شركة تضامنية.

ومنذ ذلك الحين بدأت الشركة مسيرة التطوير، فبدأنا نشاط تجارة السيارات (كموزع لسيارات مازدا في المنطقة الوسطى)، وفي نفس الفترة بدأ قطاع النقل يتطور لدينا إذ قمنا بزيادة السيارات المخصصة للنقل إلى حوالي ٧٠ سيارة، ومارسنا أنواع جديدة من النقل مثل نقل المواد البترولية والأسمنت والمواد الكيماوية بالاضافة إلى نقل البضائع.

● ما هى الأنشطة التي تقوم بها الشركة حالياً؟

●● لقد تم تطوير الأنشطة التي ذكرتها سابقاً بالاضافة إلى ادخال أنشطة أخرى. فعلى سبيل المثال، أضفنا إلى نشاط تجارة قطع الغيار نشاط بيع المعدات الصناعية للورش والمعدات اللازمة لمحطات البنزين، بالاضافة إلى تجهيز الورش ومحطات البنزين من كافة الأدوات والمعدات وتسليمها إلى أصحابها. وأدخلنا أنشطة جديدة للشركة في المجالين الصناعى والزراعي. ففي المجال الصناعي، وفي عام ١٩٧٩م بالتحديد، أنشأنا مع شركتين أمريكيتين «الشركة السعودية الأمريكية للزجاج» ومقرها بالمنطقة الصناعية الثانية بالرياض. هذه الشركة تنتج الزجاج العازل للمباني والزجاج المقوى والزجاج ضد الرصاص والأبواب الزجاجية، وتم اضافة نشاط تلوين الزجاج حالياً. ومنذ عام ١٩٩٠م أصبح المصنع سعودي ١٠٠٪ بعد تنازل الشركاء الأمريكيين عن حصتهما والتي كانت تبلغ ٤٠٪، وأصبح اسمه الآن «المصنع السعودي الأمريكي للزجاج» ويعمل المصنع حالياً لتغطية الطلب المحلي في المملكة العربية السعودية وللتصدير إلى دول الخليج العربية.

وفي أواخر السبعينات تم انشاء قطاع لمواد البناء (الدريس لتموين المقاولين

الماضي في تخطيطه للمستقبل

الدوليين) وهو مخصص فقط لتسويق مواد البناء مثل الأبواب والمفصلات والأقفال والألواح الجبسية.

وفي نفس الفترة أيضاً تم انشاء قطع الكسارة للبحص والرمل. وفي أوائل الثمانينات بدأنا نصنع الأبواب الحديدية (في المنطقة الشرقية) والتي تعد خصيصاً للمستشفيات والمكاتب والمنازل. وفي أوائل الثمانينات أيضاً تم إنشاء مصنع للخردة بالرياض (مصنع الدريس للحديد والخردة)، يقوم بجمع الحديد الخردة واعادة تقطيعه وبيعه لشركة (حديد).

وفي المجال الزراعي، تم انشاء قطاع الزراعة في عام ١٩٨٤م، ويتكون هذا القطاع من ثلاثة فروع: فرع يمتلك المزارع ويديرها - فرع لادارة المزارع - فرع لصيانة وبيع قطع الغيار.

● ما هي مساهمة الشركة في خدمة الاقتصاد الوطني؟

●● حين ننظر إلى قطاعات الشركة نجدها متنوعة، فمنها التجاري، الصناعي، الزراعي، والخدمي. والشركة تحرص دائماً على تطوير هذه القطاعات لكي تساهم من خلالها في خدمة الاقتصاد الوطني.

والآن؛ بعد أن تم الانتهاء من مشروعات البنية الأساسية التي أقامتها الدولة، وتوفر المناخ الاستثماري الأمثل والذي يشجع المستثمرين بكافة ميولهم، فان دور القطاع الخاص هو النهوض بالاقتصاد الوطني دون انتظار مساعدة الدولة، فلقد اشتد ساعده، ويجب أن يقوم بدوره. وأنا اعتقد أن القطاع الخاص قادر على ذلك.

● ما هو تقييمكم لأداء الشركة؟ وما هي توقعاتكم للمستقبل؟

●● أداء الشركة أداءً جيد، وأمورها تسير وفق خطط مرسومة مسبقاً. وتعدد أنشطة

الشركة يدل على نجاحها، فالأنشطة مكملة لبعضها البعض. فالنقليات - على سبيل المثال - تحتاجها جميع القطاعات، وقطاع المحطات تحتاجها القطاعات الأخرى كلها بلا استثناء. وفي نفس الوقت، لو كان هناك هبوط في أحد القطاعات فتعدد الأنشطة يقلل من تأثير هذا الهبوط. حيث أن تعدد الأنشطة من وجهة نظرنا يخلق التوازن في نتائج أعمالها.

أما المستقبل، فبصفة عامة يجب على المدير الناجح أن ينظر دائماً إلى المستقبل ويتابع تطور الاقتصادين المحلي والعالمي ويتخذ الترتيبات المستقبلية اللازمة بناءً على المؤشرات التي يتم استنتاجها من هذا التطور. من هذا المنظور، فإنني أتوقع أن لا يقل أداء الشركة في المستقبل - بإذن الله - عن أدائها في الوقت الحاضر، فسوف نعمل دائماً على تطويرها. وهناك خطط أعددناها لتطوير كل القطاعات وعلى رأسها القطاع الصناعي نظراً لأهمية هذا القطاع والدور المهم الذي يقوم به في تنمية الاقتصاد الوطني.

من عالم الاقتصاد
العدد ٢٨، ١٩٩٤

ب. النشاطات الكتابية

١. لقد طُلِب منك أن تعدّ اعلانًا بالعربية لوظيفة مدير فرع جديد لمصرف الرياض في إحدى المدن . حاول الاستفادة من صفات الاداري الناجح التي قرأتها في هذا الدرس عند وضع الاعلان .

الوحدة السابعة
العقود والاتفاقيات التجارية والاقتصادية

١. عقد شركة تجارية ذات مسئولية محدودة

٢. عقد بيع فيلا مع الأثاث

٣. عقد إيجار مكان

٤. توكيل خاص ببيع عقار

٥. اتفاقية النقل الجوي بين حكومة الولايات المتحدة الامريكية وحكومة المملكة العربية السعودية

ملاحظة ١. جميع العقود التجارية في هذه الوحدة الدراسية مأخوذة من المرجع التالي المحفوظ في مكتبة جامعة قطر :
المعجم العربي للعقود لدول مجلس التعاون الخليجية
تأليف : سامي سيّد الفار

٢. «اتفاقية النقل الجوي» مأخوذة من مكتب الملحقية الثقافية للمملكة العربية السعودية بواشنطن في امريكا

315

١. عقد شركة تجارية ذات مسئولية محدودة

أ . عقد شركة تجارية ذات مسئولية محدودة

أنه فى يوم / / ١٤ هـ الموافق / / ١٩ م

محرر بتاريخه بين كل من : ـ

أولا : (أ) ________ بن ________ بن ________
البالغ من العمر ________ سنة ________ وجنسيته ________
ويعمل بمهنة ________ ومقيم سكنا ________
________ طرف أول

ثانيا : (ب) ________
________ طرف ثان

ثالثا : (جـ) ________
________ طرف ثالث

رابعا : (د) ________
________ طرف رابع

اتفق المتعاقدون فيما بينهم على تكوين شركة تجارية ذات مسئولية محدودة بالشروط الآتية : ـ

١ ـ عنوان الشركة :
شركة (أ) وشركاه ذات مسئولية محدودة (ويمكن كتابة الاسم التجارى) .

٢ ـ غرض الشركة :
الشركة غرضها القيام باعمال ________

٣ ـ مركز الشركة :
للشركة مركز رئيسى يقع ببلدة ________ بشارع ________ وبه ادارتها الرئيسيه

وايضا لها عدد ——— فرع الفرع الأول كائن فى ——— والثانى فى ——— والثالث ——— الخ ٠

٤ ـ المـــدة :

مدة هذه الشركة ——— سنة تبدأ من ——— وتنتهى فى ——— قابلة للتجديد لمدد أخرى مماثلة ما لم يتفق الشركاء على عدم تجديدها أو ما لم يخطر أحد الشركاء الباقين بخطاب مسجل قبل مدة انتهائها بثلاثة أشــهرعلى الأقل ٠

٥ ـ رأس المـــال :

رأس مال الشركة مبلغ ——— دفع على الوجه التالى : ـ

مبلغ ——— من (أ) ٠
مبلغ ——— من (ب) ٠
مبلغ ——— من (ج) ٠
مبلغ ——— من (د) ٠

ويمكن زيادة رأس المال أو تخفيضه باتفــاق الشركاء شريطـــة الا يقـــل رأس المـــال عن مبلغ ——— ٠

٧ ـ مسئولية الشركاء :

تتحدد مسئولية كل شريك بقيمة حصته فىرأس المـــال فلا يلتزم الا بقيمتها ولا يمـــكن مطالبته بأكثر منها ٠

وكل حصة فى رأس المال تخول صـــاحبها الحق فى حصـــة متعادلة فى ملكية موجودات الشركة وكذا أرباحها ٠

٨ ـ الادارة :

ادارة الشركة وحق التوقيع عنهـــا موكولة لـ (أ) طالما كانت بعنوان الشركة وضمن أغراضها غير أنه بالنسبة للتصرفات الخاصـــة ببيع أو رهن جزء من موجودات الشركة أو بالنسبة للمعاملات التى تزيد عن مبلغ ——— فيجب لنفاذها موافقـــة أغلبية الشركاء الممثلين لنسبة ——— فى المائة من رأس المـــال على الأقل ٠

وقد قرر للمدير راتبا شهريا قدره ______________________________

٩ ـ استبدال المدير :

من حق الشركاء فى أى وقت استبدال المدير بآخر ولو من غيرهم اذا اتفقوا على ذلك أو فى حالة وفاة المدير أو فقده أهليته .

١٠ ـ الموازنة والسنة المالية :

يكون للشركة دفاتر تجارية منتظمة يرصد فيها رأس المال والموجودات وكذا مصروفات الشركة ومعاملاتها حسب الاصول التجارية .

والسنة المالية للشركة تبدأ فى __________ وتنتهى فى __________ وفى آخر كل سنة مالية يعمل جرد لاصول الشركة وخصومها وتحرر ميزانية عمومية يوضح بها حساب الارباح والخسائر ويعتمد هذا الحساب من الشركاء ويتم اخطارهم به ويعتبر هذا الحساب نهائيا بالتوقيع عليه من الشركاء أو بمضى خمسة عشر يوما من أخطار كل شريك بصورة منه دون اعتراض على أى بند من بنوده .

١١ ـ توزيع الارباح والخسائر :

توزيع الارباح والخسائر بين الشركاء كل بنسبة حصته فى رأس المال .

واذا وجدت خسارة فى ميزانية احد السنوات ترحل للسنة التالية وهكذا ولا توزع الارباح الا بعد تغطية خسارة السنوات السابقة .

١٢ ـ الوفاة وفقدان الاهلية :

اذا توفى احد الشركاء أو فقد اهليته لاى سبب فلا يحق لورثته أو ممثلية التحفظ على ممتلكات الشركة كما لا يعنى ذلك فسخ الشركة فتستمر بين الباقين وورثته بذات الشروط .

١٣ ـ فسخ الشركة :

تفسخ الشركة فى حالة اجماع الشركاء على فسخها قبل نهاية مدتها كما تفسخ اذا تجاوزت الخسائر مبلغ __________ طبقا لميزانيتها ما لم يتفق الشركاء على استمرارها رغما عن ذلك .

١٤ ـ التصفية والقسمة :

عند انتهاء عقد الشركة لأى سبب كان يتفق الشركاء على طريقة التصفية التى تتم بمعرفة مصف يتم اختياره من بينهم أو من غيرهم تكون مهمته توزيع صافى ناتج التصفية على الشركاء كل بنسبة حصته فى رأس المال .

١٥ ـ المنازعة :

المنازعات التى قد تثار بشأن تصفية الشركة أو الخلاف حول أى بند من بنود هذا العقد يكون الفصل فيه من اختصاص ــــــــــــــ

١٦ ـ النسخ :

تحرر هذا العقد من عدد ــــــــــــــ نسخة بيد كل طرف نسخة للعمل بموجبها وسلمت نسخة للمدير للقيام باجراءات الشهر والتسجيل بنفقات على عاتق الشركة وتحفظ النسخة الاصلية بمقر الشركة .

أ. المفردات والتعبيرات الاساسية

عقد – عُقود	contract, agreement
ذات مسئولية محددة	limited (Ltd.)
المُوافق	corresponding to
مُحَرَّر	written
البالغ مِن العُمْر	at the age of
طَرَف أوَّل	first party
مُتعاقِد – مُتَعاقِدون	contractor
قابِلَة للتجديد	renewable
مُدَّة – مُدد	period
مُدَد مُماثِلة	similar periods
ما لَم	unless
يُخْطِر ، إخطار	to notify, inform
رأس مال	capital
على الوجه التالي	as follows
بِقيمة حِصَّتِه	according to his/her share
تُخوِّل صاحبها الحقّ	to give its owner the right
مِلْكيّة مَوجودات الشركة	ownership of the assets of the company
مَوكولَة لِـ	entrusted to
رَهْن	mortgaging
نَفاذُها	its implementation
اِسْتِبدال...بِـ	replacement...by, with
السنة المالية	fiscal year
حَسَب الاصول	in accordence with principles, basics
جَرْد لاِصول الشركة وخصومها	clearance
ميزانية عمومية	general budget
الارباح والخسائر	profits and losses
دون اعتراض	without objection
بَنْد – بُنود	term, article
تَغْطية	coverage
فُقدان الأهليّة	loss of competence
التَحَفُّظ على	seizure
فَسْخ الشركة	dissolving the company
تَصْفية	liquidation

مُنازَعَة	dispute
الفَصْل	solution
على عاتِق	at the expense of
مَقَرّ – مَقَرّات	headquarters

ب. تدريبات للقراءة والمحادثة

١. استعمال المفردات والتعبيرات المفيدة

عَقد شركة

من يوقّع على عَقْد الشركة عادة ؟

المُوافق

تاريخ العقد ٢٢ نوفمبر ١٩٩٥م الموافق ١ رجب ١٤١٦هـ.

طَرَف أوّل

ماهي حِصة الطرف الاوّل في الشركة ؟

قابل للتجديد

عندي عقد عمل مع البنك العربي الوطني قابل للتجديد كل سنة .

رأس مال

مجموع رأس مال الشركة التجارية حوالي ٤٠٠ مليون ريال سعودي.

السنة الماليّة

متى تبدأ السنة المالية في الدوائر الحكومية الامريكية ؟

الميزانيّة العمومية

كم مجموع الميزانية العمومية لجامعتك ؟

الارْباح والخسائر

كيف توزّع الارباح والخسائر بين الشركاء في المؤسسات التجاريّة ؟

فَسْخ الشَركة

ماذا يحدث عادة عند موافقة الشركاء على فسخ الشركة ؟

٢. مُلَخّص عقد شركة تجارية ذات مسئولية محدودة

املأ الفراغات التالية مستعينا بالعقد الذي قرأته في هذا الدرس :

إنه بتاريخ ١٩٩٤/٥/٢١م ______ ١٤١٤/١٢/١٠هـ تكوّنت ______ ______ ______
ذات ______ محدودة بين كلّ من :

أوّلا : أسماء الشركاء وجنسيّاتهم ومهنهم ومحلّ اقامتهم

١. سالم حمّاد البدراوي ، سعودي ______ ، رجل أعمال ، مقيم في الرياض ، ص.ب ٢١١٠ . طرف أوّل .
٢. راشد حمد سليمان ، ______ الجنسيّة ، مدير بنك ، ______ في ______ ، ص.ب. ______. طرف ثانٍ .
٣. محمد اسماعيل سعيد ، ______ ______ ، متقاعد ، مقيم في ______ ______ ______ ______ . طرف ثالث .

ثانيا : اسم الشركة وعنوانها

شركة الانشاء والتعمير المحدودة
ص.ب. ٤٥٦ ، الرياض ١١٤٥١٦

ثالثا : أغراض الشركة

إنشاء المباني والطرق والمتاجرة بمواد البناء

رابعا : المركز الرئيسي للشركة وفروعها

يقع ______ ______ في مدينة الرياض بشارع الملك ______ ولها ______ في مدينة جدّة و ______ آخر في الدّمام .

خامسا : رأس المال

يبلغ ______ ______ الشركة ١٥٠ مليون ريال سعودي ______ إلى ١٠٠٠ ______ متساوية ، وكل حصة بمبلغ ______ ألف ريال ______ على الشركاء كما يلي :

الطرف الاوّل : ٤٠٠ حصة × ١٥٠٫٠٠٠ = ٦٠٫٠٠٠٫٠٠٠ مليون ريال .
الطرف الثاني : ٣٠٠ ______ × ______ = ______ ______ ______ .
الطرف الثالث : ______ ______ ______ ______ ______ ______

سادسا : توزيع الأرباح

توزّع ———— بعد خصم ———— والتكاليف العموميّة على ———— الثلاثة كل واحد بنسبة ———— في رأس المال .

سابعا : مدّة الشركة

مُدّة ———— ١٠ سنوات ميلادية تبدأ بتاريخ التسجيل ٢١/—/—١٩ . والمدة ———— للتجديد لسنوات ———— .

ثامنا : إدارة الشركة

اتفقت الأطراف الثلاثة على أن ———— الشركة تحت رئاسة الطرف الأوّل ———— ، ويقوم الرئيس بتمثيل ———— أمام الجهات الرسمية وتوقيع جميع ———— التجارية .

تاسعا : فسخ الشركة

تُفْسخ ———— عند موافقة جميع ———— ، كما يحقّ ———— إذا كانت نسبة ———— عالية جدًا والأرباح قليلة .

٣. مناقشة

اذكر ما تعرفه عن البنود التاليّة في عقد الشركة التجارية المحدودة

أ) مدّة العقد

ب) الشركاء

جـ) أغراض الشركة

د) مركز الشركة وفروعها

هـ) رأس المال

و) إدارة الشركة

ز) الميزانية العامة السنوية وتوزيع الأرباح

ح) فسخ الشركة

جـ. النشاطات الشفوية / الكتابية

يوزّع الأستاذ الطلاب والطالبات في مجموعات مكوّنة من أربعة أشخاص للقيام أولاً بمناقشة تأسيس شركة تجارية مستندين إلى النموذج المعطى في هذا الدرس . وبعد الاتفاق فيما بينهم على اسم الشركة وعنوانها وأغراضها ورأس مالها ... الخ يقومون بتعبئة النموذج بالمعلومات التي اتفقوا عليها . وتتم المناقشة وتعبئة النموذج تحت اشراف الأستاذ ومساعدته .

د. النشاطات الكتابية

ترجم ملخّص عقد احدى الشركتين التجاريتين التاليتين مستعيناً بالقواميس والاستاذ عند الحاجة .

"ملخص عقد شركة تضامنية"

١- إسم الشركة : شركة الكواكب للصيانة والتشغيل .

٢- غرض الشركة : صيانة ونظافة المباني ونظافة المدن وصيانة الطرق وتشغيل المنشآت الكهربائية والميكانيكية والالكترونية وصيانة وتشغيل مرافق المياه والمجاري .

٣- أسماء الشركاء : ١- ضيف الله محمد العتيبي سعودي الجنسية - بموجب حفيظة نفوس رقم/ ١٠٦١٧ سجل الدوادمي - يقيم بالرياض مهنته متسبب . ٢- هلال ناصر العتيبي سعودي الجنسية بموجب حفيظة نفوس رقم ١٨٦٦/٨٧٥٦٦ سجل الرياض - يقيم بالرياض مهنته متسبب .

٤- المركز الرئيسي للشركة : في مدينة الرياض ويجوز نقل مركزها الرئيسي إلى أي مدينة أخرى كما يجوز لها إفتتاح فروع أخرى داخل وخارج المملكة .

٥- رأس مال الشركة : ثلاثمائة ألف ريال سعودي، حصة كل شريك مائة وخمسون ألف ريال وقد قام كل واحد من الشركاء بتسديد حصته كاملة .

٦- تاريخ تأسيس الشركة : من تاريخ قيدها بالسجل التجاري، ومدة الشركة عشر سنوات قابلة للتجديد لمدد أخرى .

٧- إدارة الشركة : إتفق الشريكان على أن يقوم السيد/ ضيف الله محمد العتيبي بإدارة الشركة وله في ذلك جميع السلطات والصلاحيات .

٨- السنة المالية : تبدأ السنة المالية من تاريخ ١٤١٦/٧/١هـ وتنتهي في ١٤١٧/٦/٣٠هـ .

ملخص عقد تأسيس شركة الملا المحدودة

شركة ذات مسئولية محدودة

اولا ـ الشركاء :

١ ـ الدكتور حسن عيسى الملا ،

مستشار قانونى ، سعودى الجنسية بموجب حفيظة النفوس رقم ٩٥٨٩ سجل الدمام تاريخ ١ـ٥ـ١٣٨٤ هـ وعنوانه الرياض ص ب رقم ١٥١٨٥ .

٢ ـ الشيخ جاسم عيسى الملا ،

رجل اعمال سعودى بموجب حفيظة النفوس رقم ١١١ سجل الخبر بتاريخ ١٦ـ٣ـ١٣٨٥ هـ وعنوانه الخبر ص ب رقم ١٤١١ .

ثانيا ـ اغراض الشركة :

المتاجرة بالعربات والمعدات ولوازم البناء والطرق والملابس والمواد الغذائية وتصنيعها والوكالات التجارية .

ثالثا ـ مدة الشركة :

مدة الشركة عشرون سنه ميلادية تبدأ من تاريخ قيدها فى السجل التجارى .

رابعا ـ المركز الرئيسى للشركة :

يكون المركز الرئيسى للشركة فى مدينة الرياض

خامسا رأس مال الشركة :

حدد راس مال الشركة بمبلغ نصف مليون ريال سعودى مقسم الى مائة حصة نقدية متساوية القيمة قيمة كل حصه خمسة الالاف ريال وقد تم توزيع الحصص على الشريكين وفقا لما يلى :

١ ـ الدكتور حسن عيسى الملا ،

٥٠ حصة × ٥٫٠٠٠ ريال = ٢٥٠٫٠٠٠ ريال ٥٠٪ .

الشيخ جاسم عيسى الملا ،

٥٠ حصة × ٥٫٠٠٠ ريال = ٢٥٠٫٠٠٠ ريال ٥٠٪ .

سادسا ـ ادارة الشركة :

يدير الشركة ويشرف على مسؤليتها مجلس ادارة مكون من ثلاثة اعضاء بما فيهم الرئيس تختارهم جمعية الشركاء بحيث يمثل كل شريك عضو وقد اتفق الشركاء على ان يكون الشيخ جاسم عيسى الملا رئيسا لاول مجلس ادارة .

سابعا ـ السنه المالية للشركة :

تبدأ السنه المالية للشركة فى اول يناير وتنتهى فى نهاية ديسمبر من كل سنه ميلادية باستثناء السنه الاولى تبدأ من تاريخ تسجيل الشركة فى السجل التجارى وتنتهى فى نهاية ديسمبر من العام التالى .

تسجيل العقد لدى كاتب العدل :

لقد جرى ضبط ملخص العقد المذكور بعدد ٢١٤٩ وصفحة ٨٩ جلد ٤ زهيان فى ١ـ٥ـ١٤٠٣ هـ .

كاتب عدل الرياض

الطرف الاول : ١ ـ الدكتور حسن عيسى الملا ،

الطرف الثانى : ٢ ـ الشيخ جاسم عيسى الملا ،

٢. عقد بيع فيلا مع الأثاث

عقد بيع فيلا مع الأثاث

محرر بتاريخ / / ١٤ هـ الموافق / / ١٩ م

بين كل من :

أولا : (أ) ________ بن ________ بن ________ البالغ من العمر ________ سنة وجنسيته ________ ومهنته ________ ومقيم سكنا ________ بائع طرف أول

ثانيا : (ب) ________ بن ________ بن ________ البالغ من العمر ________ سنة وجنسيته ________ ومهنته ________ ومقيم سكنا ________ مشتر طرف ثان

اتفق المتعاقدان على الآتى :

المادة الأولى :

باع واسقط وتنازل بموجب هذا العقد (أ)الطرف الأول الى (ب) الطرف الثانى :

(١) الفيلا الكائنة بجهة ________ بشارع ________ رقم ________ والمبناة على مساحة اجمالية قدرها ________ مترا والمكونة من________ طابق بكل طابق ________ حجرة وملحقاتها .

(٢) الأثاث والمنقولات الموجودة بها وهى عبارة عن الآتى :

(يذكر وصف دقيق للمنقولات بالحالة التىهى عليها) .

المادة الثانية :

يقر (أ) بأن الفيلا موضوع هذا العقد مملوكة له بطريق ________ بموجب ________ والآثاث والمنقولات مملوكة بموجب ________

المادة الثالثة :

يقر (أ) بأن الفيلا موضوع البيع وأثاثهاومنقولاتها خالية من كافة الحقـوق العينية أيا

كان نوعها وانه يحوز الفيلا بما فيها حيازة هادئة مستقرة غير منقطعة دون منازعة من احد .

المادة الرابعـــة :

تم هــذا البيع وقبل بثمن اجمالى قدره مبلغ ـــــــــــــ للفيلا والأثاث معا .

من ذلك مبلغ ـــــــــــــ للفيلا ومبلغ ـــــــــــــ للأثاث والمنقولات وكل ما يوجد فيها وقد تســـلم (أ) من (ب) مبلغ ـــــــــــــ ويعتبر توقيع (أ) على هذا العقد ايصالا باستلام المبلغ أما باقى المبلغ وقدره ـــــــــــــ يتعهد (ب) بدفعــه فى فترة أقصاها ـــــــــــ يوما من تاريخ التوقيع على العقد النهائى .

المادة الخامســـة :

يقر (ب) بأنه عاين الفيلا المبيعة والأثاث والمنقولات الموجودة بها المعاينة التامة النافية للجهالة وأنه قبل الصفقة ككل بالحالة التى هى عليها الآن .

المادة السادسة :

بمجرد التوقيع على هذا العقد يصبح (ب) هو المالك الوحيد للفيلا وما فيها وله تســلمها واداراتها بالكيفية التى يراها .

المادة الســابعة :

كل نزاع ينشأ بخصوص تنفيذ هذا العقد يكون الفصل فيه من اختصاص ـــــــــــــ

المادة الثامنة :

تحرر هذا العقد من نسختين بيد كل طرف صورة للعمل بموجبها .

ا. المفردات والتعبيرات الأساسية

البائع	seller
المشتري	buyer
أسْقطَ وتَنازَلَ	to waive his right
المُلحَقات	attachments
المنقولات	movable furnitures
يُقِرّ ، إقرار	to confirm
(الحقوق) العينيَّة	consisting in goods of material value
يَحوزُ الفيلا	he owns the villa
غَيْر مُنْقطعة	continuously, uninterrupted
يتعهّد ، تَعهّد	to undertake, to pledge oneself to
عايَن مُعاينة تامّة	to examine carefully
قبل الصفقة ككُلّ	to accept the deal in its entirety
بِمُجرّد التوقيع	as soon as he signs
بالكَيْفية التي يَراها	the way he likes

ب. تدريبات للقراءة والمحادثة

١. ملاءمة

ا) أسْقطَ وتنازلَ	___	قبل الموافقة على البيع
ب) مُلْحقات البيت	___	أعطى حقّه للآخرين
جـ) تعهّد بـ	___	عند كتابة الاسم
د) عايَنَ مُعاينة تامّة	___	بالطريقة التي يريدها
هـ) قبل الصّفقة	___	الاشياء الموجودة فيه كالأثاث
و) بِمُجرّد التوقيع	___	وعد بشيء
ز) بالكيفيّة التي يَراها	___	فحص بدقّة وعناية

٢. مُلخّص عقد البيع

المادة الأولى :

ا) تنازل الطرف الأوّل عن الفيلا للمشتري

ب) موقع الفيلا ومكوّناتها

جـ) وصف ____________________

المادة الثانية :

ا) ____________________

المادة الثالثة :

ا)   عقد البيع خالٍ من جميع الحقوق العينية

ب)   ــ

المادة الرابعة :

ا)   الثمن الإجمالي ، المبلغ المدفوع للفيلا والمبلغ ــــــــــــــــــــ

ب)   ــ

جـ)   ــ

المادة الخامسة :

ا)   ــ

ب)   ــ

المادة السادسة :

ا)   ــ

ب)   حرّية التصرف

المادة السابعة :

ا)   ــ

المادة الثامنة :

ا)   النسخ

جـ.   النشاطات الشفوية والكتابية

يقوم طلاب الصف في مجموعات مؤلفة من ٢-٣ باعداد عقد لبيع الشقة / البيت الذي يسكن فيه أحدهم تحت اشراف الأستاذ ، مستفيدين من عقد بيع الفيلا الذي قرأوه في هذا الدرس .

د.   نشاط للقراءة والترجمة

تعاون مع أحد الطلاب أو الطالبات في تعْبِئة أحد العقدين المرفقين ، ثم ترجمه إلى اللغة الإنكليزية .

عقد بيع محل تجـــارى

انه فى يوم / / ١٤ هـ الموافق / / ١٩ م

محرر بتاريخه بين كل من :ـ

اولا : (أ) ________ بن ________ بن ________ بن ________
البالغ من العمر ________ سنه وجنسيته ________ ومقيم سكنا ________
________ بائع طرف أول

ثانيا : (ب) ________ بن ________
________ مشترى طرف ثان

اتفق الطرفان على الآتى :ـ

١ ـ موضوع البيـع :

بموجب هذا العقـــد باع (أ) الى (ب) القابل لذلك المحل التجارى المملوك له والكائن برقم ____ شارع ________ بلده ________ والمعروف باسم ________ والمقيد بالسجل التجارى برقم ________ ويشمل هذاالبيع كافة الحقوق الادبيـــة والفنية المرتبطة بالمحل فضلا عن البضائع والاثاث وكافة المنقولات المادية الموجودة بالمحل والتى تستعمل فى استغلاله .

كما يشمل هذا البيع ايضا التنازل عن عقدايجار المحل المبيع ويتعهد (أ) بالحصول على موافقة المؤجر على هذا التنازل .

٢ ـ التامينات والضمان :

تنازل (أ) الى (ب) عن جميع تامينـــاتاستهلاك المياه والكهرباء وعقود التأمين ضد الحـريق والسرقة وغيرهمـا ويلتزم (ب) منجانبه اعتبـــارا من تاريخ تحرير هـــذا العقد بسداد جميع الاقساط لكافة الجهات المعنية بهذهالتأمينات ـ ويتعهد (أ) من جانبه بابلاغ تلك الجهات رسميا بهذا التنازل .

كما يضمن (أ) خلو المحل موضوع البيـعمن كافة الديون وأنه غير مستحق عليه رسوم او

ضرائب او ايجار لم يسـد حتى تاريخه ويكون مسئولا فى حالة ظهـور اى شىء عن ذلك مستقبلا .

٣ ـ المعاينـة :

يقر (ب) بأنه عاين المحـل المبيع وجميع مشتملاته المعاينة التامة وأنه قبله بالحالة التى هى عليه .

٤ ـ الاستلام :

يقر : (ب) باستلامه المحل موضوع البيـع اعتبارا من اليوم وله حق الانتفـاع به بالكيفية التى يراهـا ملائمة له وأنه يتحمل ـ من ذات التاريخ ـ كافة التزامات المحـل من ضرائب أو رسوم أو خلافه .

٥ ـ العـاملون :

يقر (أ) بأنه قد أخلى طرف جميع مستخدميه فى المحل موضوع هذا العقد وسلم كل منهم كافة مستحقاته ويكون لـ (ب) مطلق الحرية فى استبقاء أياً منهم بالشروط التى يراها .

٦ ـ الثمـن :

تم هذا البيع برضاء الطرفين بثمن اجمالى قدره مبلغ ـــــــــــــ على التفصـيل الآتى : ـ

مبلغ ـــــــــــ ثمن مقومات المحل غير المادية كالاسم التجارى والسمعة التجـارية والرخص والعلامات التجارية .... الخ .

مبلغ ـــــــــــ ثمن الجدك والمنقولات .

مبلغ ـــــــــــ ثمن البضائع الموجودة بالمحل .

ـــــــــــــ جملة ـ تسدد بالكيفية الآتية : ـ

١ ـ مبلغ ـــــــــــ بمجرد التوقيع على هذا العقد .

٢ ـ مبلغ ـــــــــــ فى مدة أقصاهاـــــــــــ يوما من تاريخ تحرير هذا العقد

٧ ـ التسـجيل :

على (ب) القيـام بكافة الاجراءات اللازمة لتسجيل وشـهر هذا العقد بنفقات على عاتقه ويتعهد (أ) بمساعدته فى ذلك كلما تطلب الامر .

٨ ـ كشف بموجودات المحـل :

(يذكر كافة موجودات المحـل بالتفصيل وبالحالة التى هى عليها) .

٩ ـ النسـخ :

تحرر هذا العقد من نسختين بيد كل طرف صورة للعمل بموجبها .

جامعة الملك سعود

King Saud University

مركز الترجمة

Date: التاريخ : No.: الرقم :

بسم الله الرحمن الرحيم

عقد ترجمة كتاب

إنه في يوم ـــــــــ(ـــ/ـــ/ـــ هـ الموافق ـــ/ـــ/ـــم) تم الاتفاق بين كل من:

- مركز الترجمة بجامعة الملك سعود ويمثله في توقيع هذا العقد مدير المركز (طرف أول)

-السيد / السادة ـــــــــــــــــــــــــــــــــ

وعنوانه(م) ـــــــــــــــــــــــــــــــــ (طرف ثان)

على مايلي:

١- يقوم الطرف الثاني بترجمة الكتاب أدناه :

العنوان : ـــــــــــــــــــــــــــــــــ

المؤلف : ـــــــــــــــــــــــــــــــــ

تاريخ النشر : ـــــــــــــ

من اللغة ـــــــــ إلى اللغة ـــــــــ، وذلك وفقا لقواعد الترجمة الصادرة عن مركز الترجمة (ضوابط الترجمة) الملحقة بهذا العقد والتي تعتبر جزء منه .

٢- يلتزم الطرف الأول باتخاذ الاجراءات اللازمة للحصول على حقوق ترجمة الكتاب ونشره ، بما في ذلك دفع كافة الرسوم المطلوبة لذلك .

٣- يلتزم الطرف الثاني بإتمام الترجمة في مدة أقصاها ـــــــــ شهراً قمريا من تاريخ توقيع هذا العقد .

٤- إذا لم يتمكن الطرف الثاني من إتمام الترجمة في المدة المحددة أعلاه ، لمجلس المركز إلغاء العقد ومطالبة الطرف الثاني بدفع أية مصاريف أنفقها الطرف الأول في سبيل تنفيذ هذا العقد.

٥- يلتزم الطرف الثاني بإجراء التعديلات التي يطلبها منه الطرف الأول في ضوء توصيات المراجع والمحكّمين في المدة التي يحددها مجلس المركز لذلك.

٦- يلتزم الطرف الأول بصرف مكافآت الترجمة والمراجعة والتحكيم وفقاً للقواعد المعمول بها في الجامعة .

٧- يوافق الطرف الثاني على قبول المكافأة التي يقررها المجلس العلمي بالجامعة مقابل حق نشر الترجمة عن طريق جامعة الملك سعود ، وفقا لقواعد النشر المتبعة في الجامعة .

٨- يسري على هذا العقد الأنظمة والتعليمات المعمول بها في المملكة العربية السعودية .

الطرف الأول:	الطرف الثاني :
التوقيع ـــــــــــــ	التوقيع ـــــــــــــ

٣. عقد إيجار مكان

عقــــد ايجـــار مـــكان

انه فى يوم / / ١٤ هـ الموافق / / ١٩ م

محرر بتاريخه بين كل من : ـ

أولا : (أ) ـــــــــــــ بن ـــــــــــــ بن ـــــــــــــ

البالغ من العمر ـــــــــ سنه وجنسيته ـــــــــ ويعمل بمهنة ـــــــــ

ومقيم سكنا ـــــــــ ـــــــــ ـــــــــ مؤجر طرف أول

ثانيا : (ب) ـــــــــــــ بن ـــــــــــــ بن ـــــــــــــ

البالغ من العمر ـــــــــ سنه وجنسيته ـــــــــ ويعمل بمهنة ـــــــــ

ومقيم سكنا ـــــــــ ـــــــــ ـــــــــ مستأجر طرف ثان

بموجب هذا العقد أجر الطرف الأول (أ) الى الطرف الثانى (ب) ما هو ـــــــ (يذكر وصف المكان تحديدا) وذلك فى العقــار الكائن بجهة ـــــ بشارع ـــــــــ برقم ـــــ وذلك بقصد استعماله ـــــــ (يذكر وجه الاستعمال سكن ـ محل تجارى ـ مصنع ـ الخ) وذلك بالشروط الآتية :

المـــادة الأولى :

مدة هذه الاجارة ـــــــ سـنة (أو شهر) تبدأ من ـــــ وتنتهى فى ـــــــ قابلة للتجديد لمدد أخـــرى ما لم يخطر أحـــد الطرفين الآخر بخطاب مسجل قبل انتهاء مـدة الاجارة بـ ـــــــ على الأقل ٠

المـــادة الثـــانية :

تحددت القيمة الايجارية بمبلغ ـــــــ سنويا (أو شهريا) تدفع مقدما فى أول كل سنة (أو شهر) ويتعهد المستأجر بدفعها للمؤجر بمحل أقامة الأخير أو بالمكان الذى يحدده ٠

المـــادة الثـــالثة :

يتحمل المؤجر قيمة اســـتهلاك المياه فيمـــا يتحمل المستأجر قيمة استهلاك الكهرباء والغاز٠

المــادة الرابعــة :

يقر المستأجر أنه عاين المكان المؤجر وقبله بالحالة التى هى عليه ويتعهد بالمحافظة عليه وبذل العناية اللازمة للحفاظ على هذا المكان وأيضا على العقار ككل .

ويلتزم باصلاح ما قد يتلفه أو تابعيه فى المكان وضمانا لذلك سدد للمؤجر مبلغ ـــــــــ كتأمين يرد اليه عند انتهاء مدة الاجارة بعد استنزال أية تلفيات يكون قد سببها بالمكان .

المــادة الخامسـة :

جميع المنقولات التى يضعها المستأجر بالمكان المؤجر تكون ضامنه لمتأخر الاجرة اذا حدث تأخير فى السداد ويكون للمؤجر الحق فى حبس تلك المنقولات وأن يمانع فى نقلها .

المــادة السادسة :

اذا رغب المستأجر فى ترك المكان واخلائه قبل نهاية مدة العقد التزم بسداد قيمة الايجار عن المدة من تاريخ الترك الى نهاية العقد .

المــادة السـابعـة :

محظور على المستأجر ان يؤجر المكان من الباطن أو يتنازل عنه أو جزء منه للغير حتى ولو كان الشاغل الجديد للمكان يمت اليه بصلة قرابة دون الحصول على تصريح كتابى من الطرف الأول .

المــادة الثـامنـة :

محظور على المستأجر أن يضع بالمكان المؤجر مواد ملتهبة أو مضرة بالصحة العامة أو تضر بالعقار .

المــادة التـاسـعة :

ليس للمستأجر الحق فى تغيير استعمال المكان المؤجر لغير وجه الاستعمال المبين بهذا العقد ألا بعد الرجوع للمؤجر والحصول على موافقة كتابية منه بذلك .

المــادة العـاشرة :

يلتزم المستأجر بالترميمات والاصلاحات اللازمة للمرافق الداخلية للمكان المؤجر أما تلك

التى تتصل بمرافق العقار ككل وتخدم أكثر منوحدة واحدة فمصروفات صـــيانتها واصلاحها على عاتق المؤجر ٠

المـــادة الحـادية عشر :

فى حالة بيع العقـار يحق للمالك الجديد فسخ هذا العقد بشرط ان يخطر المستأجر برغبته قبل شهرين بخطاب مسجل ٠ وكذلك الحال اذارأى المؤجر هدم العقار أو شغله بنفسه أو ذويه ٠

المـــادة الثـانية عشر :

فى حالة وفاة المؤجر لا يعد هـــذا العقـدمفسوخا على أنه فى حالة وفاة المســتأجر وكان عقد الايجار المحرر له بسبب حرفته أو لاعتبارات شخصية حق للمؤجر اذا شاء اعتبار هــــذا العقد مفسوخا وكذلك الحال اذا أفلس المستأجرأو اعسر ٠

المـــادة الثـالثة عشر :

كل نزاع ينشأ بخصوص هـذا العقد يكون الفصل فيه من اختصاص ——————————

ا. المفردات والتعبيرات الأساسية

lease	عَقد إيجار
landlord, lessor	المؤجّر
tenant, leaseholder	المُسْتَأْجِر
real estate, property	العَقار
located at	الكائن بِجهة
for the purpose of using it as...	بِقصْد اسْتِعْمالِه ...
lease, rental	الأجارَة
amount of rent	القيمة الايجارية
to be paid in advance	يُدْفع مُقَدّماً
the lessor is responsible for	يَتحمّل المؤجّر
consumption, use	اسْتِهْلاك
electric and gas bill	قيمة استهلاك الكهرباء والغاز
taking the necessary care	بَذْل العناية اللازمة
to make a commitment to pay for any damage repair	يلْتزم بإصلاح ما يُتلِفه
those who live with him in the place	تابِعيه في المكان
as a guarantee	ضَماناً لذلك
to pay the lessor	سَدّدَ للمؤجّر
deposit	تأمين
deduction	اسْتِنْزال
to seize the movable furniture	حَبْس المنقولات
forbidden	مَحْظور
the new occupant	الشاغِل الجديد
to be one of his relatives	يَمُتّ إليه بِصلة قرابة
written approval	تَصْريح كِتابي
inflammable material	مَوادّ مُلتهبة
harmful to public health	مُضِرّ بالصحّة العامّة
interior utilities	المَرافِق الداخليّة
maintenance	صِيانة
removal of the estate	هَدْم العقار
its occupancy by himself or by his relatives	شَغْلَه بنفسه أو ذويه

his occupation	حِرفته
to become penniless or in need of money	أفلس أو أعسر

ب. تدريبات قراءة ومحادثة

١. حاول شرح معاني التعبيرات التالية باللغة العربية بعد قراءة عقد الايجار .

ا) عقد إيجار

ب) المؤجِّر والمستأجر

ج) يُدفع الإيجار مُقدَّمًا

د) يتحمَّل المؤجِّر قيمة استهلاك الماء

هـ) يلتزم باصلاح

و) ضمانًا

ز) حَبْس المنقولات والأثاث

ح) تصريح كتابي

ط) المرافق الداخلية

ي) هَدْم العقار

٢. مناقشة

تحدث عن عقد الإيجار بينك وبين صاحب العقار الذي تسكن فيه من النواحي التالية :

ا) الطرفان المتعاقدان

ب) مدّة الأجارة

ج) القيمة الإيجاريّة

د) قيمة استهلاك المياه والكهرباء والغاز

هـ) اخلاء المكان قبل نهاية مدّة العقد

و) فسخ عقد الإيجار

ز) حلّ النزاعات بينك وبين المؤجِّر

جـ. النشاطات الشفوية/الكتابية

أنت صاحب عمارة في القاهرة مكوّنة من ٥ شقق ، كل شقّة تتألف من ٣ غرف نوم وصالون كبير وحمّام ومطبخ . ايجار الشقة ١٢٠٠ جنيه شهريًا . اختر أحد الطلاب من صفّك ليكون المستأجر وتعاون معه في ملء عقد الأيجار المعطى كنموذج في هذا الدرس .

٤. توكيل خاص ببيع عقار

توكيل خاص ببيع عقـــار

محرر بتاريخ   /   /   ١٤ هـ الموافق   /   /   ١٩ م

بمعرفتى أنا _____ بن _____ بن _____ البالغ من العمر _____
سنة وأعمل بمهنة _____ وجنسيتى _____ ومقيم سكنا _____
_____ .

وكلت أنا المذكور أعلاه السيد / _____ المقيم _____ فى أن يبيع نيابة
عنى العقار المملوك لى والكائن ببلدة _____ شارع _____ رقم _____ وذلك لمن
يختـاره الوكيل المذكور بالشروط التى يتفــق عليها على ألا يقل ثمن العقار عن مبلغ _____
يسدد بالكيفية الآتية :

مبلغ _____ عند التوقيع على العقـد ومبلغ _____ عنـد تسجيل
العقد النهائى (أو يسدد نقدا على دفعة واحدة) .

كمــا وكلته فى التوقيع نيابة عنى على عقد البيع الابتدائى وكذا التصديق على هــذا
العقد وتسجيله وتحرير المخالصات اللازمة .

وهـــذا توكيل منى بذلك .

توقيع

ا. المفردات والتعبيرات الأساسية

وَكَّلَ ، توكيل	to authorize
المَذكور أعلاه	the above-mentioned
نِيابة عَنِّي	on my behalf
دُفعة واحدة	one payment
العقد النِهائي	the final draft of the contract
العَقد الإبتدائي	the first draft of the contract
مخالصة – مخالصات	receipt - receipts

ب. تدريبات قراءة ومحادثة

١. استعمل المفردات والتعبيرات التالية في جمل أو أسئلة مفيدة .

ا) توكيل

ب) المذكور أعلاه

جـ) نِيابة عنِّي

د) دُفعة واحدة

هـ) العقد النِهائي

٢. مناقشة

لَخّص التوكيل الخاص ببيع العقار في هذا الدرس:

ا) تاريخ التوكيل الميلادي والهجري

ب)

جـ)

د) شروط العقد

هـ)

جـ. النشاطات الشفوية / الكتابية

أنت مقيم الآن في أمريكا وترغب في توكيل أحد أقاربك للقيام ببيع بيت لك في بيروت . أطلب من أحد زملائك أن يقوم بدور الشخص الذي توكّله بالبيع وتعاون معه في تعبئة نموذج شبيه بعقد التوكيل المعطى في هذا الدرس .

د. نشاط للقراءة والترجمة

أدرس عقد التوكيل الآتي بعناية ، ثم ترجمه إلى اللغة الإنكليزية .

عقد وكالة

بتاريخ ١٩٩٦/٨/٢٢ أنا سامي احمد سلامة البالغ من العمر ٣٥ سنة والمهندس في شركة «بكتال» والمقيم حالياً في مدينة سان فرانسيسكو بأمريكا ، وَكّلتُ أخي محمود احمد سلامة المقيم في مدينة صيدا في لبنان للقيام بالنيابة عنّي ببيع البيت المسجّل باسمي في صيدا الواقع في شارع صلاح الدين بالشروط التي يتّفق عليها مع المشتري . كما وكّلته للتوقيع على عقد البيع نيابةً عنّي ورصد المبلغ الذي يستلمه ثمناً للبيت في حسابي المفتوح في البنك العربي بمدينة صيدا، وكذلك القيام بتسجيل العقد في الدوائر الرسمية .

وقد تَمَّ تحرير هذه الوكالة منّي امام الشهود المذكورين أدناه .

شاهد	شاهد	التوقيع
خالد بيضون	خليل ياسين	سامي احمد سلامة

اتفاقية النقل الجوي

بين حكومة

الولايات المتحدة الامريكية

وحكومة

المملكة العربية السعودية

اتفاقية النقل الجوي
بين حكومة الولايات المتحدة الامريكية
وحكومة المملكة العربية السعودية

ان حكومة الولايات المتحدة الامريكية و حكومة المملكة العربية السعودية المشار اليهما فيما بعد بالطرفين المتعاقدين. وباعتبارهما طرفين في المعاهدة الدولية للطيران المدني المفتوحة للتوقيع فى شيكاغو فى السابع من ديسمبر/كانون أول ١٩٤٤م. وبناء على رغبتهما فى تشجيع وتطوير وترويج النقل الجوي بين وفيماوراء اقليميهما تتفقان على التالـــي :-

المادة (٣)
التعيين والتراخيص

يحق لكل طرف متعاقد تعيين شركة او شركات طيران وذلك بواسطة مذكرة دبلوماسية لغرض تشغيل عمليات نقل جوي دولية بموجب شروط هذه الاتفاقية وسحب او تغيير تلك الشركات المعينة.

في حالة استلام هذا التعيين والطلبات بالشكل والطريقة المنصوص عليهما مع شركة الطيران المعينة، للحصول على اذونات التشغيل والسماحات الفنية، يمنح الطرف المتعاقد الاخر تصاريح التشغيل والتراخيص المناسبة بأقل قدر من اجراءات التأخير، على أن :

أ/ تناط الملكية الفعلية والادارة الحقيقيه لتلك الخطوط بالطرف المتعاقد الذي يعين الشركة، ولمواطني الطرف المتعاقد أو كليهما.

ب/ تكون شركة الطيران المعينة مؤهلة للوفاء بالشروط المذكورة فى اللوائح والقوانين المطبقة عادة في تشغيل النقل الجوي الدولي من قبل الطرف المتعاقد الذي ينظر في الطلب او الطلبات، و.

ج/ يحافظ الطرف المتعاقد المعين لشركة الطيران على المستويات المذكورة في المادة ٦ (السلامة) والمادة ٧ (الامن) ويطبقها.

عندما يتم تعيين الخطوط الجوية ويصرح لها يمكنها فى اي وقت البدء فى تشغيل الخدمات المتفق عليها بأكملها، او جزء منها وشريطة الالتزام بشروط هذه الاتفاقية.

المادة (٦)
الســـلامـــة

على كل من الطرفين المتعاقدين أن يعترف - لاغراض القيام بعمليات النقل الجوي المنصوص عليها في الاتفاقية - بصحة شهادات اهلية الطائرات للطيران، وشهادات الكفاءة ، والتراخيص الصادرة أو المصدق عليها من الطرف المتعاقد الآخر، وباستمرار سريانها بشرط أن تفي متطلبات هذه الشهادات أو التراخيص بالمستويات الدنيا التي تحددها مواثيق الطيران المدني الدولية. غير انه يحق لكل طرف متعاقد ان يرفض الاعتراف بصحة شهادات الكفاءة والتراخيص الممنوحة الى مواطنيه أو المصدق على صحتها من جانب الطرف المتعاقد الاخر، وذلك لاغراض الطيران في أجوائه.

يحق لكل من الطرفين المتعاقدين ان يطلب اجراء مشاورات فيما يتعلق بمستويات السلامة التي يتبعها الطرف المتعاقد الاخر فيما يتعلق بمرافق الملاحة الجوية والطاقم الجوي، والطائرة، وعمليات شركات الطيران المعينة. واذا اكتشف أحد الطرفين المتعاقدين ، على أثر هذه المشاورات ان الطرف المتعاقد الاخر لايراعي ولايطبق بصورة فعالة مستويات السلامة والمتطلبات اللازمة في هذه المجالات والتي تعادل على الاقل الحد الادنى للمستويات المرعية بمقتضى معاهدة الطيران المدني الدولي، وجب اشعار الطرف المتعاقد الاخر بهذه المكتشفات واشعاره بالخطوات اللازمة للتقيد بهذه المستويات الدنيا، وعلى الطرف المتعاقد الاخر ان يتخذ الاجراءات التصحيحية المناسبة. ويحتفظ كل من الطرفين المتعاقدين بحق سحب والغاء او تقييد العمل بالتخويل او التصريح الفني لشركة طيران او شركات طيران معينة من جانب الطرف المتعاقد الاخر في حالة اغفال الطرف الاخر اتخاذ الاجراء المناسب خلال فترة زمنية مناسبة.

المادة (٧)

أمـــن الطيـــران

١- طبقا لالتزامات الطرفين المتعاقدين وحقوقهما بموجب القانون الدولي، يؤكد الطرفان ان التزامهما بحماية أمن الطيران المدني - في علاقاتهما المتبادلة من أشكال التدخل غير القانوني يمثل جزءا لايتجزأ من هذه الاتفاقية.

٢- يقدم الطرفان المتعاقدان عند الطلب جميع المساعدات اللازمة أحدهما للاخر لمنع عمليات الاستيلاء غير القانوني على الطائرات وغير ذلك من الاجراءات غير القانونية ضد سلامة الركاب وافراد الطاقم والطائرة والمطارات، ومرافق الملاحة الجوية واي تهديد آخر موجه الى أمن الطيران.

٣- يتقيد الطرفان المتعاقدان بالعمل ببنود (الميثاق الخاص بالجرائم وبأعمال معينة أخرى التي ترتكب على متن الطائرات) الموقع في طوكيو في ١٤ سبتمبر ايلول ١٩٦٣. (وبميثاق قمع الاستيلاء غير القانوني على الطائرات) الموقع في لاهاي في ١٦ ديسمبر/كانون الاول ١٩٧٠ (وميثاق قمع الاعمال غير القانونية ضد سلامة الطيران المدني) الموقع في مونتريال في ٢٣ سبتمبر ايلول ١٩٧١ واي اتفاقية أخرى متعددة الاطراف حول أمن الطيران ملزمة للطرفين المتعاقدين.

٤- يلتزم الطرفان المتعاقدان، في علاقاتهما المتبادلة، ببنود ولوائح أمن الطيران التي وضعتها منظمة الطيران المدني الدولية والمرفقة كملاحق بميثاق الطيران المدني الدولي. ويتحقق الطرفان المتعاقدان من أن مشغلي الطائرات المسجلة في بلديهما أو المشغلين الذين يتخدون المقر الدائم لعملهم او سكنهم الدائم في اقليميهما، ومشغلي الموانيء الجوية في البلدين يتصرفون بما يطابق هذه البنود الخاصة بأمن الطيران.

٥- يوافق كل من الطرفين المتعاقدين على التقيد ببنود ألامن التي يشترطها الطرف المتعاقد الآخر فيما يتعلق بدخول اراضية، وعلى اتخاذ التدابير الكافية لحماية الطائرات، وتفتيش الركاب وافراد الطاقم وما يحملونه من امتعة معهم بالاضافة الى القطع المشحونة (بما فيها الامتعة) ومخازن الطائرات قبل عملية تحميلها. ويمنح كل من الطرفين اهتماما ايجابيا لاي طلب من الطرف المتعاقد الاخر باتخاذ اجراءات امن خاصة لمواجهة خطر او تهديد معين.

٦- في حالة وقوع حادث او التهديد بوقوع حادث من حوادث الاستيلاء غير القانوني على الطائرة او ارتكاب عمل اخر مخالف للقانون ضد سلامة الركاب والطاقم والطائرة والمطارات ومرافق الملاحة الجوية، يساعد كل من الطرفين الطرف الآخر عن طريق تيسير الاتصالات والتدابير المناسبة الاخرى الرامية الى وضع حد سريع ومأمون لمثل هذا الحادث او للتهديد بوقوعه بشرط عدم انتهاك السيادة الاقليمية لدول اخرى.

٧- اذا كان لدى احد الطرفين المتعاقدين اسباب وجيهة للاعتقاد بأن الطرف المتعاقد الآخر خالف بنود امن الطيران المنصوص عليها في هذه المادة، يجوز لسلطات الملاحة الجوية لهذا الطرف المتعاقد ان تطلب اجراء المشاورات الفورية مع سلطات الملاحة الجوية للطرف المتعاقد الآخر. ويشكل الفشل في التوصل الى اتفاق مرض خلال ٩٠ (تسعين) يوما من تاريخ الطلب اساسا لسحب او الغاء او تقييد او فرض شروط على تخويل التشغيل او التصريح الفني الممنوح لشركة الطيران او شركات الطيران التابعة للطرف المتعاقد الآخر. ويجوز اتخاذ مثل هذا الاجراء مسبقا فقط اذا تطلب الامر لمواجهة تهديد عاجل غير عادي موجه الى الركاب او الطاقم او الطائرة.

المادة (٨)

استخدام المطارات والمرافق

١- يجب أن تكون أجور الاستخدام التي قد تفرضها السلطات او الهيئات المختصة بالتحصيل التابعة لكل من الطرفين المتعاقدين على شركات طيران الطرف الاخر عادلة ومعقولة وغير تمييزية ومتساوية فيما بين فئات المستخدمين. وعلى اية حال، يجب تحديد اجور الاستخدام على كافة شركات الطيران التابعة لاي من الطرفين المتعاقدين بشروط لا تقل في ايجابيتها عن تلك الممنوحة لاي شركة طيران اخرى.

٢- يجوز لاجور الاستخدام المفروضة على شركات طيران الطرف المتعاقد الاخر ان تعكس ولكن على الا تتعدى، جزءا عادلا من مجموع التكلفة الاقتصادية التي تتحملها السلطات او الهيئات المختصة بالتحصيل لقاء توفير المطار المناسب، والملاحة الجوية، وخدمات ومرافق أمن الطيران. ويجوز - في حالة المطارات، ان تمثل نسبة عائد معقولة بعد استقطاع الاستهلاكات. توفر الخدمات والمرافق التي يتم تقاضي الاجور من اجلها على اساس اقتصادي فعال. ويقدم اشعار في وقت معقول قبل اجراء اي تغييرات في اجور الاستخدام.

٣- يشجع كل من الطرفين المتعاقدين التشاور بين سلطات التحصيل او الهيئات المختصة في اقليمه وبين شركات الطيران المستخدمة للخدمات والمرافق. كما تشجع سلطات التحصيل او الهيئات المختصة تبادل المعلومات مع شركات الطيران بهدف الوقوف على مدى ملاءمة اجور الاستخدام.

المادة (١٢)

الاحكــــام الماليـــة

يحق لكل شركة طيران معينة بيع خدمات النقل الجوي في اراضي الطرف المتعاقد الاخر بصورة مباشرة او عن طريق وكلائها حسب ما تراه مناسبا. ويحق لكل شركة طيران معينة ان تبيع خدمات النقل الجوي بعملة البلاد او بعملات دول اخرى قابلة للتحويل الحر حسبما تراه مناسبا، ولكل شخص حرية شراء هذه الخدمات بالعملات التي تقبل بها شركة الطيران تلك.

يجوز لكل شركة طيران معينة تحويل وارسال الايرادات المالية المحلية التي تزيد عن المبالغ المنفقة محليا الى بلدها دون قيود وعند الطلب. ويتم التحويل والارسال على اساس اسعار تبادل العملات الاجنبية السائدة في يوم تقديم طلب التحويل.

فيما عدا الرسوم العادية التي تتقاضاه البنوك لاتفرض اي رسوم اخرى على هذه التحويلات.

المادة (١٤)

المشاورات والتعديـــــــــلات

يجوز لاي من الطرفين المتعاقدين، في اي وقت، ان يطلب اجراء مشاورات تتعلق بهذه الاتفاقية. ويجب ان تبدأ هذه المشاورات في اسرع وقت ممكن، بحيث لايتعدى ستين (٦٠) يوما من تاريخ تلقي الطرف المتعاقد الاخر للطلب، مالم يتم الاتفاق على غير ذلك. وعلى كل من الطرفين المتعاقدين ان يعد ويقدم اثناء المشاورات ادلة مؤيدة لموقفه لتيسير الوصول الى قرارات اقتصادية رشيدة ومستنيرة.

المادة (١٥)
تسويـــــة النزاعـــــات

١- اذا نشأ بين الطرفين المتعاقدين نزاع حول تفسير او تطبيق هذه الاتفاقية وجب ان يسعى الطرفان المتعاقدان اولا لتسوية النزاع عن طريق التفاوض.

٢- فاذا فشل الطرفان المتعاقدان في الوصول الى تسوية عن طريق التفاوض يجوز الاتفاق على احالة النزاع الى شخص او هيئة لاتخاذ قرار فيه. كما يجوز، بناء على طلب اي من الطرفين المتعاقدين، احالة النزاع الى هيئة تحكيم من ثلاث محكمين يعين كل طرف واحدا من المحكمين والثالث يختاره المحكمان اللذان عينهما الطرفان. ويرشح كل من الطرفين المتعاقدين المحكم الذي يختاره في عضون ستين (٦٠) يوما من تاريخ تلقي اي من الطرفين المتعاقدين اشعارا من الطرف الاخر عن طريق القنوات الدبلوماسية يطلب فيه احالة النزاع الى التحكيم. ويعين المحكم الثالث في غضون ستين (٦٠) يوما اخرى. فاذا لم يرشح اي من الطرفين المتعاقدين محكما خلال الفترة المحددة، او اذا لم يعين المحكم الثالث خلال الفترة المنصوص عليها، يجوز ان يطلب اي من الطرفين المتعاقدين من مجلس ادارة منظمة الطيران المدني الدولية تعيين محكم او محكمين حسب ما يقتضيه الوضع. وفي مثل هذه الحالة يكون المحكم الثالث من رعايا دولة ثالثة ويراس هيئة التحكيم.

٣- يلتزم كل من الطرفين المتعاقدين، تمشيا مع قوانينه القومية، التزاما كاملا بأي قرار او حكم صادر عن هيئة التحكيم.

٤- يتحمل الطرفان المتعاقدان نفقات هيئة التحكيم بما في ذلك اي مصاريف من قبل رئيس منظمة الطيران المدني الدولية بخصوص الاجراءات الواردة في الفقرة (٢).

المادة (١٦)

الانـــــــاء

يجوز لاي من الطرفين المتعاقدين ان يقدم اشعارا في اي وقت الى الطرف المتعاقد الاخر يضمنه قراره انهاء هذه الاتفاقية. وترسل من الاشعار نسخة في الوقت ذاته الى منظمة الطيران المدني الدولية . فاذا قدم مثل هذا الاشعار، ينتهي العمل بهذه الاتفاقية بعد اثني عشر (١٢) شهرا من تاريخ تلقي الطرف المتعاقد الاخر للاشعار، مالم يتم الاتفاق بين الطرفين المتعاقدين على سحب اشعار الانهاء قبل نهاية تلك الفترة. في حالة عدم اقرار الطرف المتعاقد الاخر بتسليم الاشعار يعتبر الاشعار ساريا بعد اربعة عشر (١٤) يوما من استلامه من قبل منظمة الطيران المدني الدولية.

المادة (١٧)
التسجيـــــــــــل

يتم تسجيل الاتفاقية الراهنة وما يلحقها من تعديلات، طبقا للمادة ١٤ لدى منظمة الطيران المدني الدولية.

القسم الاول : التمهيد

اسئلة قبل القراءة

١. ما رأيك في التعاون التجاري والاقتصادي بين الدول؟

٢. علام تشتمل الاتفاقيات التجارية والاقتصادية عادة؟

٣. من يوقّع الاتفاقيات ، ولماذا؟

القسم الثاني : القراءة والاستيعاب

١. القراءة الاولى : المفردات والتعبيرات الأساسيّة

المقدّمة

النَقل الجوّي	air transport
الطَرَفَيْن المُتعاقِدَيْن	the two contracting parties
باعْتِبار	in view of (being)
المُعاهدة الدوليّة لِلطيران المدني	Convention on International Civil Aviation
تَرويج النقل	promotion, spreading

المادة (٣)

مادّة – موادّ	article
تَعْيين – تَعْيينات	designation
تراخيص (جمع ترخيص)	authorization
بواسطة	through, by
مُذَكّرة دِبلوماسيّة	diplomatic note
بِمَوْجب	in accordance with
سَحْب	withdrawal, to withraw
أُذونات التشغيل	operating authorization
السَماحات الفَنّيّة	technical permissions
تَصاريح (جمع تصريح)	permits
بأقلّ قَدْر	with minimal ...
تُناط الملكية الفِعليّة	substantial ownership is vested
مُؤَهّلة	qualified
الوَفاء بالشُروط	to meet the conditions
لَوائح (جمع لائحة)	laws
مُسْتَويات (جمع مُستوى)	standards
السَلامَة	safety

security	الأمْن
to comply with	الإلْتِزام بـ

المادة (٦)

to recognize as valid certificates of ...	تعترف بِصِحّة شهادات أهليْة ...
airworthiness	الطائرات لِلطيران
certificates of competency	شَهادات الكفاءَة
validated	المُصَدَّق عليها
still in force	سَرَيان
to satisfy the minimum standards	تَفي بالمُستويات الدُّنيا
conventions	مَواثيق (جمع ميثاق)
territories; air space	أجْواء (جمع جَوّ)
conducting consultations	إجْراء مُشاوَرات
aeronautical facilities	مَرافق المِلاحة الجويّة
aircrew	الطاقم الجوّي
to maintain safety standards	يُراعي مُستويات السلامة
to administer effectively	يُطبّق بِصورة فعّالة
the minimum	الحَدّ الأدنى
the standards established	المُستويات المرعِيّة
pursuant to	بِمُقتَضى
corrective actions	إجْراءات تَصْحيحِيّة
to limit the operating authorization	تَقْييد العَمل بالتخويل
negligence	إغفال

المادة (٧)

in accordance with the obligations	طبقًا لالتزامات
unlawful interference	التدخُّل غير القانوني
seizure, capture	الاستيلاء على
threat	تَهْديد – تهديدات
provisions	بُنود (جمع بند)
the convention on offenses	الميثاق الخاص بالجرائم
committed on board aircraft	تُرتكب على مَتْن الطائرات
the convention for prevention of seizure of aircraft	ميثاق قمع الاستيلاء على الطائرات
multilateral	مُتعدّدة الأطراف

International Civil Aviation Organization	مُنظَّمة الطَّيران المدَني الدوليّة
annexes	مَلاحِق (جمع ملحق)
operators of registered aircrafts	مُشغِّلي الطائِرات المسجَّلة
permanent residence	المقرّ الدائم
to act in conformity with these provisions	يَتصرَّفون بما يُطابق هذه البنود
to observe the security provisions	التَقيّد ببنود الأمن
to take adequate measures	اتّخاذ التدابير الكافية
cargo	القِطَع المشحونَة
intended to terminate	الرّامية إلى وَضْع حَدّ
violation of the regional sovereignty	انْتهاك السِّيادَة الاقليميّة
sound reasons	أسْباب وَجيهَة
to violate the aviation security provisions	خالَف بُنود أمْن الطيران
aeronautical authorities	سلُطات الملاحة الجويّة
to reach a satisfactory agreement	التوَصّل إلى اتّفاقٍ مُرْضٍ
before hand	مُسْبَقًا

المادة (٨)

user fees	أُجور الاستخدام
the authorities duly qualified to levy charges	الهَيئات المُختصّة بالتّحصيل
non-discriminatory	غَيْر تمييزيّة
categories of users	فئات المستخدمين
to exceed an equitable portion	تَتَعَدّى جزءًا عادِلاً
full economic cost	مَجموع التكلفة الاقتصادية
to represent a reasonable rate of return	تُمثّل نِسْبة عائِد معقولة
after depreciation	بعد استِقطاع الاستِهلاكات
for an accurate review of the reasonableness of the charges	لِلوقوف على مَدى مُلاءَمة أجور الاستخدام

المادة (١٢)

financial provisions	الأحكام المالية
air transportation services	خَدَمات النقل الجوّي
directly	بِصورة مُباشِرة
through its agents	عن طريق وُكلائها
at its discretion	حَسَبَما تراهُ مُناسِبًا
sums locally disbursed	المبالِغ المُنفقَة مَحليًّا

exchange market rates	أسعار تَبادُل العملات
other than	فيما عدا
normal bank charges	الرُّسوم العاديّة التي تَتَقاضاها البنوك
evidence in support of its position	أدِلّة مُؤَيِّدة لِموقفه
rational and enlightened decisions	قرارات رَشيدة ومُستنيرة

المادة (١٥)

settlement of disputes	تَسْوية النِّزاعات
if a dispute arises	اذا نَشأ نِزاع
by negotiation	عَن طريق التَّفاوُض
to refer the dispute to	إحالة النزاع إلى
tribunal	هَيْئة تحكيم
arbitrators	مُحكَّمين (جمع مُحَكَّم)
within	في غُضون
diplomatic channels	القَنوات الدبلوماسيّة
as the case requires	حَسْبما يَقتَضيه الوضع
nationals	رَعايا الدولة
to bear the expenses	يَتحمّل النفقات
including	بما في ذلك
expenses	مَصاريف (جمع مصروف)

المادة (١٦)

termination	انهاء (الاتفاقية)
acknowledgement	اقرار

المادة (١٧)

registration	تَسْجيل
the present agreement	(الاتفاقية) الراهِنة
amendments	تَعديلات (جمع تعديل)

ب. القراءة الثانية : النقاط الرئيسية

اسئلة عامة

١. ما موضوع هذه الاتفاقية ؟

٢. أذكر بعض شروط الاتفاقية الواردة في المواد (٣) و (٦) و (٧) .

٣. ماذا تعرف عن أجور الاستخدام والمرافق بعد قراءتك المادة (٨) ؟

٤. لخّص ما جاء في المادة (١٢) فيما يتعلّق بالاحكام المالية .
٥. ما الهدف من المشاورات التي تنصّ عليها المادة (١٤) ؟
٦. كيف يمكن تسوية أو حلّ النزاعات بين الطرفين المتعاقدين ؟
٧. من يستطيع إنهاء الاتفاقية ، وكيف ؟

جـ. القراءة الثالثة : التفاصيل

١. تتناول هذه الاتفاقية موضوع النقل الجوي
٢. ان الغرض الأساسي من هذه الاتفاقية هو
٣. تمنح حكومة كل من الطرفين المتعاقدين أذونات للقيام بعمليات نقل جوية
٤. يلتزم الطرف المتعاقد الذي يقوم بتعيين شركات الطيران
٥. ان الاعتراف بصحة شهادة أهلية الطائرات للطيران وشهادة كفاءة الطيّارين والطاقم الجوّي ومرافق الملاحة الجويّة
٦. إن عدم مراعاة وتطبيق مستويات السلامة المرعيّة بمقتضى معاهدة الطيران المدني الدّولي
٧. يتقيّد الطرفان المتعاقدان بالعمل على حماية الأمن
٨. يوافق كل من الطرفين المتعاقدين على تقديم المساعدات والتسهيلات للطرف الآخر
٩. عند قيام أحد الطرفين المتعاقدين بمخالفة بنود أمن الطيران
١٠. تنصّ المادة (٨) من هذه الاتفاقية على
١١. يجوز لشركات الطيران بيع خدمات النقل الجوّي في أراضي الطرف الآخر
١٢. جميع الأموال الفائضة المحوّلة من شركات الطيران من بلد إلى آخر
١٣. يمكن اجراء مشاورات تتعلق بالاتفاقية وتعديلها
١٤. تحلّ النزاعات والخلافات بين الطرفين المتعاقدين
١٥. في حالة فشل الطرفين في حلّ النزاعات

— بطلب من الطرف الثاني
— مُعفاة من الضرائب والرسوم الأخرى
— أجور الاستخدام وعلاقتها بالتكلفة الاقتصادية للمطارات ومرافق الطيران
— بين حكومة الولايات المتحدة والمملكة العربية السعودية
— بصورة مباشرة مستخدمة عُملة البلاد أو عملات أخرى قابلة للتحويل الحرّ
— موضوع انهاء هذه الاتفاقية بطلب من أحد الطرفين
— تُحال القضيّة إلى هيئة تحكيم بالطرق الدبلوماسية
— بالمحافظة على جميع الشروط والمستويات المذكورة في قوانين الطيران المطبّقة بين البلدين
— عن طريق التفاوض والتشاور
— تشجيع وتطوير وترويج النقل الجوّي بين الطرفين المتعاقدين
— في حالة ارتكاب أعمال مخالفة للقوانين ضدِّ سلامة الركّاب والطائرة
— قد يُؤدّي إلى سحب والغاء التصريح لبعض شركات الطيران للعمل في أجواء البلد الآخر
— لشركات الطيران الحاصلة على تراخيص من حكومة الدولة المتعاقدة
— يمنع عمليّات الاستيلاء غير القانوني على الطائرات وأعمال العنف الأخرى
— تُرسل نسخة من اشعار الحلّ إلى منظمة الطيران المدني الدولية

١٦. تتناول المادة (١٦) من هذه الاتفاقية   — أمر هام جداً لأغراض القيام بعمليّات النقل اللجوّي
١٧. عند انهاء الاتفاقية أو حلّها   — تجري عادة مشاورات بين الطرفين للتوصّل إلى اتّفاق مُرضٍ

القسم الثالث : المراجعة

قراءة الاتفاقية قراءة جهريّة والإجابة عن أسئلة الدارسين .

القسم الرابع : التطبيقات

أ.النشاطات الشفوية

١.   مناقشة عامّة

(أ)   تحدّث عن اتفاقية النقل الجوّي

(١)   الغرض من توقيعها

(٢)   الشروط الخاصّة بالأمور التالية:

– التعيين والتراخيص

– السلامة

– الأمن

– استخدام المطارات والمرافق

– الشؤون المالية

– إنهاء الاتفاقية

– تسوية النزاعات / الخلافات

٢.   تعليقات

أ)   ما رأيك في أهداف هذه الاتفاقية وشروطها ؟

(ب)   ماذا تقترح لتحسين عمليات الطيران الدولي ؟

(ج)   هل تشجّع عقد الاتفاقيات بين الدول ، ولماذا ؟

٣.   وظيفة بيتيّة

اقرأ نصّ الاتفاقية التالية

ب. النشاطات الكتابية

تعاون مع طلاب وطالبات الصف في ترجمة موادّ هذه الاتفاقية إلى اللغة الانكليزية .

مسرد المفردات

عربي - انجليزي

GLOSSARY

Arabic - English

ا

Father; Reverend	الآب (لقب يستعمل لرجال الدين المسيحيين)
needles; pins	إبَر (جمع إبْرة)
standard furniture	أثاث نَمَطي
during his absence	أثْناء غيابة
Ijar (lease financing)	الإيجار
fixed rent	الأيجار مَقْطوع
Ijar wa-Igtina' (lease-purchase financing)	الإيجار والاقتْناء
making the financial transactions	اتِّخاذ الإجراءات المالية
passing or adopting resolutions	اتّخاذ القرارات
delay	تأخير
banquet	مَآدب (جمع مَأدُبة)
sanitary apparatus	الأدوات الصحّية
date of payment	تاريخ الاستحْقاق
fixed date	تاريخ محدّد
A.D.	التاريخ الميلادي (م)
A.H.	التاريخ الهجري (هـ)
from the date of his notification	من تاريخ تَبليغه
wonder rice	أرُزّ مصري
severe economic crisis	أزْمَة اقتصاديّة حادّة
the world recession crisis	أزْمَة الكَساد العالمي
an effective and clearly defined strategy	استراتيجيية فعّالة واضحةَ المعالِم
institution	مـُؤسَّسَة – مؤسّسات
the Inter-Arab Investment Guarantee Corporation	المؤسسة العربية لضمان الاستثمار
we regret cancelling the order	يؤسفنا إلغاء الطلب
we are sorry to inform you	يُؤسفنا أن نعلمكم
foam	الاسْفَنج
planters, flowerpots	أُصُص
a framework of cooperation and coordination	إطار مُوَحَّد للتَعاون والتنسيق
to confirm a reservation	لتأكيد الحَجز
consisting of	مُؤلَف من
electronics	الالكْترونيّات
insuring their shipment	تأمين شَحنها
social security	التأمينات الاجتماعية (تأمين اجتماعي)
trust	أمانَة – أمانات

Secretary General	الأمين العام
it is time	آن الأوان
qualified	مؤَهّلين
administrative qualification	المُؤَهلات الاداريَّة
to go eventually for the client's benefit	يَؤول لِصالح العَميل
gradually, one after the other	أولاً بأوّل

ب

petrochemicals	بتروكيماويات
camomile flower	بابونج
binding and final	باتًّا ونِهائيًا
by boat	بالباخِرَة
refrigerated ships	بَواخِر مُبَرَّدَة
starting with	ابتداءً من
beginners do not apply	المُبتَدِئون يَمتَنِعون
private sector initiatives	مبادرات القطاع الخاص
suitable substitute	بَديل مُناسب
coarse bulgar	بُرْغُل خَشِن
fine bulgar	بُرْغُل ناعِم
by telegram	بَرقيًا
training programs	بَرامِج التَّدريب
watermelon seeds	بِزر بَطِّيخ
merchandise	بِضاعة - بضائع
from within	مِن الباطِن
after looking at, after perusing	بَعدَ الاطِّلاعِ عَلى
farsightedness	بُعْد النَظَر
true dimensions	أبعاد حقيقية
beef ground round	بَقَر مَفْروم
boneless beef	بَقَر هَبرَة
plastic	البلاستيك
floor tiles	بَلاط
profits reached	بَلَغَت أرباح
the above recorded amount	المَبْلَغ المَرقوم أعْلاه
the sum (of money) received	المَبلَغ المَقبوض
made of brick	من البلوك

dry okra	باميَة ناشفة
World Bank	البنك الدولي
the Islamic Development Bank	البنك الاسلامي للتَنْمِية
to adopt legal regulations	تَتَبَنّى تشريعات
in accordance with, based on	بِناء على
per our request	بِناءً على طلبنا
steel-reinforced structure	بِناء مُسلَّح
building	مَبْنى – مَبان
allspice	بهارات مُشكَّـلَة
pipe fitters	بايب فِتَرْز
it is the responsibility	باتَ من واجب
eggs	بَيْض
veterinary	بَيطَري
Musawama (bargain sale)	بَيْع المُساوَمة
auction sale	لِلْبَيع بالمَزاد العلَني
sales	المَبيعات
beef bacon	بيكَن بَقَر
to become clear	تَبَيَّنَ

ت

on demand	تَحْتَ الطلب
nine sections	تِسْعَة أجزاء
telex	التلكس
color T.V.	تِليفزيون مُلَوَّن
consequently, hence	بالتالي
dates	تَمر (باوند / ٣ر٩٩)
our company is passing through	تَمرُّ بها شركتنا
the project provides	يُتيح المشروع

ث

whose signatures are confirmed below	المُثبت تَوقيعاهُما بِذَيْلِه
rich, wealthy	ثَرِيّ – أَثْرِياء
investments	الاستِثْمارات
to value	ثَمَّنَ
the total price	الثَمَن الكُلّي

secondary school certificate	ثانَويَّة عامَّة (شهادة الدراسة الثانوية)
with the exception of, except for	باستِثْناء

ج

feta cheese	جُبنَة عَربية
to face the intense competition	لتُجابِه المُنافَسة الضارِبَة
the soundness of the transaction	جَدْوى العملية
tables of statistics	الجَداوِل الاحصائِيَّة
the goverment paper	الجَريدة الرسميّة
paying no attention	جارفينَ اهتمامَهم
to conduct	أجْرى ، يُجري ؛ إجْراء
firm action	إجْراء صارِم
the action that should be taken	الإجْراء الذي يجب اتخاذه
contract transaction	إجراءات عَقد
legal measures	الاجراءات القانونية
drains, sewage	المَجاري/المجاري المائية
creative endeavor	المُجازَفة الخَلاقَة
penalties	جَزاءات (جمع جَزاء)
Majesty	جَلالَة (لقب يستعمل للملوك والملكات)
to bring good fortune	يَجلِب الحظّ الحَسَن
bringing	استجلاب
sharpening, honing	التجليخ
Board of Directors	مَجْلِس الإدارَة
the Gulf Corporation Council for the Gulf Arab States	مجلس التعاون لدول الخليج العربية
Cabinet, Council of Ministers	مَجلِس الوُزَراء
assembly	التَّجْميع
the European Union	المَجْموعة الأوربيّة
wholesale	بالجُمْلَة
total sum	إجماليّ المبلغ
total investments	إجمالي الإستثمارات
the left side	الجانِب الأيْسَر
the right hand side	الجانِب الأيمَن
for immediate occupancy	جاهِزة للايجار
the executive committee	الجِهاز التَّنفيذي

drilling rigs	أجهِزة الحَفْر
supplying the merchandise	تجهيز البِضاعة
interior furnishing	تَجهيزات داخليّة
has everything	مُجَهَّزة تَجهيزاً كامِلاً
to respond to warning	تَسْتَجيب لِلإنْذار
import license or permit	إجازة استيراد
good construction	جَودَة البِناء
walnuts	جوز
discussion rounds	جَولات المُحادَثات
field, area	مَجال – مجالات
the technology field	مَجال التَّقْنية

ح

shutoff valves	المَحابِس (جَمْع مَحبَس)
for reservation	لِلْحَجْز
customs barriers	الحَواجِز الجُمْرُكيَّة
volume of financial operations	حَجم التَعامُل المالي
the volume of liquidity	حَجم السُيُولَة المُتَداوَلَة
restrictions from excessive preoccupation	الحَدّ من الانشِغال المُفْرِط
control limits	الحُدود الرَقابيَّة
iron	حَديد
reinforcement iron	حَديد التَسليح
fixing the amount	تَحديد المَبْلَغ
challenges	تَحَدِّيات (جمع تَحَدٍّ)
24-hour maintenance and security staff	حِراسَة دائِمة
depriving the establishment of	حِرمان المُنشَأة من
respected; esquire	المُحتَرَم
commensurate with ability	حَسَب الكَفاءَة
custom mode	حَسَب مُواصَفات العَميل
computer	الحاسِب الالكتروني
investment account	حِساب استثمار
deposit account	حِساب الوَديعة
savings accounts	حِسابات التوفير
through accounting	مُحاسِبيّاً
accounting	المُحاسَبَة

trusted by you, in your good opinion	عندَ حُسن ظَنِّكُم
mobilizing resources	حَشْد الموارد
share	حصّة – حصَص
collecting their debts	تَحْصيل دُيونهِم
the necessary statistical data	الاحصائيات اللازمة
a respectful form of address	حَضرَة (لقب يستعمل للتعبير عن الاحترام)
bank credit and investment (policy)	المَحَافظ الائتمانية والاستثمارية للمصارف
corporate rights	حقوق معنويّة
the verdict of the board	حُكم الديوان
provisions; principles	أحكام (جمع حكم)
legal court	مَحْكَمَة شرَعيّة
legitimate, rightful	حَلال
veal testicles	حلَيّات / بيض عِجْل
desalination of sea water	تَحلية مياه البَحر
bathroom	حَمّام – حَمّامات
swimming pool	حَمّام سباحَة
canned (Progresso) chick peas	حُمُّص مُعَلَّب
chick peas	حُمُّص ناشف
to take upon, assume	تَحمّلَ ، يتحَمّلُ ؛ تَحَمّل
to be liable for any unseen defects	يَتحمّل تَبِعة العُيوب الخفيّة
discrimination campaign	حَملة التَمْييز
the carrier	لِحامله
probability	الاحتِماليّة
protection of local industry	حمايَة الصناعات الوطنيّة
basic principles	مَحاور أساسيّة
fenced-in courtyard	حوش مُسَوَّر
fish tanks	احواض تربية الأسماك
we inform you	نُحيطُكُم علْماً
to turn over, pass on	أحال ، يُحيل إلى ؛ إحالَة
civil status	الحالَة المَدَنيـّة
in case	في حالة
money order	حوالة بريدية
money order	حوالة مالية
bank draft	حوالة مصرفية
free transfer of payments	التَحويل الحرّ للمَدفوعات
beach quarter	حَيّ الشاطِيء

to revive	لأحياء
opening salutation , greeting	تَحِيَّة الافتِتاح
closing greeting	تَحِيَّة الخاتِمَة
we are at a loss to describe them	نَحتار في وصفِها

خ

experience	خِـبْرَة - خِبرات
banking experience	خِبرَة مَصرفِيَّة
work experience	الخِبْـرَة العَمَلِـيَّة
laboratories	مُخْتَبرات (جمع مُخْتَبَر)
Arabic thin bread	خُبز عربي صاج
Arabic pita bread	خُبز عَربي عادي
management services	خَدمات إداريّة
electronic services	الخدمات الالكترونية
financing services	الخَدَمات التَمويليّة
invention	اختِراع - اختِراعات
closets; cupboards	خَزائن (جمع خزانَة)
loss	خَسارَة
wood	خَشَب
narrow sectoral specialization	التَخَصُّص القِطاعي الضَيِّق
our specialties	اختِصاصُنا
special discount	خَصْم خاص
vegetables	خُضرَوات
a letter of (good) intentions	خِطاب نَوايا
your letter no ... dated ...	خطابكم رقم ... المؤرخ في ...
slanting line	الخَطّ المائِل
clearly written	بِخَط واضِـح
two parallel lines	خَطَّيْن مُتَوازِيَيْن
development plan	خطّة التنمية
planning	التَخطيط
to notify in writing	يُخْطر خَطّيًا
tangible step	خَطوة مَلموسة
lowering the support	خفْض الدّعم
failure	الإخْفاق
violation; harm	إخْلال

without prejudice to	مع عدم الاخلال
clearance	تَخْليص
barley extracts	مُستَخلصات الشَعير
water mixing machines	خَلاَّطات المياه (جَمْع خَلاَّطة)
to violate the law	تُخالف النظام
various sizes, types and colors	المختَلفَة الأَحْجام والأنواع والألوان
the correct choice	الخِيار الصَحيح

د

grenadine molasses	دِبس رُمّان
chicken slaughtered the Islamic way	دَجاج حَلال
special, private entrance	مَدخَل خاص
attracting Arab capital	اسْتِدْراج رُؤوس الأموال
feasibility studies	دِراسات الجدوى
does not call for surprise or wonder	لا يَدعو للاستِغراب
supported	مَدعومين
pay to the order of	أدْفَعوا لأمْـر
accelerating; speeding up	دَفْع عَجَلَة
to pay a high price for its stumbling and inefficiency	تدفع غالياً ثمن تعثرها وعجزها
down payment	دُفعَة أولى
with decor, interior decoration	مع ديكور
buyer's guide	دَليل المُشتَري
cabinets	دَواليب (جمع دولاب)
wall cabinets	دَواليب حائطيّة
painters	دَهّان – دَهّانون
wood painting	دهان الخشب
role	دَوْر – أدوار
ground floor	دَوْر أرضي
Saudi House for Consulting Services	الدار السعوديّة لِلخَدمات الاستِشاريّة
government departments	الدَوائر الحُكوميَة
the concerned department	الإدارة المُختَصَّة
personnel office	إدارة شؤون المُوَظَّفين
business administration	إدارَة الأعمال
the top management	الإدارة العُليا
successful administrator	الاداريّ الناجِح

competent administrator	المُديرالكُفْؤ
marketing executives	مُدراء تَسويق
deliberation; discussion	مُداوَلة – مُداوَلات
full time	دَوام كامِل
human medicine	أدوية بَشَرِية
deluxe	دي لوكس (ممتاز)
foreign debts	دُيون خارجيّة
debtor and indebtor	المُدين والدائن

ذ

slaughtered the Islamic way	ذَبْح حَلال (مذبوح على الطريقة الاسلامية)
savings	مُدّخَرات
mentioned below	المَذكورَة أدْناه
in return for	وَذلِكَ عَن
experienced	ذَوي الخِبرات
who are concerned	مِن ذَوي الشّأن
with limited liability	ذات مسئولِية مَحدودَة

ر

capital	رَأس مال
lamb/ beef heads	رُؤوس غَنَم / بَقَر
investor	رَبّ المال
profit	رِبح – أرباح
Murabaha (cost plus profit)	المُرابَحَة
League of Exporters	رابطة المصدّرين
sitting on the top	التّربّع على القِمّة
fig jam	مُرَبّى التين
quince jam	مُرَبّى السَّفَرجَل
apricot jam	مُرَبّى المِشْمِش
salary	راتِب – رواتِب
monthly salary	راتِب شَهري
rank; degree	مَرْتَبة – مَراتِب
resulting from it	المُتَرَتِّبَة عَلَيها/عنها
filling up of ponds	رَدْم البِرَك

to give preference to	يُرَجّح على
please reserve	يرجى التكرّم بحجز
kindly reply at your earliest convenience	يُرجى الردّ في أقرب وقت ممكن
please inform us about the conditions of payment	الرجاء إعلامنا عن شروط الدفع
kindly send us samples	الرجاء التكرّم بارسال عينات من
please confirm the reservation and inform us	الرجاء تأكيد الحجز وإعلامنا
driver's license	رُخْصَة قِيادَة
permission, license	تَرْخيص – تَراخيص
Licensed to produce	المُرَخَّص إنْتاجُه
natural marble	رُخام طَبيعي
reply	الرَدُ (علَيها)
we sent you the parcel by registered mail	ارسلنا لكم الطرد بالبريد المسجّل
commerical letters	الرَسائل التجاريَة
letters exchanged	الرَسائل المُتَبادَلَة
formal/commercial correspondence	المراسلات الرَسميّة / التجارية
illustrative figure; diagram	رَسْم بَياني
draftsman	رَسّام – رَسّامون
draftsmen	رَسّامين (جمع رسّام)
royal decree	مَرسوم مَلَكي
the decree issued by the Emir	المَرسوم الأميري
candidate	مُرَشّح – مُرَشّحون
we enclose herewith a bill for	نُرفق طيّه فاتورة بمبلغ
we enclose herewith a statement of your account	مُرفَق طيّه بيان بحسابكم
economic welfare	الرَّفاه الاقتصادي
well being, comfort	رَفاهيَة
Religious Supervision	الرّقابة الشرعيّة
banking supervision	الرَقابَة المَصرفية
foremen	مُراقبو بِناء
quality control	مُراقبة الجودَة
I enclose herewith	أُرْفق طيّه
telephone number	رَقَم الهاتف / التلفون (ت)
the best location	أرقى احياء
regional center	مركز إقليمي
Gulf Services Center	مَركَز خَدَمات الخَليج
a corner of the envelope	رُكْن المُغَلَّف أو المَظْروف
distribution, spreading; promoting	التَّرويج

they do not hesitate	لا يُراوِدُهم أدْنى خَوْف
irrigation	الرَّيّ
lamb/ beef ribs	ريش غَنَم/ بَقَر (كَستليتَة)

ز

white raisins	زَبيب أشْقَر
zatar, oregano	زَعْتَر
alley	زِقاق - أزِقّة
severe economic crisis	أزْمَة اقتصاديّة حادّة
the world recession crisis	أزْمَة الكَساد العالمي
forfeiting the check	تَزوير الشيك
supplying us with	تَزْويدنا بِـ
auction sale	لِلْبَيع بالمَزاد العَلَني
pursuit of its activities	مُزاولة نشاطِها
for reassurance	زِيادَة في الاطمِئْنانِ
corn oil	زَيْت ذُرَة
green olives	زَيْتون أخضَر
black olives	زَيْتون أسوَد
olive oil	زَيْـت زَيتون
pistachio oil	زَيت الفُستُق
mineral oils	زُيوت مَعْدَنيّة

س

bulletin; boards	سبُورات (جمع سبُورة)
ways, means	سبُل (جمع : سَبيل)
Armenian sausage	سُجُق
to record the amount	يُسَجِّلُ القيمَة
commercial registration	السجلّ التجاري
cancellation of the license	سَحْب الرُخصَة
drawn on it (bank)	المسحوبة عليه
payment, repayment	سَداد
payment	تَسْديد
settlement of due accounts	تَسديد الحِسابات المُستَحَقّة

immediate disbursement	سَداد فَوْري
payment in cash	التَسْديد نَقْداً
I am pleased to inform you	يسرّني / يُسعدني احاطتكم علماً
strictest confidence	السِّريَّة التامَة
basement	سرداب – سراديب
to accelerate the process of adapting to	تُسارِع في التَكَيّف مع
in the fastest (possible) way	بالسُّرعَة المُمْكنَة
in the fastest way possible	بأسْرع وَقْتٍ مُمْكِن
to be applicable	سَرى ، يَسري؛ سَرَيان
in force, valid	سارٍ
valid	سارِيَة المفْعول
honorable	سعادة (لقب يُستَعمَل لِرُؤْساء الدوائر الحكومية)
total price	سعْر إجْمالي
the listed price	السِّعْر الوارِد
unbelievable prices	أسعار مُغرِيَة
Singapore Embassy	سفارَة سَنغافورَة
tugboat	سَفينَة سَحْب
ceiling	أسْقُف (جمع سَقْف)
sugar	سُكَّر
executive secretaries	سكرتيرات تَنفيذيّات
commodities	سِلَعْ (جمع سِلْعة)
financial methods; instruments	أساليب التمويل
in advance	سلَفــاً
we acknowledge with thanks and gratitude	تسلّمنا بمزيد الشكر والامتنان
salami	سلامي
fertilizers	أسْمِدَة (جَمع سَماد)
semolina	سميد
sesame candy	سمسْمِيَّة
ethical and financial reputation	سُمْعَة أدبية ومالية
professional reputation	سُمْعة مِهنِيّة
sumac	سُمّاق
Royal Highness	سُمُوّ (لقب يستعمل للأمراء والأميرات)
grocery	سمانَة
job name, designation	مُسَــمَّى (اسم)
receipt voucher	سَنَد قَبْض
bonds	السَّندات الماليّة

documents	المُستَنَدات (جمع مُسْتَنَدٌ)
relevant documents	المُستندات الخاصة
monetary documents	مُستَنَدات ماليَّة
participating	الاسهام
Excellency	سِيادَة (لقب يستعمل لرئيس الدولة المصرية وجميع المواطنين)
five o'clock p.m.	الساعة الخامسة عَصْراً
Arab Common Market	السوق العربية المشتركة
chauffeur; driver	سائِق – ساقة
curriculum vitae	السيرَة الوَظيفيـّة/الذاتيّة
open and liberal banking policy	سياسة الاِنْفِتاح المَصْرَفي

ش

who are concerned	مِن ذَوي الشأن
Ceylon tea	شاي سيلاني
in various areas	في شَتّى المجالات
encouragment of securitization	تَشجيع الأقراض بضمان الاوراق المالية
lading, freight	شَحْن
shipping of the goods	شَحْن البِضاعَة
a natural person	شخص طَبيعي
a corporate person	شَخص مَعْنوي
pineapple juice	شَراب الأناناس
orange juice	شَراب البُرتُقال
apple juice	شَراب التُّفاح
grape juice	شَراب العنب
rose drink	شَراب الوَرْد
tamarine juice	شَراب تَمر هِندي
mango juice	مَشروب مانجو
beef steak	شَرائِح / ستيك بَقَر
hyphen	الشَرطة
requirements, conditions	شُروط (جمع شَرط)
the conditions stated above	الشُروط السابِقَة أعلاه
to start immediately	تَشرَع فَوْراً
Band-Aid, bandage	أشرِطة لاصِقَة
the Glorious Shari'a	الشَريعة الغرّاء
project	مَشْروع – مشاريع/مَشْروعات
development projects	مَشْروعات التَنمية

big projects	مَشْروعات ضَخْمة
the projects implemented	المشروعات المُنَفَّذة
trap	شَرَك – أشراك
The International Investment Corp.	الشّركَة الدّولِيَّة للاستِثمار
Musharaka (profit-sharing)	المُشاركة
fine egg noodles	شعيرِيَّة
interior and exterior finish	تَشطيبات داخِلِيَّة وخارجية
as a notification	إشعاراً
running	تَشْغيل
investing the funds	تَشغيل الأموال
Security Forces Hospital	مُستشفى قُوى الأمن
we thank you for your enquiry	نشكركم على استفساركم / استعلامكم
many thanks	الشُكْر الجَزيل
to form	شَكَّل ، يُشَكِّلُ ؛ تَشْكيل
assortment	تشكيلَة
chronic unemployment problem	مُشكلة البطالَة المُزمِنَة
complaint	شكوى – شكاوٍ
Kuwait Joint Stock Corp.	ش . م . ك . (شركة مساهمة كويتية)
Ltd. (Limited Company)	ش .م (شركة محدودة)
to witness	شَهِد ، يَشهَدُ ، شُهود
praised the ties	أشاد بالعلاقات
we refer to	نشير إلى
with reference to	بالإشارة إلى
with reference to your order	بالأشارة إلى طلبكم
legal advisor	مُسْتشار قانوني
shish kabob	شيش كَباب
personal ckeck	شيك شَخْصي

ص

it has become imperative	أصبَح لزاماً
dyeing	صَبْغ
in this context	في هذا الصدد
lamb/beef/chicken breast	صدْر خَروف / بَقَر/دجاج
export	تَصْدير
to ratify	صَدَّق ، يُصَدِّقُ على ؛ تَصديق على

sanitary drainage	الصَّرف الصّحي
transport expenses	مَصاريف النَقل
International Equalization Bank	مَصرف التسويات الدوليّة
huge banks	المصارف العمْلاقة
the unsuccessful banks	المَصارف المتَعَثِّرة
elevator	مَصْعَد – مَصاعِد
zinc sheets	صفائح الزنك
net profit	صافي الأرباح
final liquidation (of the establishment)	تَصْفيتها نِهائيًا
steel	الصُلب
interior designers	مُصَمّمين داخِليّين
in hundreds of designs	بِمئات التصميمات
Post Office Box (POB)	صُندوق البَريد (ص . ب)
the Arab Bank for Economic Development	الصُندوق العربي للإنماء الاقتصادي
monetary fund	صُندوق النقد
the Arab Monetary Fund	صُنْدوق النقد العربي
medicinal manufacturies	الصناعات الدَوائية
Istisna' (manufacturing projects)	الاستصْناع
shoe and tanning factory	مَصنَع الدباغَة والأحذِيَة
manufacturer and exporter	مُصَنِّع و مُصَدِّر
Spanish pine nuts	صُنوبَر بَلَدي
Chinese pine nuts	صُنوبَر صيني
personal photograph	صورَة شَخصِيَّة
hall, large room	صالَة – صالات
salon	صالون – صالونات
maintenance	صِيانَة
building maintenance	صِيانَة المَباني

ض

legal controls	ضَوابط شَرعيّة
disciplined behaviour	الانضِباطِيَّة
typists	ضاربي آلة كاتِبَة
income and company taxes	ضَرائب الدّخل والشَركات
Mudaraba (whatever profit God bestows)	المُضارِبَة (ما يرزُق الله مِن ربْح)
workers' strike	إضراب العُمّال

acting as trustees	الاضطلاع بِدَوْر الأُمَنَاء
lamb/beef shoulder	ضِلع خَروف / بَقَر
security, guarantee	ضَمان حقوق
strong guarantees	ضمانات قويّة
within the framework	ضِمْنَ إطار
containing	مُتَضَمِّن
on the basis of; in light of	في ضوء

ط

cook	طَـبَّاخ – طبّاخون
postage stamp	طابَع مالي
with letterhead, embossed	مَطبوعاً عَلَيْه
top floor	طابِق عُلْوي
application of this law	تَطبيق أحْكام هذا النِظام
conformity with	تَطابُق مع
conforming to agreed specifications	مُطابقتُها لِلمواصفات المتّفق عليها
sesame tahini	طحينَة
invitation for bids	طَرْح مُناقَصَة
the other side	الطَرَف الآخَر
the two parties	الطرفان
AL-Kharj Road	طَريق الخَرْج
legally, in a legal manner	بِطريقة قانونيّة
technological leap	طَفْرة تكنولوجية
an order for merchandise	طَلَب بِضاعة
job applications; application letters	طَلَبات العَمَل
order	الطلبيّة
the beginning of next year	مَطْلَع العام القادم
electroplating	الطلاء بالكروم
noticeable growth	تطوّر ملحوظ
King Khaled International Airport	مَطار الملك خالد الدَّولي

ظ

a very dangerous period	ظرف بالِغْ الخُطورَة
exceptional cases	ظُروف استِثْنائيّة
for difficult circumstances	لِظُروف صَعبَة

lodging a complaint to the Board of Grievances	التَظلّم إلى ديوان المظالم

ع

to fill out the appointment forms	لتَعْبِئَة نَماذج التعيين
through a series of measures	عَبْر سِلْسِلة مِن الاجراءات
it consists of	وهي عِبارة عَن
to be considered a model	تُعْتَبَر نَموذجاً
common courtesies, cordial expressions	تَعبيرات المُجامَلَة
conventional forms	التَعبيرات التَقليدِيَة
immediately	عاجِل
Ajman (one of the seven emirates in the United Arab Emirates)	عَجْمان
filo dough	عَجينَة بَقلاوَة
kataifi	عَجينَة كنافَة
equipment; appliances	مُعَدّات
desk accessories	مُعدّات المكاتب
lentils	عَدَس حَبّ
crushed lentils	عَدَس مَجْروش
equivalent to	تُعادِل
amendment	تَعْديل – تَعديلات
lack of success	عَدَم جَدْوى
because the shipment has not yet arrived	لعدم وصول الشحنة حتى الآن
we apologize	نَعتَذِر
unemployment ratios	مُعدّلات البَطالَة
weddings	أعْراس (جمع عرس)
offers, tenders	عُروض (جمع عَرض)
showroom	مَعْرَض – معارِض
to block their way	تَعْتَرِض خطَّ سَيْرِهم
banking practice	العُرف المصرفي
recognized	مُعْتَرَف بها
support their productivity	يُعَزِّز انتاجِيَتَهم
economic isolation	عُزْلَة اقتصادية
turmeric	عُصْفُر
member	عُضو – أعْضاء
member of the International Association	عُضو الجَمعِيَّة الدوليَّة
bids	عَطاءات (جمع عَطاء)

glorious, august, exalted	المُعَظّم
exemption	اعْفاء- إعفاءات
loan contract	عَقد قرْض
contractor	تَعاقُدات (جمع تعاقد)
very reasonable	مَعقولة جِداً
reflects	تَعْكس
effects, reflex actions	انْعكاسات
treated, handled	تُعالَج
processing waste materials	مُعالجة النِّفايات
to remedy their portfolio problems	مُعالَجَة مشاكل مَحافظِها الاستثمارية
close exchange relations	عَلاقات التبادل الحَميمة
concerning, regarding	المتَعلِّق بـ
moreover	علْمًا بأَنَّ
for your information	للْعِلْم
inquiry	اسْتِعلام
distinguishing marks	عَلامات فارقة
Excellency	مَعالي (لقب يستعمل للوزراء)
confirmation of budget	اعْتماد الموازَنَة
credit records	الاعتمادات المُستَنَديَّة
architects	معْماريِّين (جمع مِعْماري)
the depth of relations	عُمق العلاقات
marine operations	العَمَليّات البَحريَّة
modernization process	عَمَلية التحدْيث
client	عَميل - عُملاء
commission	عُمولة
health employees	عُمَّال صحَّة
hotel staff	عُمَّال فَنادِق
in use; in force; applied	المعمول بها
reciprocity	المُعاملة بالمِثل
civil transactions	معاملات مدنية
Bank transactions	مُعاملات مَصرفيَّة
per pro; for	عَن فُلان
in return of	وذلك عَن
trusted by you, in your good opinion	عِندَ حُسن ظَنِّكُم
to suffer from	عانى، يُعاني مِن ؛ مُعاناة
attention	لعِنايَة

Institute of Scientific Performance	مَعْهَد عُلوم الأداء
contracts	التعَـهُّدات (جمع تَعَهُّد)
Doctors offices	عِيادات للأطبّاء
their adaptation to events	تَعايُشُهُم مَعَ الأحداث
samples	عَيِّنات (جمع عينة)

غ

Chamber of Commerce	الغُرفَة التجاريّة
Chamber of Commerce & Industry	الغُرفة التجاريّة الصناعيّة
Baghdad Chamber of Commerce and Industry	غُرفَة بَغداد لِلتِجارَة والصِناعَة
separate room with all facilities	غُرْفَة مُستَقِلة مَع خَدَماتِها
Arab Chambers of Commerce	الغُرَف العربية
regardless of	بِغضِّ النَظَر عَن
covering of expenses	تَغْطية
the majority vote	أغلبيّة الأصوات
often, in most cases	في الغالب
envelope	الغلاف
packing & transport	التَّغليف والشَحن
we take the opportunity	نَغتَنِمُ الفُرصـــــة
baby lamb	غَنَم قَرْقور
lamb ground round	غَنَم مَفْروم
boneless lamb	غَنَم هَبْرَة
up to	لِغايَة
not to be cashed	غَيْر قابل للتَداوُل
the sweeping changes	المتَغَيِّرات الجارفَة

ف

fax	الفاكس
groups	فِئات (جَمع فِئَة)
credit holder, person opening credit	فاتِح الاعتِماد
the bill, invoice	فاتورَة الحِساب
couscous	مَفْتول / كُسْكُس
beef leg	فَخْذ بَقَر
veal/chicken leg	فَخْذ عِجْل /دَجاج
lamb leg	فَخْذ غَنَم

luxurious	فَخْم
Excellency	فَخامَة (لقب يستعمل لرؤساء الدول ورؤساء الوزارات)
to avoid behaving	يَتَفادَون السُلوك
to avoid double taxation	تفادي الازدواج الضّريبي
carpeted	مَفروشَة سَجّاد
job opportunities	فرص وظيفية
the opportunity of a lifetime	فُرصَة العُمْر
the main branch	الفَرْع الرَئيسي
transport branch	فَرْع النَقليات
retail	بالمُفَــرّق
crossing roads	مُفتَرَق الطُرُق
pistachio	فُستُق حلَبي
do not give the opportunity	لا يَفسَحون المَجال
dry beans	فاصوليا ناشفَة
please accept my deepest respect	وتَفَضلّوا بِقَبول فائِق الاحتِرام
Fadila	فَضيلَة (لقب يستعمل لرجال الدين المسلمين)
air conditioning technicians	فَنّيو تَكْييف
technicians	فَنّيّون (جمع فَنّي)
fruits	فَواكه
immediately	فَوْراً
to authorize	فوّض ، تفويض
Ghandour fava beans	فول مُدَمَّس غَندور
fava dry beans	فول ناشِف
informing us	أفادَتِنا
inform us	أفيدونا
lamb/beef fillet	فيلَة (فيليه) خَروف/ بَقَر

ق

subject to transfer	قابِلَة للتَّحويل
facing; in return for	مُقابل
on the other hand	بالمُقابِل
in proportion to his contribution	بِقدْر نِسْبَة مشاركته
its amount	قَدْرُهُ
capabilities	قُدُرات (جمع قدرة)
unique capabilities	قُدرات فَريدَة

he has the competence	لَهُ المَقدِرَة
advance payment, in advance	مُقَدَّماً
progress and prosperity	التقدّم والازدهار
decision, resolution	قَرار – قرارات
headquarters; seat (e.g., of government)	مَقَرّ – مَقَرّات
cinnamon sticks	قِرفَة عيدان
payment in installments	تَقسيط
in installments	على أقساط
monthly installments	على أقســاط شـهرية
loans department	قِسْم التَسليف
design and planning	قِسم التصميم والتَّخطيط
deposits department	قِسم الوَدائِع
lots	قَسائِم (جمع قسيمة)
in accordance with	بِمُقْتَضاه
to polarize	تَسْتَقطب
to polarize investment	لاسْتِقْطاب رؤوس الأموال
travelled 28,000 kilometers	قَطَعَت ٢٨٠٠٠ كم
spare parts	قِطَع التَبديل
spare parts	قِطع الغَيار
private sector	القِطاع الخاصّ
public sector	القِطاع العام
Florida area	مُقاطَعَة فلوريدا (ولاية فلوريدا)
base	قاعِدَة – قَواعِد
a suitable base	قاعدة مُوَاتيَة
School desks	مَقاعِد (جمع مَقْعَد) مَدرسيّة
surgical gloves	قَفّازات جِراحيّة
lamb/ beef/ chicken hearts	قُلوب غَنَم / بَقَر / دَجاج
written by, by	بِقَلَم
to adapt to	تأقْلَم مَع
dried apricot paste	قَمَر الدين
purchase	إقتِناء
Arabic coffee	قَهوَة عربيّة
contracted agreements	المقاولات (جَمْع مُقاولة)
contractors	مُقاوِل – مُقاوِلون
to act on	يَقوم بأعمال
his substitute	مَن يَقوم مقامه

establishment of collective investment projects	إقامة الصناديق للإستثمار المشترك
list	قائمة – قوائم
price list	قائمة الاسعار

ك

lamb/ beef/ chicken liver	كِبْدة غَنَم / بَقَر / دَجاج
The Central Library	المكتبة المركزيّة
economic blocks	التكّتلات الاقتصادية
baby lamb shoulder	كَتف قَرقور صَغير
population	كَثَافة سُكانية
intensifying relations	تَكثيف التَّعَاوُن
manpower cadre	الكَوادِر البَشَرِيَة
arm tablet chair	كرَاسي بِمَخْدع لِلْكِتابة
auditorium chairs	كَراسي قاعات إسْتِماع
office chairs	كراسي مَكْتَبيّة
you kindly sent	تَكَرَّمتُم بارساله
honored, revered	المُكَرَّم / الأكرَم
to acquire his abilities	يَكْتَسِب قُدراته
tables, charts	الكُشوف (جمع كَشْفٌ)
all	كافَّة
all information	كافَّة البَيانات
with all its installations	بِكافَّة مُنشَآتِه
competence, qualifications	الكَفاءَة
the most competent	أكفأ
sponsor, bondsman	كفيل – كُفلاء
guarantee	كَفالَة – كَفالات
to be successful	تكلّلت بالنجاح
Faculty of Economy and Commerce	كُليّة الاقتصاد والتجارة
authorized by us	المُكَلَفين منْ طَرَفنا
lamb/ beef/ chicken kidney	كَلاوي غَنَم / بَقَر / دَجاج
bill of exchange, draft	الكُمبيالة / البوليصة
the sea promenade	كورنيش البَحْر
I should be grateful if you would be kind	أكون شاكرا لو تكرّمتم
located on	الكائن في
unified banking framework	كِيان مَصرَفي مُوَحَّد

their psychological nature	كيانهُم النَفسي
consisting, including	مُكَوَّنة مِن
standard air conditioning	مُكَيَّفة عادي
with central air conditioning	مُكَيَّفَة مَركَزياً

ل

does not apply to it	لا تَسْري عَلَيه
labneh (cream of yogurt)	لَبَنة
almond candy	ملَبَّس
joining of the international merger procession	اللِّحاق بِمَوْكِب الاندماج العالمي
filling; compliance	تَلْبِيَة
to fill all orders	تَلبِيَة جَميع الطَلَبات
the Basel Committee	لَجنة بازِل
the committee authorized to sell	اللجنَة المُخَوَّلَة لَها حَقّ البَيْع
contracting committee	لَجْنَة المُقاوَلات
note; remark	مَلحوظَة
joining the seminars	الالتِحاق بالدَّوْرات
beef (meat)	لَحم بَقَر
lamb (meat)	لَحْم غَنَم
mutton (meat)	لَحم ماعِز
welder	لَحّام – لَحّامون
Berry & Sons Meats	مَلْحَمَة بِرّي وأولاده
resume	مُلَخَّص – مُلَخَّصات
to comply with international supervisory standards and principles	الالتزام بِمَعايير وَ أُسُسْ الرَقابة الدولية
lamb/ veal tongue	لِسان خَروف/ عِجْل
files	مَلَفّات (جمع مِلَفّ)
to draw the attention	تَلْفِت إنْتِباه
cancellation	إلغاء
to cancel the order	إلغاء الطَلَب
to get training	يتلَقّون تدريبًا
in return for deducting	لِقاء حَسم
casting the blame	إلقاء اللَوم
automatically; spontaneously	تِلْقائيًا
the appropriate title or form of address	اللَقَب الذي يَستَحِقُه

familiar with shorthand	يُلِمّ بالاختِزال
mastery, command (of)	الأِلمام
he has the competence	لَهُ المَقدِرَة
bulletin boards	لَوْحات (جمع لوحة)
license plate	لَوحة سَيَّارَة
the necessary procedural rules	اللوائح اللازمة
almonds	لوز (باوند / ٥٩ر٤)
day and night	لَيْلاً وَنَهاراً

م

including	بِما فيها
in hundreds of designs	بِمئات التَصْميمات
machine	ماكينات (جمع ماكينة)
to represent a solid ground	تُمَثِّل أرضية صَلْبة
to be produced by interviews	تَمَخّضَتْ عَنها المُقابلات
the ebb and flow	المدّ والجزر
raw materials	مَوادّ أوّلِية
food stuffs	المَواد الغذائيَّة والكماليات
Disney World	مَدينة دِزْني العالَمِيّة
for the duration of, during	على مَدى
investor	مُستَثْمِر - مُستثمرون
flexibility	المُرونَة
more flexibility	مُرونة أوسع
privileges, benefits	مَزايا (جمع مَزيّة)
advantages unique to	مَزايا تَنفَرِدُ بها
dire need	بِأَمَسِّ الحاجَة
surveyor	مَسـَّاح - مَسَّاحون
baby goat	ماعِز صَغير
goat	ماعِز كَبير
filling machines	مَكائِن التَعْبِئَة
dry meloukhia	ملوخِيَّة ناشفة
property of others	أملاكُ الغَيْر
for sale	للتَمليك
the climate of confidence	مَناخ الثِّقة
for fear of loss	مَنْعًا لِضَياع

insulator	مانِع لنَفَاذ المِياه
time limit	مُهْلَة
orange water	ماء زَهْر
rose water	ماء وَرْد
new models	الموديلات الحديثة
facing a square	علَى مَيْدان
on site	مَيْدانيًا
sage-fasemelon	ميرَمِيَّة (١ أُونصة / ٧٥ر٠)
shipping (loading) harbor	ميناء الشَحْن

ن

small part; summary	نُبْذة – نُبَذ
to warn, caution	نَبّه ، يُنَبِّهُ ؛ تَنبيه
therapeutic products	مُنْتَجات عِلاجيّة
upholstery	التَّنجيد
carpentry	نِجـارَة
achievements	إنْجازات (جمع إنْجاز)
executing transaction	انْجاز المُعاملات
in the following manner	على النحو التالي
in a superb manner	على نَحْو رائع
lamb/ veal sweet breads	نُخاعات غَنَم / عِجْل
representative; delegate	مَندوب – مَندوبون
Hunting Club	نادي الصَّيْد
to warn; call attention	اَنْذَرَ ، يُنْذِرُ ؛ انْذار
claims	منازَعات (جمع مُنازعَة)
those working for them	مَنسوبيهم
suitable; appropriate	مُناسِب
on this occasion	بهذه المُناسبَة
in collaboration with	بالتَنسيق مَع
resulting from	ناشئة عن
industrial plant; firm	مُنْشَأة – مُنْشآت
activities	أَنْشطة (جمع نشاط)
stipulated, laid down in writing	المَنْصُوص علَيها
because you have not paid the bill	ونظرا لعدم تسديد الحساب سنتّخذ ضدكم
in return for	نَظير

chemical cleaners	مُنَظِّفات كيماويّة
Foreign Capital Investment Law	نِظام استثمار رأس المال الأجنبي
Making arrangements for a tour	تنظيم رِحلَة سياحيّة
World Labor Organization	مُنَظَّمَة العَمل الدوليّة
The World Organization for International Trade	المنظّمة العالمية للتجارة الدوليّة
giant organization	منظّمة عِمْلاقة
dry mint	نَعْنَع ناشِف
execution, implementation, fulfillment	تَنْفيد
generous benefits	المنافع المُجزية
legal requirements (for privacy)	مَنافعها الشرعيَّة
in cash	نَقْداً
bidding	مُناقَصة – مُناقَصات
purification	تَنْقِيَة
temporary setback	انْتِكاس مُؤَقَّت
patterns	نَماذِج (جمع نموذج)
tremendous growth	نُموّ هائل
ending with	انْتِهاء بِـ
lighting	إنارَة
quality	نَوعيَّة
to obtain your valuable trust	لِنَيْل ثِقَتِكُم الغالِيَة

هـ

cardamom	هال
quiet	هادِىء
the desired objective	الأهداف المرجُوَّة
defeat	الانهزاميَّة
decor engineers	مُهندسي ديكور
hot dog	هوت دوغ
board; body	هيئة – هَيئات
the Arab Agriculture Development Organization	الهيئة العربية للتَنْمِيَة الزراعية
The Qatari Corporation for Oil Production	الْهَيْئَة القَطَرِيَّة لإنتاج البترول
preparing favorable condition	تَهيئة ظُروف مُواتيَة

و

strengthening the ties of brotherhood	تَوثيق عُرى الأخوّة

utmost confidence	الثَّقَة الغالِيَة
self-confidence and self-esteem	الثَّقَة والاعتِزاز بالنَفس
according to	بِموجِب
applications are directed, sent	تُوجَّه الطلبات
towards	تُجاه
quarters	الجِهات
the competent authorities	جِهات الاخْتِصاص
separately	على حِدَة
we wish to call to your attention	نَوَدّ أَن نُلفِت انتباهكم / اهتمامكم
deposits	وَدائِع (جمع : وديعة)
specified investment deposits	وَدائِع الاستِثْمار المُخصّص
depositing payments	إيداع أَقساط
depositor	مودِع – مودِعون
the heirs of the deceased	وَرَثَة المَرحوم
import	استْيراد
maintenance shop	وَرْشَه الصِّيانة
grape leaves	وَرَق عِنَب
currency notes	أوراق مالِيّة
Ministry of Petroleum & Mineral Resources	وِزارة البترول والثَروة المعدنِيّة
Ministry of Commerce	وِزارة التجارة
Ministry of Planning	وِزارة التخطيط
Ministry of Defense and Aviation	وِزارة الدِّفاع والطَيَران
Ministry of Agriculture & Irrigation	وِزارة الزِراعة والمِياه
Ministry of Industry & Electricity	وِزارَة الصِّناعَة والكَهرُباء
Ministry of Finance & National Economy	وِزارة المالِيّة والاقتِصاد الوطني
recreational facilities	وَسائِل التسلِيَة والراحَة
transportation facilities	وَسائِل النَّقل
specifications	مُواصَفات
complete specifications	مُواصَفات كامِلَة
to meet the standards	لِتَصِل إلى مِصاف
receipt	إيصال / وصل – إيصالات / وُصولات
elastic joints	الوَصلات المَرِنة (جَمْع وَصلة)
recommendation	تَوصِية – تَوصيات
laying the corner stone	وَضع حَجَر الأَساس
vacancies	الوَظائف الشاغِرَة
salesmen	مُوظَّفو مَبيعات

absorbing modern technology	استيعاب التِّقْنيات الحَديثَة
shipment date	مَوعِد الشَحْنَة
work hours	مَواعيد العَمَل
to save time and effort	لتوفير الوقت والجهد
available at your place	المُتوفِّرة لديكم
to agree upon	يَتّفق على
General Agreement	الاتفاقية العامّة للتعريفات
on Tariff & Trade	الجمركيّة والتجارة " الجات"
to fulfill	اسْتوفى ، يَسْتوفي ؛ اسْتيفاء
fuel	الوَقود
respected	مُوَقّر
to fall prey to one's fear	الوُقوع فَريسَةً لِلْمَخاوف
becoming suspicious or confused	الوُقوع في الْتباسٍ أو فَوضى
signature	تَوقيع – تواقيع
covered parking	مَوقف سيَّارات مُغطّى
to proceed in accordance with	لمُواكَبَة
agent, representative	وَكيل – وُكلاء
Deputy Minister	وَكيل وزارة – وُكَلاء وِزارات
those authorized to sign, authorized signatures	المُـوَكّـلين بالتَوقيع

ي

workers	الأيْدي العامِلَة (العمال)
anise seed	يانسون